目　次

JN060083

　本書は、「全商ビジネス文書実務検定試験第 3 級」に合格できる知識・技術が確実に身につくよう編集したものです。「3 級編」の前に「基礎編」に取り組むことで、文字入力や文書作成の基礎力を身につけることができます。

特　色

①文字の入力スピードをアップさせるための問題と解説を掲載しました。毎回繰り返し練習することで実力がつきます。

②問題数を多くという方針のもとで、「速度部門」は基礎編 24 回分、3 級 54 回分、「ビジネス文書部門　実技編」は基礎編 18 回分、3 級 19 回分を載せました。なお、「速度部門」では**読みにくい単語の読み**を下段に掲載しました。また、「ビジネス文書部門　実技編」では**読みやことばの意味**のほか校正記号の説明を下段に掲載しました。

③「ビジネス文書部門　筆記編」のうち、「機械・機械操作」「文書の種類・文書の作成と用途」「ことばの知識」について学習のポイントを設け、ていねいな解説を加えました。

④「3 級編」、「2 級へチャレンジ」の各問題は、検定基準にあわせて作成してあるので、練習問題としても模擬試験問題としても利用できます。

1 初期設定

Word2016の「リボン」について

　Word2016 の特徴は、メニュータブとグループから構成されている「リボン」により、アイコンをグループ化して表示していることです。

　操作方法・アイコンの場所などを確認してから操作することが必要です。

【「タブ」と「リボン」の機能】

① ［ファイル］タブは、ファイルを「開く」「保存」「印刷」等の操作を選択します。

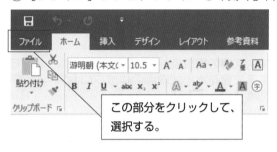

この部分をクリックして、選択する。

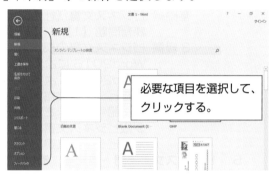

必要な項目を選択して、クリックする。

② ［ホーム］タブは、編集機能のアイコンが中心になっています。

リボン

グループ

③ ［挿入］タブは、罫線・図形等のアイコンとなっています。

④ ［レイアウト］タブは、ページ設定や段落の操作ができます。

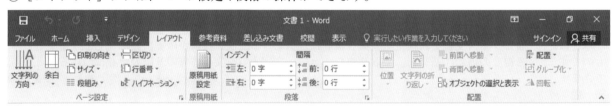

⑤ ［表示］タブでは、レイアウトやグリッド線などが操作できます。

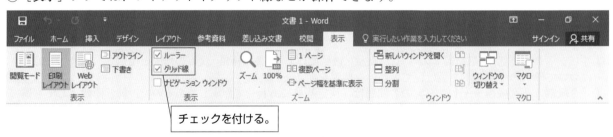

チェックを付ける。

第3級　ビジネス文書部門筆記問題
第1回　筆記総合問題（p.147）　解答用紙

1	①	②	③	④	⑤	⑥	⑦	⑧

2	①	②	③	④	⑤	⑥	⑦	⑧

3	①	②	③	④	⑤	⑥	⑦	⑧

4	①	②	③	④	⑤	⑥

5	①	②	③	④	⑤
	⑥	⑦	⑧	⑨	⑩

6	①	②	③

7	①	②	③

8	①	②	③	④

クラス	出席番号	名　　前

得点

1

	①	②	③	④	⑤	⑥	⑦	⑧

2

	①	②	③	④	⑤	⑥	⑦	⑧

3

	①	②	③	④	⑤	⑥	⑦	⑧

4

	①	②	③	④	⑤	⑥

5

	①	②	③	④	⑤
	⑥	⑦	⑧	⑨	⑩

6

	①	②	③

7

	①	②	③

8

	①	②	③	④

クラス	出席番号	名　　前

得点

1

	①	②	③	④	⑤	⑥	⑦	⑧

2

	①	②	③	④	⑤	⑥	⑦	⑧

3

	①	②	③	④	⑤	⑥	⑦	⑧

4

	①	②	③	④	⑤	⑥

5

	①	②	③	④	⑤
	⑥	⑦	⑧	⑨	⑩

6

	①	②	③

7

	①	②	③

8

	①	②	③	④

クラス	出席番号	名　　前

得点

1	①	②	③	④	⑤	⑥	⑦	⑧

2	①	②	③	④	⑤	⑥	⑦	⑧

3	①	②	③	④	⑤	⑥	⑦	⑧

4	①	②	③	④	⑤	⑥

5	①	②	③	④	⑤
	⑥	⑦	⑧	⑨	⑩

6	①	②	③

7	①	②	③

8	①	②	③	④

クラス	出席番号	名　　前

得点

④

1	①	②	③	④	⑤	⑥	⑦	⑧

2	①	②	③	④	⑤	⑥	⑦	⑧

3	①	②	③	④	⑤	⑥	⑦	⑧

4	①	②	③	④	⑤	⑥

5	①	②	③	④	⑤
	⑥	⑦	⑧	⑨	⑩

6	①	②	③

7	①	②	③

8	①	②	③	④

クラス	出席番号	名　　　前

得点

⑤

第3級　ビジネス文書部門筆記問題
第　　回　　　　　　　　解答用紙

1	①	②	③	④	⑤	⑥	⑦	⑧

2	①	②	③	④	⑤	⑥	⑦	⑧

3	①	②	③	④	⑤	⑥	⑦	⑧

4	①	②	③	④	⑤	⑥

5	①	②	③	④	⑤
	⑥	⑦	⑧	⑨	⑩

6	①	②	③

7	①	②	③

8	①	②	③	④

クラス	出席番号	名　　前

得点

第3級　ビジネス文書部門筆記問題
第　　回　　　　　　　　　　解答用紙

1	①	②	③	④	⑤	⑥	⑦	⑧

2	①	②	③	④	⑤	⑥	⑦	⑧

3	①	②	③	④	⑤	⑥	⑦	⑧

4	①	②	③	④	⑤	⑥

5	①	②	③	④	⑤
	⑥	⑦	⑧	⑨	⑩

6	①	②	③

7	①	②	③

8	①	②	③	④

クラス	出席番号	名　　前

得点

⑦

第3級　ビジネス文書部門筆記問題
第　　回　　　　　　　　解答用紙

1	①	②	③	④	⑤	⑥	⑦	⑧

2	①	②	③	④	⑤	⑥	⑦	⑧

3	①	②	③	④	⑤	⑥	⑦	⑧

4	①	②	③	④	⑤	⑥

5	①	②	③	④	⑤
	⑥	⑦	⑧	⑨	⑩

6	①	②	③

7	①	②	③

8	①	②	③	④

クラス	出席番号	名　　前

得点

Word2016で文字ずれをしない書式設定

1．ページ設定
　A　用　紙　サ　イ　ズ　　　　　………Ａ４
　B　余　　　　　白　　　　　………上下左右とも２５mm
　C　フォントの設定　　　　　………【解説１】参照
　D　グリッド線の設定　　　　………【解説２】参照
　E　文字数と行数の設定　　　………文字数３０字・行数３０行
　　　　　　　　　　　　　　　　　　（文字数・行数は問題により異なる）

2．文字ずれをしないための設定
　A　日本語と半角英数字との間隔の調整………【解説３】参照
　B　区切り文字のカーニング解除………【解説４】参照
　C　禁則処理の繰り上げによる文字詰めを解除………【解説４】参照
　D　画面上のグリッド線との文字ずれを解除………【解説４】参照

3．オートコレクト（段落番号）機能の解除
　A　箇条書きの設定を解除　　　………【解説５】参照

【解説１】
［1．ページ設定　C フォントの設定］

　文字の書体をフォントといいます。文字ずれは、半角英数字や記号などを入力するときに発生します。それは［英数字用のフォント］の既定値（デフォルトといいます）が Century（センチュリー）という自動的に文字の幅が調整される（カーニングといいます）フォントになっているためです。

　句読点やかっこ以外の全角文字は、フォントが「ＭＳ明朝」だとずれません。次の手順により、［日本語用のフォント］を「ＭＳ明朝」に、［英数字用のフォント］を「（日本語用と同じフォント）」に設定します。

①リボンから［レイアウト］タブをクリックします。［ページ設定］グループの右下にある［ページ設定ダイアログボックス起動ツールボタン］をクリックすると、［ページ設定］ダイアログボックスが表示されます。

②［用紙］タブで［用紙サイズ］を「Ａ４」にします。
　［余白］タブで［余白］は［上］［下］［左］［右］とも「２５mm」にします。

③［文字数と行数］タブで［フォントの設定］をクリックし、［フォント］ダイアログボックスを表示します。

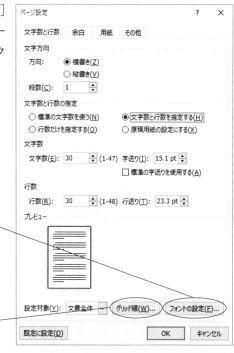

【解説１】
［フォントの設定］をクリックすると、
［フォント］ダイアログボックスが表示される。

【解説２】参考
［グリッド線］をクリックすると、
［グリッドとガイド］ダイアログボックスが表示される。

最後に文字数・行数を指定する。

［フォントダイアログボックスの設定］

④［フォント］ダイアログボックスの［フォント］タブで、［日本語用のフォント］を「ＭＳ明朝」に設定します。

⑤［英数字用のフォント］を「（日本語用と同じフォント）」に設定します。

⑥［サイズ］を「１４」にします。

⑦［フォント］ダイアログボックスの［詳細設定］タブをクリックします。

⑧［文字幅と間隔］の［カーニングを行う］のチェックをはずします。

⑨［フォント］ダイアログボックスの［ＯＫ］をクリックします。

⑩最後に、［ページ設定］ダイアログボックス（前ページ）の［文字数と行数］タブで［文字数と行数を指定する］を選択して、［文字数］を「３０」、［行数］を「３０」にします。（行数は問題により異なります）

注．続けて【解説２】のグリッド線の設定を行います。

【解説２】
［１．ページ設定　Ｄ グリッド線の設定］

グリッド線を表示すると、文字ずれの部分を確認できます。また、罫線も引きやすくなります。
グリッド線を１文字に１本、１行に１本となるように設定します。

① ［ページ設定］ダイアログボックスの［グリッド線］をクリックすると、［グリッドとガイド］ダイアログボックスが表示されます。

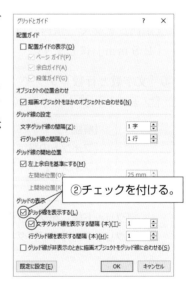

② ［文字グリッド線の間隔］を「１字」、［行グリッド線の間隔］を「１行」にし、［グリッド線を表示する］と［文字グリッド線を表示する間隔］にチェックを付け、［文字グリッド線を表示する間隔］を「１」、［行グリッド線を表示する間隔］を「１」にします。

③ ［グリッドとガイド］ダイアログボックスの［ＯＫ］をクリックします。

④最後に、［ページ設定］ダイアログボックスの［ＯＫ］をクリックします。

【解説3】
[2．文字ずれをしないための設定　A 日本語と半角英数字との間隔の調整]

日本語と半角英数字の余分な間隔が空かないように設定します。

① リボンから［レイアウト］タブをクリックします。
　［段落］グループの右下にある［段落ダイアログボックス起動ツールボタン］をクリックすると、［段落］ダイアログボックスが表示されます。

② ［段落］ダイアログボックスの［体裁］タブをクリックして表示します。

③ ［禁則処理を行う］と［句読点のぶら下げを行う］、さらに、［日本語と英字の間隔を自動調整する］と［日本語と数字の間隔を自動調整する］の計4か所のチェックをはずします。

④ ［英単語の途中で改行する］にチェックを付けます。

注．続けて【解説4】の設定を行います。

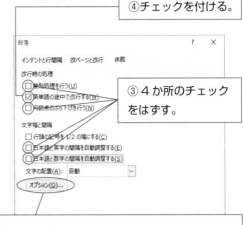

④チェックを付ける。

③4か所のチェックをはずす。

【解説4】参考
［オプション］をクリックすると【解説4】の［Wordのオプション］ダイアログボックスの［文字体裁］画面が表示される。

> **参考**
> この「日本語と半角英数字との間隔の調整」は、「書式をクリア」あるいは「ダブルクリック」をすると設定が解除されます。必要に応じて再設定しなおしてください。

【解説4】
[2．文字ずれをしないための設定　B 区切り文字のカーニング解除　C 禁則処理の繰り上げによる文字詰めを解除　D 画面上のグリッド線との文字ずれを解除]

区切り文字（句読点やかっこなど）が二つ以上重なると間隔が詰められるので、この設定を解除します（B）。次に、禁則処理などで繰り上げが行われると、区切り文字部分の文字詰めが行われるので、この設定も解除します（C）。また、画面上のグリッド線との微妙な文字ずれを解除します（D）。

① ［段落］ダイアログボックスの［体裁］タブにある［オプション］をクリックすると、［Wordのオプション］ダイアログボックスの［文字体裁］画面が表示されます。

② ［カーニング］の［半角英字のみ］をクリックして選択します。

③ ［文字間隔の調整］の［間隔を詰めない］をクリックして選択します。

注．［Wordのオプション］ダイアログボックスの画面のまま、続けて（D）の画面上のグリッド線との微妙な文字ずれを解除します。

2か所を選択する。

> **参考**
> ［Wordのオプション］ダイアログボックスは、［ファイル］タブの［オプション］をクリックしても表示されます。

④ ［Word のオプション］ダイアログボックスの左にある［詳細設定］をクリックします。

⑤ ［詳細設定］画面の［表示］にある、［読みやすさよりもレイアウトを優先して、文字の配置を最適化する］にチェックを入れます。

注．［Word のオプション］ダイアログボックスの画面のまま、続けて【解説 5】の設定を行います。

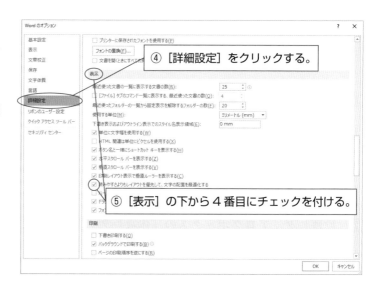

【解説 5】
［3．オートコレクト（段落番号）機能の解除　A 箇条書きの設定を解除］

「1．」と入力して改行すると、次の行に自動的に「2．」と表示されることがあります。この機能は文字ずれを起こすので、設定を解除します。

① ［Word のオプション］ダイアログボックスの左にある［文章校正］をクリックします。

② ［文章校正］画面から［オートコレクトのオプション］をクリックして、［オートコレクト］ダイアログボックスを表示します。

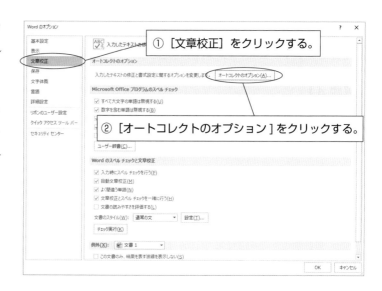

③ ［オートコレクト］ダイアログボックスにある［入力オートフォーマット］タブの［箇条書き（行頭文字）］と［箇条書き（段落番号）］の 2 か所のチェックをはずします。

④ ［オートコレクト］ダイアログボックスの［OK］をクリックし、［Word のオプション］ダイアログボックスの［OK］と、［段落］ダイアログボックスの［OK］をクリックします。

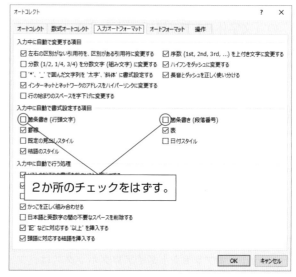

＊以上の【解説 1】から【解説 5】までの設定を行うことにより、文字ずれが解消されます。

Word2016のヘッダーの設定方法

① ［挿入］タブ→［ヘッダーとフッ
ター］グループにある［ヘッダー］
アイコンをクリックして、［ヘッ
ダーの編集］をクリックします。

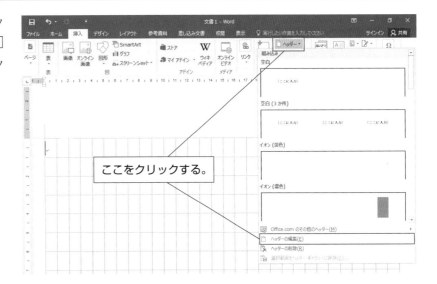

ここをクリックする。

② ヘッダー部分が編集可能な状態
となるので、必要事項を入力し
ます。

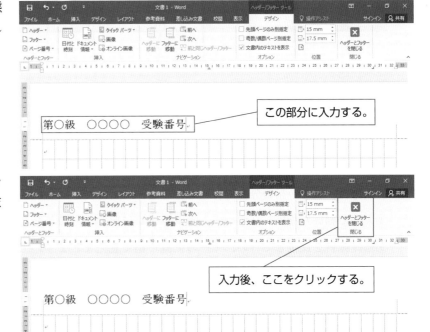

第○級　○○○○　受験番号

この部分に入力する。

③ 入力後、右端の［ヘッダーとフッ
ターを閉じる］をクリックしま
す。

第○級　○○○○　受験番号

入力後、ここをクリックする。

参考 簡単なヘッダー入力

※Word2007・2010・2013・2016では、上余白をダブルクリック
するだけでヘッダーに入力できます。また、編集の終了は、
本文の入力画面をダブルクリックするか、Esc キーでも可能
です。

この範囲でダブルクリックする。

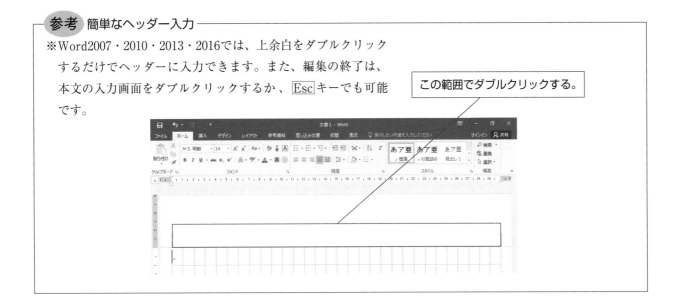

2 タッチタイピングをマスターする

● タイピング時の基本姿勢！

①背筋（せすじ）をまっすぐに保ち、軽くアゴを引きます。足を組むことは厳禁（げんきん）。

②両ワキを軽く締（し）め、ヒジが外に張らないよう注意してください。

③肩の力を抜いて、ホームポジションのキー（ＡＳＤＦ　ＪＫＬ；）に指を置きます。

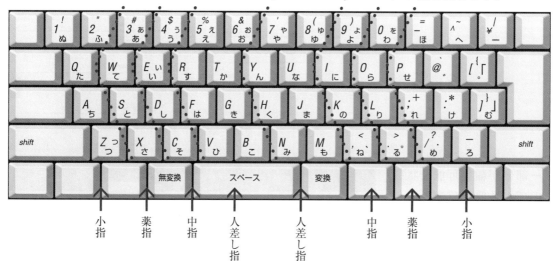

● 素早（すばや）くタイピングするには！

①基本姿勢を必ず守ってください。

②ホームポジションの位置を体でしっかりと覚えましょう。

③入力は、正しい指の分担（ぶんたん）で行うことを心がけてください。

④入力で動いた指は、必ずホームポジションに戻すようにしましょう。

⑤基礎練習を反復して行い、キーの位置を指で覚えましょう。

⑥キーボードは、極力（きょくりょく）見ないようにしてください。

基本練習

○1行の文字数を３０字、１ページの行数を３０行に設定しましょう。

○授業の前のウォーミングアップとして活用しましょう。

【基本練習１　清音（せいおん）の入力】

　あいうえおかきくけこさしすせそたちつてとなにぬねのはひふへほ
　まみむめもやゆよらりるれろわをん↵
　あいうえおかきくけこさしすせそたちつてとなにぬねのはひふへほ
　まみむめもやゆよらりるれろわをん↵
　あいうえおかきくけこさしすせそたちつてとなにぬねのはひふへほ
　まみむめもやゆよらりるれろわをん

【基本練習2　濁音・半濁音の入力】

がぎぐげござじずぜぞだぢづでどばびぶべぼぱぴぷぺぽ↵
がぎぐげござじずぜぞだぢづでどばびぶべぼぱぴぷぺぽ↵
がぎぐげござじずぜぞだぢづでどばびぶべぼぱぴぷぺぽ

【基本練習3　清音＋拗音の入力】

きゃきぃきゅきぇきょしゃしぃしゅしぇしょちゃちぃちゅちぇちょ
てゃてぃてゅてぇてょにゃにぃにゅにぇにょひゃひぃひゅひぇひょ
ふゃふぃふゅふぇふょみゃみぃみゅみぇみょりゃりぃりゅりぇりょ
つぁつぃつぇつぉふぁふぉ↵
きゃきぃきゅきぇきょしゃしぃしゅしぇしょちゃちぃちゅちぇちょ
てゃてぃてゅてぇてょにゃにぃにゅにぇにょひゃひぃひゅひぇひょ
ふゃふぃふゅふぇふょみゃみぃみゅみぇみょりゃりぃりゅりぇりょ
つぁつぃつぇつぉふぁふぉ↵
きゃきぃきゅきぇきょしゃしぃしゅしぇしょちゃちぃちゅちぇちょ
てゃてぃてゅてぇてょにゃにぃにゅにぇにょひゃひぃひゅひぇひょ
ふゃふぃふゅふぇふょみゃみぃみゅみぇみょりゃりぃりゅりぇりょ
つぁつぃつぇつぉふぁふぉ

【基本練習4　濁音・半濁音＋拗音の入力】

ぎゃぎぃぎゅぎぇぎょじゃじぃじゅじぇじょぢゃぢぃぢゅぢぇぢょ
でゃでぃでゅでぇでょびゃびぃびゅびぇびょぴゃぴぃぴゅぴぇぴょ
ぎゃぎぃぎゅぎぇぎょじゃじぃじゅじぇじょぢゃぢぃぢゅぢぇぢょ
でゃでぃでゅでぇでょびゃびぃびゅびぇびょぴゃぴぃぴゅぴぇぴょ
ぎゃぎぃぎゅぎぇぎょじゃじぃじゅじぇじょぢゃぢぃぢゅぢぇぢょ
でゃでぃでゅでぇでょびゃびぃびゅびぇびょぴゃぴぃぴゅぴぇぴょ

【基本練習5　促音の入力】

きっと　もっと　とって　きって　どっと　ばっと　ほっと↵
よっと　しっぷ　まっぷ　どっぐ　ばっぐ　びっぐ　ぶっく↵
かっと　ねっと　いっぱい　いったん　めりっと　あっぷる

【基本練習6　外来語の表記に用いる特別な音の入力】

ヴァ　ヴィ　ヴ　ヴェ　ヴォ↵
ヴァ　ヴィ　ヴ　ヴェ　ヴォ↵
ヴァ　ヴィ　ヴ　ヴェ　ヴォ

発展練習

○1行の文字数を３０字、1ページの行数を３０行に設定しましょう。

【発展練習1　英字・数字・記号】

a b c d e f g h i j k l m n o p q r s t u v w x y z ⏎
a b c d e f g h i j k l m n o p q r s t u v w x y z ⏎
A B C D E F G H I J K L M N O P Q R S T U V W X Y Z ⏎
A B C D E F G H I J K L M N O P Q R S T U V W X Y Z ⏎
１２３４５６７８９０１４７２５８３６９０１５９３５７ ⏎
、。！＃＄％＆（）＝￥「」＠：；・＜＞＋＊／

【発展練習2　ひらがな入力】

にほんは、はる、なつ、あき、ふゆのよっつのきせつがあります。
はるは、いちねんをつうじてきこうがあんていし、すごしやすい。
なつは、きおんがもっともたかく、うみにでかけるひとがおおい。
あきは、どくしょやげいじゅつにさいてきで、しょくよくもわく。
ふゆは、さむさがきびしく、ちいきによっては、ゆきがふります。

【発展練習3　単漢字変換】（ふりがなは入力しません）

亜(あ)　井(い)　宇(う)　絵(え)　尾(お)　可(か)　木(き)　区(く)　毛(け)　個(こ)　佐(さ)　史(し)　酢(す)　背(せ)　曽(そ)
多(た)　地(ち)　津(つ)　手(て)　戸(と)　名(な)　荷(に)　濡(ぬ)　根(ね)　野(の)　葉(は)　火(ひ)　普(ふ)　辺(へ)　穂(ほ)
麻(ま)　実(み)　無(む)　目(め)　模(も)　矢(や)　由(ゆ)　夜(よ)　裸(ら)　理(り)　留(る)　呂(ろ)　和(わ)

【発展練習4　熟語変換】

朝日　意見　運動　映画　温室　介護　給水　群集　現金　故意 ⏎
砂糖　時価　水道　盛況　掃除　対照　注射　追求　定温　島民 ⏎
内閣　入場　布地　熱気　農家　配送　非常　普及　平気　方位 ⏎
満天　民俗　無給　迷彩　木工　野性　有休　陽気　来園　領海 ⏎
類型　冷害　老化　和製

【発展練習5　長音記号を含むカタカナ】

ネーム　ボール　データ　ガール　ゲーム　パーク　キープ ⏎
サッカー　レジャー　メーカー　ペーパー　センター　ボーダー ⏎
データベース　ホームページ　カードリーダ　バレーボール

応用練習

○1行の文字数を３０字、1ページの行数を３０行に設定しましょう。

【応用練習1　使用頻度の高い文章表現】

である。です。ます。だろう。であろう。れる。られる。いえる。
いる。する。なる。ている。いた。きた。した。られた。いえた。
できた。できる。したい。あった。なった。いった。なっている。
だが、しかし、そこで、そこでは、さらに、さらには、これらが、
また、または、これが、これは、これには、これでは、これまで、
それが、それは、それには、それまでは、においては、ところが、
ところで、ここで、ここでは、ここまでは、

【応用練習2　使用頻度の高い語句】

最近　近年　今日の　現代の　多様な　さまざまな　一方　一方で
経済の　経営が　企業が　価格は　価額が　わが国は　景気を回復
日本では　海外では　環境が　環境保護を　国民の　一人ひとりが
私たち　人たち　ほとんどを　大半を　課題は　問題は　問題点は
消費者の　生産者の　大きな　多大な　発達が　発展を　米国では
欧米では　情報を　情報技術の　検討を　場合が　商品の　予定だ
大切だ　望みたい　期待したい　考えたい　必要である

【応用練習3　使用頻度の高いカタカナ】

パソコン　ワープロ　コンピュータ　インターネット　サービス↵
ビジネス　リサイクル　エネルギー　システム　ソフト　ハード↵
コンビニ　コンビニエンスストア　コミュニケーション　コスト↵
メリット　デメリット　アメリカ　イギリス　オランダ　カナダ↵
ヨーロッパ　ネットワーク　ニーズ　プラス　マイナス　グラム↵
アジア　ユーロ　オーストラリア　プラン　イメージ　メーカー↵
クレジット　メディア

【応用練習4　入力しづらいカタカナ】

ヴァイオリン　ヴァージニア　ヴィレッジ　ヴィクトリア↵
ヴェルサイユ　ヴォイス　ミネラルウォーター　ウォーキング↵
フィクション　グラフィックス　カリフォルニア

実践練習

○文章を速く正確に入力するためには、効率のよい変換を行うことが重要です。効率のよい変換方法の一つが、文節変換です。

○１行の文字数を３０字、１ページの行数を３０行に設定しましょう。

【実践練習１　文節変換】

・文章中の■の位置で、スペースキーなどを利用して漢字やカタカナに変換させましょう。

・文章中の▼の位置で、エンターキーなどを利用して文字を確定させましょう。

問題１

わたしは、■このはる、■こうこうせいに■なりました。▼

〔入力結果１〕

私は、この春、高校生になりました。

問題２

こくないの■けいざいじょうきょうは、■しだいに■かいふくしつつ■あります。▼

〔入力結果２〕

国内の経済状況は、次第に回復しつつあります。

【実践練習２　短文入力】

問題１

地球は、■太陽から■エネルギーを受けている。■植物と動物はこれを▼　　30
大きなサイクルで循環させ、生態系を築き上げている。　　　　　　　　　55

問題２

現代は、■科学にもとづく技術が進歩し、▼実用化されている。■私た　　30
ちは、■その恩恵を受けることで、■便利で快適な生活を送れるように　　60
なった。↵　　　　　　　　　　　　　　　　　　　　　　　　　　　　65
　しかし、▼その一方では、■科学技術がもたらしたさまざまな問題点▼　95
もある。■大切なことは、技術を利用する人間が、■正しい利用目的を　　125
持つことである。　　　　　　　　　　　　　　　　　　　　　　　　　133

12

3 速度部門

制限時間は10分です（印刷は時間外）。「基礎編」では、3級の審査方法（172～173ページ）で、純字数200字以上をめざしましょう。

基礎編 練習問題

【1】 次の文章を1行30字で入力しなさい。（制限時間10分）

　飲食店が、見た目だけではなく、動きの面でも美しい、動画映え　　30
するメニューを増やしている。あるカフェでは、フランス語で雪崩　　60
を意味する名前のスイーツが人気だ。チョコが溶ける様子を、動画　　90
に収めてから食べる女性の客が多いという。　　111

　店としては、動画共有サービスへの投稿を目的にした客を、呼び　　141
込む狙いがある。投稿された動画を見て、来店する客が増えたとい　　171
う。今後は、飲食店に、動画映えする楽しさも求められる時代が来　　201
るのかもしれない。　　210

【2】 次の文章を1行30字で入力しなさい。（制限時間10分）

　約1億5千万年前のジュラ紀にいた、鳥の遠い祖先の始祖鳥は、　　30
自力で羽ばたいて、飛べた可能性があることがわかった。フランス　　60
などの研究チームが、始祖鳥の骨の特徴を、現在の鳥など約70種　　90
と比べた。それにより、キジなどに近く、短い距離を飛ぶ能力があ　　120
ると判断した。　　128

　研究チームは、フランスにある施設を使って、翼をささえる骨な　　158
どの構造を詳しく観察した。断面の多くを空洞がしめ、当時の恐竜　　188
と比べて、軽量化が進んでいたことがわかった。　　210

【1】

1	採点欄	総字数		エラー数		純字数	
2	採点欄	総字数		エラー数		純字数	
3	採点欄	総字数		エラー数		純字数	

【2】

1	採点欄	総字数		エラー数		純字数	
2	採点欄	総字数		エラー数		純字数	
3	採点欄	総字数		エラー数		純字数	

動画映（どうがば）え・雪崩（なだれ）・溶（と）ける
狙（ねら）い

始祖鳥（しそちょう）・空洞（くうどう）・恐竜（きょうりゅう）

【3】 次の文章を１行３０字で入力しなさい。(制限時間10分)

　新しく４月に入社した社員の研修では、電話応対が大きな課題に　　30
なる。若い人たちは、メールやアプリなどで連絡することが多いた　　60
め、電話での会話が減っている。社会人になるにあたって、厳しい　　90
関門となっている。　　　　　　　　　　　　　　　　　　　　　　100

　職場でも、連絡にメールを使うことが増えている。だが、仕事に　　130
おける電話応対は、顧客からのクレームや取引先への謝罪など、よ　　160
り高度な技能が求められる。ある講師によれば、上達するには電話　　190
での会話を実践し、経験することだという。　　　　　　　　　　　210

【4】 次の文章を１行３０字で入力しなさい。(制限時間10分)

　就職や進学をきっかけとして、一人暮らしを始める人は多い。新　　30
しい生活を送るうえで、食事をきちんと食べることは重要である。　　60
ある調査によれば、一人暮らしの大学生のうち約４割が、朝食を食　　90
べずに生活しているという。　　　　　　　　　　　　　　　　　　104

　滋賀県の大学では、学生に朝食を１００円で提供するサービスを　　134
始めた。値段は安いがご飯とみそ汁、サラダにコロッケまで付いて　　164
ボリューム満点である。学食の開店前には行列ができるほどの人気　　194
で、学生の強い味方になっている。　　　　　　　　　　　　　　　210

【3】

1	採点欄	総字数		エラー数		純字数	
2	採点欄	総字数		エラー数		純字数	
3	採点欄	総字数		エラー数		純字数	

【4】

1	採点欄	総字数		エラー数		純字数	
2	採点欄	総字数		エラー数		純字数	
3	採点欄	総字数		エラー数		純字数	

顧客(こきゃく)・謝罪(しゃざい)・実践(じっせん)　　　　滋賀県(しがけん)

【5】 次の文章を1行30字で入力しなさい。（制限時間10分）

　世界中で、魚の乱獲が大きな問題となっている。日本では、資源　30
が豊富な魚もそうでない魚も区別されずに、同じように店頭で売ら　60
れている現状がある。近年、日本でも徐々に知られてきた認証制度　90
に、海のエコラベルがある。　104

　その水産物が、持続可能で環境に配慮した漁獲であることを示す　134
ものである。店頭でこのラベル付きの商品を見かけたなら、ぜひ、　164
購入をおすすめしたい。わずかな取り組みだが、海洋資源の保全に　194
つながることを大いに期待したい。　210

【6】 次の文章を1行30字で入力しなさい。（制限時間10分）

　今、送迎保育ステーションが各地に広がっている。これは、駅か　30
ら遠い保育所に通うため、親に代わって送迎するシステムである。　60
働く親にとっては、家庭での送迎は負担が大きい。このため、この　90
ステーションは好評だ。　102

　駅から離れていて、定員に空きのある保育所に子どもを預けやす　132
くすることで、待機児童を減らすことがねらいである。また、国も　162
市町村に費用を補助している。親の負担を軽くして、子育て世代の　192
転入につなげようとする自治体もある。　210

【5】

1	採点欄	総字数		エラー数		純字数	
2	採点欄	総字数		エラー数		純字数	
3	採点欄	総字数		エラー数		純字数	

【6】

1	採点欄	総字数		エラー数		純字数	
2	採点欄	総字数		エラー数		純字数	
3	採点欄	総字数		エラー数		純字数	

乱獲（らんかく）・配慮（はいりょ）・漁獲（ぎょかく）　　送迎（そうげい）・待機（たいき）

【7】　次の文章を１行３０字で入力しなさい。（制限時間10分）

　　ある企業が実施した家庭の食卓に関する調査によると、ごはんの　　30
上にのせると幸せを感じる食材のナンバーワンは、納豆だった。ど　　60
の年代でも５割強の人が、そのような回答を寄せている。第２位は　　90
味付けのり、第３位は辛子明太子と続く。　　　　　　　　　　　　110

　　こうした日本の伝統的な「飯とも」が上位に並び、地域に根付い　140
た食文化の影響がうかがえる。和食は、ユネスコの無形文化遺産に　170
も、登録された。日本の食文化を、海外にもすすんで発信するよう　200
にしたいものである。　　　　　　　　　　　　　　　　　　　　210

【8】　次の文章を１行３０字で入力しなさい。（制限時間10分）

　　キクの花は、観賞用だけでなく薬用や食用にも栽培されている。　　30
また、虫を寄せ付けない品種もあり、その成分を生かしてわが国で　　60
開発された商品が、蚊取り線香である。東南アジアを始めとして、　　90
世界中で愛用されている。　　　　　　　　　　　　　　　　　　103

　　国内においては、スプレー式や電気式に押され販売数が横ばいで　133
あった。そこで、香りを楽しみたいという消費者の要望に応えて、　163
スイカやイチゴの匂いがする商品が発売された。アロマ効果もある　193
ので、若い女性を中心に人気である。　　　　　　　　　　　　　210

【7】

1	採点欄	総字数		エラー数		純字数	
2	採点欄	総字数		エラー数		純字数	
3	採点欄	総字数		エラー数		純字数	

【8】

1	採点欄	総字数		エラー数		純字数	
2	採点欄	総字数		エラー数		純字数	
3	採点欄	総字数		エラー数		純字数	

遺産(いさん)　　　　　　　　　　　　観賞(かんしょう)・蚊(か)・匂(にお)い

【9】 次の文章を1行30字で入力しなさい。(制限時間10分)

　このほど、国内の研究チームが、薄くて丈夫な太陽電池を開発し　30
た。それは新聞紙よりも薄く、食品用ラップの3分の1ほどしか厚　60
みがない。そのため、服に付けたり、腕に巻いたりすることも可能　90
となっている。　98

　現在は、体に装着する健康機器の電源として、実用化を予定して　128
いる。さらには、発信機とともに渡り鳥などに取り付けて、生態を　158
調べることも計画されている。解決すべき困難な課題はいくつかあ　188
るが、ぜひとも実用化して欲しい技術といえる。　210

【10】 次の文章を1行30字で入力しなさい。(制限時間10分)

　最近、日持ちするお弁当や総菜を届けるサービスが注目されてい　30
る。社員食堂を持たない会社だけでなく、周辺に飲食する店が少な　60
い中小企業で導入されている。冷蔵庫で長くストックができ、社員　90
が好きなときに食べることができる。　108

　企業は、食堂を持つよりもコストを軽減できる。さらに、社員の　138
働き方が多様化する中で、効率よく働きながら健康に配慮してもら　168
うこともできる。これら二つの理由によって、日持ちするお弁当の　198
サービスが広がっている。　210

【9】

1	採点欄	総字数		エラー数		純字数	
2	採点欄	総字数		エラー数		純字数	
3	採点欄	総字数		エラー数		純字数	

【10】

1	採点欄	総字数		エラー数		純字数	
2	採点欄	総字数		エラー数		純字数	
3	採点欄	総字数		エラー数		純字数	

装着(そうちゃく)・生態(せいたい)　　　　　総菜(そうざい)・配慮(はいりょ)

【11】 次の文章を１行30字で入力しなさい。（制限時間10分）

　　眠気を解消し、仕事でのミスを防ぐために、働く人に昼寝を勧め　　30
る動きが広がっている。また、短い時間での仮眠を制度化している　　60
会社もある。その会社では、多くの社員がこのシステムを使ったこ　　90
とがあり、会議や研修などでも取り入れている。　　　　　　　　　113

　　専門家のアドバイスでは、昼寝は１５分以上眠ると眠りが深くな　143
るため、起きたときの頭痛や体のだるさにつながってしまう。さら　173
に、１５時よりも遅い時間では、夜の睡眠に支障を来すため注意が　203
必要だという。　　　　　　　　　　　　　　　　　　　　　　　210

【12】 次の文章を１行30字で入力しなさい。（制限時間10分）

　　火力発電は、あまりコストをかけずに大量の電気を作ることがで　　30
き、発電量の９割ほどをしめている。ただ、二酸化炭素を多く出す　　60
ことから、地球温暖化への影響が心配されている。　　　　　　　　84

　　これに対し、再生可能エネルギーは、二酸化炭素をほとんど出さ　114
ない。また、自然の恵みをエネルギー源とし、半永久的に利用でき　144
る。国は発電量にしめる再生可能エネルギーの割合を、２０３０年　174
までに、現在の２倍に引き上げる目標をたてた。私たちも、節電を　204
心がけたい。　　　　　　　　　　　　　　　　　　　　　　　　210

【11】

1	採点欄	総字数		エラー数		純字数	
2	採点欄	総字数		エラー数		純字数	
3	採点欄	総字数		エラー数		純字数	

【12】

1	採点欄	総字数		エラー数		純字数	
2	採点欄	総字数		エラー数		純字数	
3	採点欄	総字数		エラー数		純字数	

勧（すす）める・支障（ししょう）・来（きた）す　　　　温暖化（おんだんか）

【13】　次の文章を1行30字で入力しなさい。（制限時間10分）

　　北極海の氷が減ると日本の冬は寒くなることが、さまざまな研究　　30
により明らかになってきた。この関係に着目したのは、豪雪にみま　　60
われた年の前年の夏の北極は、海氷が著しく小さかったからだ。　　90
　　現在、気象庁が長期予報を出す際、ペルー沖の海水温を考慮して　　120
いる。水温が低くなるラニーニャ現象が発生すると、日本の冬は、　　150
寒くなるとみられている。これからはさらに、温暖化で北極の氷が　　180
少なくなると、日本では寒い冬が続く可能性もあるということだ。　　210

【14】　次の文章を1行30字で入力しなさい。（制限時間10分）

　　ゴボウは、ユーラシアが原産でキク科の二年草である。世界的に　　30
見ても、これを食べる習慣のある国は非常に少ない。そのうちの一　　60
つが日本であり、細長い根は煮物やきんぴらなどの材料となる。　　90
　　古くは薬草として、ゴボウは中国から日本に伝来した。それが、　　120
江戸時代から明治にかけて、品種改良が進められて食されるように　　150
なった。そして、世界でもヘルシー食材として、少しずつ見直され　　180
始めている。しかし、まだ木の根っこという印象を持つ人が多い。　　210

【13】

1	採点欄	総字数		エラー数		純字数	
2	採点欄	総字数		エラー数		純字数	
3	採点欄	総字数		エラー数		純字数	

【14】

1	採点欄	総字数		エラー数		純字数	
2	採点欄	総字数		エラー数		純字数	
3	採点欄	総字数		エラー数		純字数	

豪雪（ごうせつ）・海氷（かいひょう）・著（いちじる）しく
考慮（こうりょ）

伝来（でんらい）

【15】 次の文章を１行30字で入力しなさい。（制限時間10分）

　　東京の目黒駅前にある商店街では、秋になると恒例のさんま祭り　　30
が開催され、大勢の人でにぎわう。これは、古典落語「目黒のさん　　60
ま」にちなんでいる。目黒やさんまの良さを伝えるため、１９９６　　90
年にスタートした。　　　　　　　　　　　　　　　　　　　　　100

　　祭りの目玉は、さんまの無料配布だ。都内だけでなく、他県から　130
も続々と人が押し寄せる。例年、６千匹以上の魚が、訪れる人々に　160
ふるまわれる。会場の周辺は、焼き魚のこうばしい匂いに包まれ、　190
長蛇の列が秋の風物詩の一つとなっている。　　　　　　　　　　210

【16】 次の文章を１行30字で入力しなさい。（制限時間10分）

　　ウェアラブル端末が、スマートフォンに続く次世代端末として、　30
世界で注目を集めている。身体のいろいろな部位に装着すれば、ス　60
マホと連携した、新しいライフスタイルが楽しめる。　　　　　　　85

　　だが、課題も多い。一般の利用者に受け入れられるには、違和感　115
なく身に付け、操作しやすい形にする必要がある。また、本人が気　145
付かないうちに写真を撮られ、ネット上に投稿されてしまうなど、　175
プライバシー侵害の懸念もある。利便性の裏にあるリスクにも注意　205
が必要だ。　　　　　　　　　　　　　　　　　　　　　　　　　210

【15】

1	採点欄	総字数		エラー数		純字数	
2	採点欄	総字数		エラー数		純字数	
3	採点欄	総字数		エラー数		純字数	

【16】

1	採点欄	総字数		エラー数		純字数	
2	採点欄	総字数		エラー数		純字数	
3	採点欄	総字数		エラー数		純字数	

恒例（こうれい）・開催（かいさい）・長蛇（ちょうだ）　　　違和感（いわかん）・侵害（しんがい）・懸念（けねん）

【17】 次の文章を１行30字で入力しなさい。(制限時間10分)

　　各地の小中学校で、給食の食べ残しをリサイクルする取り組みが　　30
広がっている。環境省によれば、全国で約６割の学校が肥料や飼料　　60
などに再利用している。だが、このリサイクルでは、周辺の住民と　　90
の調整やコストの面など課題も多い。　　108

　　また、食べ残しを出さないようにするために、リデュースへの取　　138
り組みも必要である。同省の調査では、その工夫をしている自治体　　168
は、全体の７割となっている。幼いうちから、食べ物を大切にする　　198
心を育てることは重要だ。　　210

3

速度部門

【18】 次の文章を１行30字で入力しなさい。(制限時間10分)

　　最近では、飲料水を常温で販売するコンビニエンスストアが増え　　30
ている。この業界では、水などの飲料は、しっかりと冷やして販売　　60
することが常識となっていた。だが、顧客のニーズにより、高齢者　　90
の利用が多い地域やオフィス街の店で導入された。　　114

　　この理由には、１年を通じて体の冷えを気にする人や、常温の方　　144
が、体に優しいと考える人が増えていることが背景にある。専門医　　174
によれば、冷たい水を多く摂取すると体温が下がり、体には負担に　　204
なるという。　　210

【17】

1	採点欄	総字数		エラー数		純字数	
2	採点欄	総字数		エラー数		純字数	
3	採点欄	総字数		エラー数		純字数	

【18】

1	採点欄	総字数		エラー数		純字数	
2	採点欄	総字数		エラー数		純字数	
3	採点欄	総字数		エラー数		純字数	

肥料(ひりょう)・飼料(しりょう)　　　　　顧客(こきゃく)・摂取(せっしゅ)

【19】　次の文章を１行30字で入力しなさい。(制限時間10分)

　　気象庁の生物季節観測で、観測対象となる生き物が、都市化など　　30
の影響を受けて姿を見せなくなっている。都心では、ツバメが２年　　60
続けて観測されていない。　　73

　　東京管区気象台では、都心で姿が見られなくなったヒバリやモン　　103
シロチョウなど、６種類の生き物の観測を数年前からやめた。現在　　133
は、ウグイス、ツバメ、アブラゼミ、シオカラトンボ、ヒグラシの　　163
５種類に絞っている。観測をしている専門官は、季節感がだんだん　　193
希薄になってしまうと指摘している。　　210

【20】　次の文章を１行30字で入力しなさい。(制限時間10分)

　　最近、輸入されることが多いバナナやグレープフルーツなどを、　　30
国内で生産する動きが広まっている。収穫量が少なくても、収益性　　60
の高いものを栽培する農家が増えたためだ。消費者にも、価格は高　　90
くても、食の安全や味わいに人気がある。　　110

　　新しい作物の栽培が取り組みやすくなったのは、インターネット　　140
の普及が挙げられる。ネットにより、販売の経路を確保できるよう　　170
になったことだ。収入も安定したことにより、若い農家を中心に取　　200
り組みが進んでいる。　　210

【19】

1	採点欄	総字数		エラー数		純字数	
2	採点欄	総字数		エラー数		純字数	
3	採点欄	総字数		エラー数		純字数	

【20】

1	採点欄	総字数		エラー数		純字数	
2	採点欄	総字数		エラー数		純字数	
3	採点欄	総字数		エラー数		純字数	

管区気象台(かんくきしょうだい)・絞(しぼっ)て
希薄(きはく)

収穫量(しゅうかくりょう)・収益性(しゅうえきせい)
栽培(さいばい)・普及(ふきゅう)

【21】　次の文章を１行30字で入力しなさい。（制限時間10分）

　　私たちは、毎日のように硬貨を使って生活している。そのため、　　30
特に違和感を覚えることは少ない。ところが、日本を訪れる外国人　　60
にとって、５円玉や５０円玉のように、穴の空いたコインは非常に　　90
珍しいようだ。　　　　　　　　　　　　　　　　　　　　　　　　98

　　なぜ穴が空いているのか、その理由を造幣局は次のように説明し　128
ている。まず、他の硬貨と簡単に区別できること。次に、銅や亜鉛　158
などの原材料を節約するため。そして、偽造の防止に役立つこと。　188
これらの合理的な理由で、穴が空けられている。　　　　　　　　　210

3

速度部門

【22】　次の文章を１行30字で入力しなさい。（制限時間10分）

　　毎年、９月１日は「防災の日」である。これまでに被災した経験　30
がない人でも、全国各地の災害報道を見るたびに、備えるべきだと　60
考える機会は増えている。防災意識の向上には、災害をイメージす　90
ることが重要である。　　　　　　　　　　　　　　　　　　　　101

　　非常食の備蓄も大切だが、災害が発生した時にまず必要なことは　131
生き残るため、つまり死なずに済むための努力である。生き残るた　161
めには、何を準備すればよいかを考えよう。日頃から防災に関心を　191
持ち、緊急時の冷静な判断につなげたい。　　　　　　　　　　　　210

【21】

1	採点欄	総字数		エラー数		純字数	
2	採点欄	総字数		エラー数		純字数	
3	採点欄	総字数		エラー数		純字数	

【22】

1	採点欄	総字数		エラー数		純字数	
2	採点欄	総字数		エラー数		純字数	
3	採点欄	総字数		エラー数		純字数	

硬貨（こうか）・違和感（いわかん）
訪（おとず）れる・造幣局（ぞうへいきょく）
亜鉛（あえん）・偽造（ぎぞう）

被災（ひさい）・備蓄（びちく）・緊急時（きんきゅうじ）

　次の文章を１行30字で入力しなさい。（制限時間10分）

　　最近では、ネットとつながっているスマートテレビを利用し、見　　30
た番組履歴を家電企業が収集する動きが広がっている。専門家によ　　60
れば、この履歴はプライバシーに属しており、収集するときには、　　90
利用者にわかりやすい説明をすべきだと指摘している。　　　　　　116

　　今後、この視聴履歴は、視聴率に取って代わることはあるのだろ　146
うか。広告会社の担当者は、各社のデータを統合して活用すると考　176
えている。そして、新しい視聴率を測定する機関が現れると予測し　206
ている。　　　　　　　　　　　　　　　　　　　　　　　　　　210

【24】　次の文章を１行30字で入力しなさい。（制限時間10分）

　　子どもたちにとって、ぬいぐるみや電車の模型などのおもちゃは　　30
宝物だ。しかし、遊んでいるうちに壊れることもある。最近、大手　　60
の百貨店では、原則無料で修理をしてくれる「おもちゃ病院」を始　　90
めた。　　　　　　　　　　　　　　　　　　　　　　　　　　　　94

　　この病院は、ボランティア団体の協力で運営されている。百貨店　124
が導入した理由は、修理してもらえることで、安心感を顧客に与え　154
て、他社との差別化を図るためだ。一方、子どもたちには、直して　184
使うことで、物を大切にする心が育つことを期待したい。　　　　　210

【23】

1	採点欄	総字数		エラー数		純字数	
2	採点欄	総字数		エラー数		純字数	
3	採点欄	総字数		エラー数		純字数	

履歴（りれき）・指摘（してき）・視聴（しちょう）
統合（とうごう）

【24】

1	採点欄	総字数		エラー数		純字数	
2	採点欄	総字数		エラー数		純字数	
3	採点欄	総字数		エラー数		純字数	

模型（もけい）・壊（こわ）れる・顧客（こきゃく）・図（はか）る

３級編 練習問題

【3級－1】 次の文章を１行30字で入力しなさい。（制限時間10分）

　最近、乳幼児や小学生の世話をするベビーシッターサービスで、 30
英会話や音楽なども教えるサービスが注目されている。子どもを預 60
けると同時に、貴重な体験をさせることができる。忙しい共働きの 90
夫婦などに、受け入れられている。 107
　子どもを保育園に預けている親が、月に数回、預け先が見つから 137
ない時間帯に、このベビーシッターを利用している。通常の習い事 167
と違って、送迎する必要がないのも利点だ。また、入会金や月謝が 197
掛かる習い事より、金銭面の負担が少なく済むこともある。 225
　だが、こうしたサービスを利用する際には、シッターの専門的な 255
能力や指導方法が適切かなど、事前に確認することが必要だ。さら 285
に、希望する条件を具体的に伝えることも大切である。 310

【3級－2】 次の文章を１行30字で入力しなさい。（制限時間10分）

　文化庁が実施した国語の世論調査によれば、世の中には思い違い 30
で誤用している言葉が意外と多い。例えば、爆笑とはおかしな話を 60
聞き、大勢が一斉に吹き出して笑うという意味である。しかし、お 90
笑い番組を独りで観ていたのに「爆笑した」と言う人もいる。 119
　また、ダントツとは断然トップを省略したもので、圧倒的に他を 149
引き離しているという意味だ。だが、多くの人が「ダントツトップ 179
の成績を取った」などと、同じ意味の語を重ねたことに気付かず、 209
使用してしまう場合がある。 223
　このように私たちは誤った表現を使っている場合もあるが、言葉 253
は生き物である。現在は誤りでも、今後は認められる場合もありう 283
る。正しい用法を学ぶとともに、言葉の変化に注目したい。 310

【3級－1】

1	採点欄	総字数		エラー数		純字数	
2	採点欄	総字数		エラー数		純字数	
3	採点欄	総字数		エラー数		純字数	

乳幼児（にゅうようじ）・貴重（きちょう）・夫婦（ふうふ）
送迎（そうげい）

【3級－2】

1	採点欄	総字数		エラー数		純字数	
2	採点欄	総字数		エラー数		純字数	
3	採点欄	総字数		エラー数		純字数	

爆笑（ばくしょう）・一斉（いっせい）・断然（だんぜん）
誤（あやま）った・誤（あやま）り

【3級-3】 次の文章を1行30字で入力しなさい。(制限時間10分)

　　渋滞予報士は、大学院などで交通工学を学んだ、渋滞を数学的に　　　30
分析するエキスパートだ。高速道路の渋滞を予測し、広報すること　　　60
が仕事だ。　　　　　　　　　　　　　　　　　　　　　　　　　　　66

　　アナログで予測を行うのだが、的中率は8割という。仕事は、カ　　96
レンダーとのにらみ合いだ。曜日の並びが似ている、過去のデータ　　126
を参考にする。工事中などで参考にできる例がない場合は、交通量　　156
や速度などの指標を使い、シミュレーションをする。　　　　　　　181

　　予測を大きく誤ったこともある。ある道路で想定外の渋滞が発生　　211
した。原因を調べると、満開を迎えたネモフィラがテレビで紹介さ　　241
れ、過去最高の人が訪れていた。予報を正確にするためには、地道　　271
に現場に出ることも重要だ。自分で運転して、渋滞にはまりに行く　　301
こともあるそうだ。　　　　　　　　　　　　　　　　　　　　　　310

【3級-4】 次の文章を1行30字で入力しなさい。(制限時間10分)

　　和菓子は、人生の節目とつながっている。ひな祭りには、ひしも　　30
ちという餅などを食べる。たんごの節句には、ちまきやかしわ餅を　　60
食べる。まんじゅうは、めでたいときのお祝い用から、仏事用まで　　90
ある。　　　　　　　　　　　　　　　　　　　　　　　　　　　　94

　　和菓子は、海外の影響を強く受けている。遣唐使は、油で揚げる　　124
という新しい調理法を持ち帰り、中国で学んだ禅僧たちは、喫茶と　　154
点心という習慣を広めた。さらに、砂糖と卵を使う南蛮の菓子は、　　184
和菓子の流れを大きく変えた。　　　　　　　　　　　　　　　　　199

　　そして、江戸時代に、今に通じる和菓子が誕生する。過去の菓子　　229
との大きな違いは、優美な色づかいと、菓子の名前の存在だ。ばて　　259
やすい夏に食べるくずまんじゅうのように、季節ごとの菓子がある　　289
のも、日本人の生活に根付いた先人の知恵だ。　　　　　　　　　　310

【3級-3】					
1	採点欄	総字数		エラー数		純字数
2	採点欄	総字数		エラー数		純字数
3	採点欄	総字数		エラー数		純字数

【3級-4】					
1	採点欄	総字数		エラー数		純字数
2	採点欄	総字数		エラー数		純字数
3	採点欄	総字数		エラー数		純字数

指標(しひょう)　　　　　　　　　　　　遣唐使(けんとうし)・禅僧(ぜんそう)・喫茶(きっさ)

【3級-5】 次の文章を1行30字で入力しなさい。（制限時間10分）

　地球の大気から流出した酸素が、３８万キロメートル離れた月に　　30
届いていることを、ある大学の研究チームが突き止めた。地球から　60
酸素がもれていることは以前から指摘されていたが、月に届いたの　90
を観測したのは初めてだ。　　103

　この研究チームは、月を周回していた探査機「かぐや」を使い、　133
月の上空１００キロメートルで、飛来する粒子を観測した。これは　163
電荷を帯びた酸素で、地球からのものと特定した。　　187

　地球は周囲の磁場により、太陽から飛来する粒子「太陽風」から　217
守られている。強い太陽風は、地球の磁場を引き延ばすという。こ　247
の磁場の流れにのって、地球からもれ出た酸素が月に到達したと考　277
えられる。月の環境形成に、地球が影響を及ぼした可能性がありそ　307
うだ。　　310

【3級-6】 次の文章を1行30字で入力しなさい。（制限時間10分）

　聴診器は、物体から発する音を増幅させ、聞き取るための道具で　30
ある。主に医療の現場で多く使われ、心臓や肺などから出るわずか　60
な音を聞き分けて、体調を確認するために役立っている。　　87

　この器具は、１９世紀にフランス人の医師が発明したとされてい　117
る。発明された当初は、木を筒型にくり抜いただけのシンプルなも　147
のであった。現在はゴムチューブと金属を用いて、両耳で音を聞き　177
取るタイプの聴診器が主流である。　　194

　日本のある企業が、デザインと使い心地を重視した聴診器を発売　224
した。これは、折りたたみが可能なため持ち運びに便利で、柔らか　254
なフォルムが使用者の首と耳への負担を減らしている。注文の６割　284
が海外からであり、世界的なヒット商品になりつつある。　　310

【3級-5】

1	採点欄	総字数		エラー数		純字数	
2	採点欄	総字数		エラー数		純字数	
3	採点欄	総字数		エラー数		純字数	

探査機（たんさき）・粒子（りゅうし）
電荷（でんか）・磁場（じば）

【3級-6】

1	採点欄	総字数		エラー数		純字数	
2	採点欄	総字数		エラー数		純字数	
3	採点欄	総字数		エラー数		純字数	

聴診器（ちょうしんき）

【3級－7】 次の文章を１行30字で入力しなさい。(制限時間10分)

　　日本の医療費は年間で４０兆円にもなり、その額を抑えることは　　　30
大きな課題である。政府はこの問題を解決するため、健康ポイント　　　60
制度を推奨している。これは、健康づくりに取り組んだ人たちに対　　　90
し、特典を与えるシステムである。　　　　　　　　　　　　　　　　107

　　例えば、ある自治体ではケガや病気などをせず、１年間にまった　　137
く診療を受けなかった世帯に、１万円を現金で配付している。一方　　167
で、ある企業は暮らしに運動や食事制限を取り入れ、目標体重をク　　197
リアした社員に商品券を与えた。　　　　　　　　　　　　　　　　　213

　　このような取り組みは、一部の自治体や特定の企業しか行ってい　　243
ない。また、ポイントが欲しいために無理なダイエットをしたり、　　273
必要な治療を避けたりする恐れもある。私たちが、十分に注意する　　303
ことが重要だ。　　　　　　　　　　　　　　　　　　　　　　　　　310

【3級－8】 次の文章を１行30字で入力しなさい。(制限時間10分)

　　難しい漢字に対して、読みやすいように振る仮名をルビという。　　　30
その語源は、日本に活版印刷の技術が伝わり、普及した明治時代に　　　60
さかのぼる。活版印刷とは、活字が彫ってある板を組み合わせ印刷　　　90
する技術である。　　　　　　　　　　　　　　　　　　　　　　　　99

　　当時の欧米では、活字の大きさを宝石名で呼んで、名前を付けて　　129
表していた。例えば、４．５ポイント活字はダイヤモンド、５ポイ　　159
ント活字はパール、５．５ポイント活字はルビーと呼んだ。　　　　　187

　　その頃、日本でおもに使用されていた活版に、振り仮名を付ける　　217
場合、丁度よい活版は５号だった。これが、欧米の５．５ポイント　　247
とほぼ同サイズだったので、ルビと呼ぶようになった。現在では、　　277
振り仮名自体を指すが、本来は文字の大きさを表す言葉だったので　　307
ある。　　　　　　　　　　　　　　　　　　　　　　　　　　　　　310

【3級－7】

1	採点欄	総字数		エラー数		純字数	
2	採点欄	総字数		エラー数		純字数	
3	採点欄	総字数		エラー数		純字数	

【3級－8】

1	採点欄	総字数		エラー数		純字数	
2	採点欄	総字数		エラー数		純字数	
3	採点欄	総字数		エラー数		純字数	

推奨（すいしょう）　　　　　　　　　　　活版（かっぱん）・彫（ほ）って

【3級−9】 次の文章を１行30字で入力しなさい。（制限時間10分）

　　暑い日に水分補給をしようと、つい飲み過ぎてしまう清涼飲料水　　30
だが、実は大量の糖分が含まれている。人気の炭酸飲料でも５００　　60
ミリリットルのペットボトルでは、角砂糖１６個以上の砂糖が入っ　　90
ているという。　　98

　　これほど甘いのにどうして飲めるのかというと、冷たく冷やされ　128
た飲み物は、より甘くしないと甘みを感じなくなる。つまり、常温　158
では甘過ぎて飲めない飲み物も、冷やすと程良い甘さになるので、　188
美味しく飲めてしまう。　200

　　液体の糖分は体に吸収されやすく、血糖値が上昇しインスリンが　230
大量に分泌される。過剰に飲み続けると、すい臓が疲弊して正常な　260
分泌がされなくなり、急性糖尿病になる恐れがある。清涼飲料水の　290
過度な摂取を避け、健康の維持に努めよう。　310

【3級−10】 次の文章を１行30字で入力しなさい。（制限時間10分）

　　おでんは、古くから日本人に親しまれている食品の一つである。　30
その味付けは多様で、家庭で調理することが多かった。それが今で　60
は、スーパーやコンビニなどで提供され始め、手軽さとおいしさか　90
ら冬の大ヒット商品に成長した。　106

　　人気の秘密は、細かい工夫に隠されている。それは、味がよく染　136
み込むように隠し包丁を入れたり、具材ごとにつゆの濃度を変えた　166
りすることである。また、一定の時間を経過した具材は必ず廃棄さ　196
れ、品質の管理も問題はない。　211

　　ある調査によれば、大手のコンビニチェーン店におけるおでんの　241
年間売上高は、総額で約２００億円である。その一方で、塩分の高　271
さや野菜不足が指摘され、栄養バランスを考慮した適切な食べ方が　301
必要とされている。　310

【3級−9】

1	採点欄	総字数		エラー数		純字数	
2	採点欄	総字数		エラー数		純字数	
3	採点欄	総字数		エラー数		純字数	

【3級−10】

1	採点欄	総字数		エラー数		純字数	
2	採点欄	総字数		エラー数		純字数	
3	採点欄	総字数		エラー数		純字数	

疲弊（ひへい）　　　　　　　　　　　隠（かく）され

3

速度部門

【3級-11】 次の文章を1行30字で入力しなさい。（制限時間10分）

　日本では、昔から「気づかい」や「もてなしの心」がある。この　　30
ような文化は、江戸時代の頃に誕生したといわれている。常に相手　　60
の立場に立って、心温まる応対をするのが原点だ。相手が満足感を　　90
得ると同時に、もてなす側も喜びを感じるという関係がある。　　119

　こうして誕生した気づかいの精神は、約２５０年に渡り日本独特　149
の文化として根付き、現在も日本人の心に染み付いて宿っている。　179
この「気づかい・思いやり」の文化は、世界最高のサービスを誇る　209
テーマパークでも、取り入れている。　　227

　世界から賞賛された気づかいの心について、私たちはもっと自信　257
を持つべきだ。グローバル化の変革期を迎える日本にとって、世界　287
に誇れる強みであり、ホスピタリティ文化である。　　310

【3級-12】 次の文章を1行30字で入力しなさい。（制限時間10分）

　１００円ショップとは、店内の商品を原則として１００円均一で　　30
販売する小売店である。食器や調理器具などのキッチン用品を始め　　60
として、文房具からパーティーグッズまで、ありとあらゆる商品が　　90
店内に並べられている。　　102

　商品の価格を均一にする業態は、１９３０年代にはすでに全国で　132
行われていた。その後、デパートやスーパーなどの催し物として、　162
期間を限定した販売が展開された。割安感が強いため、当時の主婦　192
たちから大きな支持を得た。　　206

　１９８０年代に入ると、１００円ショップは現在のように、固定　236
の店舗で営業を開始するようになる。最新の形態では、生鮮食品を　266
１００円で販売する生鮮コンビニも登場した。不況に強い業態なの　296
で、今後の成長に期待したい。　　310

【3級-11】

1	採点欄	総字数		エラー数		純字数	
2	採点欄	総字数		エラー数		純字数	
3	採点欄	総字数		エラー数		純字数	

【3級-12】

1	採点欄	総字数		エラー数		純字数	
2	採点欄	総字数		エラー数		純字数	
3	採点欄	総字数		エラー数		純字数	

染(し)み付(つ)いて・誇(ほこ)る・賞賛(しょうさん)　　業態(ぎょうたい)・催(もよお)し

【3級−13】 次の文章を１行30字で入力しなさい。(制限時間10分)

　　最近、国内のロボット研究が急速に進んでいる。ある大学の研究　　30
チームが、世界で初めて、特殊なにおいをかぎ分けて動くロボット　　60
の開発に成功した。その特長は、フェロモン物質などを感じる細胞　　90
機能を、センサーとして用いたことである。　　111

　　従来の半導体を使ったセンサーは、目的のにおい以外にも反応し　　141
てしまい、感度に問題があった。動物の嗅覚のように、微量のにお　　171
いをかぎ分ける感度を持たせることは、非常に困難だとされた。　　201

　　今後、口臭や体臭でも判別が可能になれば、においで体調の変化　　231
がわかり、介護の現場でも活用できる。さらに、生鮮食品の鮮度を　　261
判定するセンサーへも応用が可能だ。ロボットの五感の研究がさら　　291
に進み、より人間に近づく日は遠くない。　　310

【3級−14】 次の文章を１行30字で入力しなさい。(制限時間10分)

　　大手スーパーでは、食品トレーを使用せずに、真空パック包装し　　30
た精肉の販売を始めた。肉の販売用のトレーが不要となり、年間で　　60
約１４トンの容器包装の削減となった。また、この削減によって、　　90
価格を約４０パーセントも下げることができた商品もあった。　　119

　　環境省では、簡易包装の普及のために、さいたま市のある店舗で　　149
試験販売を行った。その店の買い物客のアンケート結果でも、食品　　179
トレーの処分や、環境を意識した声が多くあり、袋入りを選ぶ人が　　209
多かった。　　215

　　利用客からは、持ち運ぶ際にかさばらないうえに、冷凍保存をす　　245
るのに重宝しているなど、その利便性が評価されている。同省では　　275
実際の行動が伴わなくても、ゴミ削減の意識は高まっていると分析　　305
している。　　310

【3級−13】

1	採点欄	総字数		エラー数		純字数	
2	採点欄	総字数		エラー数		純字数	
3	採点欄	総字数		エラー数		純字数	

【3級−14】

1	採点欄	総字数		エラー数		純字数	
2	採点欄	総字数		エラー数		純字数	
3	採点欄	総字数		エラー数		純字数	

特殊(とくしゅ)・嗅覚(きゅうかく)　　　　　真空(しんくう)・精肉(せいにく)

3

速度部門

【3級−15】 次の文章を1行30字で入力しなさい。(制限時間10分)

　国内の菓子メーカーは、企業向けの無人販売を導入し、好評を得　　30
ている。これは、チョコレートやビスケットなど、お菓子を詰めた　　60
箱をオフィスに設置してもらい、食べた分だけ代金を後で回収する　　90
システムである。　　　　　　　　　　　　　　　　　　　　　　　99

　このような配置販売は、医薬品の分野で多く用いられてきた。こ　129
れを参考に、仕事の合間や3時のおやつとして、手軽に安く購入で　159
きるような工夫がなされている。購入した人からは、甘いものを口　189
にすると疲れが吹き飛ぶ、と好評だ。　　　　　　　　　　　　　　207

　配置先の要望に対応して、お菓子だけではなく、専用の冷蔵庫を　237
設置して飲み物やアイスも販売している。現在では、約12万もの　267
事業所に置かれ、働く人たちから親しまれている。今後も、着実な　297
成長を遂げる分野といえる。　　　　　　　　　　　　　　　　　　310

【3級−16】 次の文章を1行30字で入力しなさい。(制限時間10分)

　和食が、ユネスコの無形文化遺産に登録されて、改めて注目され　　30
ている。和食のマナーの基本は、箸の使い方だ。箸を丁寧に扱うこ　　60
とが大切なので、箸を取るときも置くときも、片手ではなく、両手　　90
を使う。　　　　　　　　　　　　　　　　　　　　　　　　　　　95

　お膳から箸を取るときは、右手で箸を持ち上げ、左手で下から支　125
えてから、右手を下に通して持つ。置くときは、右手で箸を持った　155
状態のまま、左手で下から支え、右手を通して上から持ち直して、　185
左手を外してから右手で置く。　　　　　　　　　　　　　　　　　200

　また、箸の使い方でタブーとされていることを、嫌い箸という。　230
嫌い箸には、器の上に箸をのせる渡し箸や、箸先をなめるねぶり箸　260
などさまざまある。私たちも、この機会に正しい箸の使い方を理解　290
して、和食のマナーの基本を身に付けたい。　　　　　　　　　　　310

【3級−15】

1	採点欄	総字数		エラー数		純字数	
2	採点欄	総字数		エラー数		純字数	
3	採点欄	総字数		エラー数		純字数	

【3級−16】

1	採点欄	総字数		エラー数		純字数	
2	採点欄	総字数		エラー数		純字数	
3	採点欄	総字数		エラー数		純字数	

疲(つか)れ・遂(と)げる　　　　　　　　　遺産(いさん)・箸(はし)・丁寧(ていねい)・膳(ぜん)

【3級−17】 次の文章を１行30字で入力しなさい。（制限時間10分）

道路の地下には、電気やガス、水道などを通す横穴が掘られてい	30
る。マンホールとは、これらを保守点検するために作られた縦穴の	60
ことである。通常の場合は、人が落下したり、関係者以外が進入し	90
たりしないように、ふたがされている。	109
マンホールのふたは、成人女性と同じ位の重さがあり、頑丈に作	139
られている。諸外国では四角のふたも見られるが、国内では円形が	169
一般的だ。人や自動車が乗っても滑らないよう、表面にはでこぼこ	199
が施されている。	208
ふたのデザインは、自治体によってさまざまだ。地域の観光名所	238
や民話を描いたものもあれば、アニメの主人公などもあり、もはや	268
工芸作品である。細かな部分を丁寧に再現した作品は、それを目当	298
てに訪れる観光客も多い。	310

【3級−18】 次の文章を１行30字で入力しなさい。（制限時間10分）

日本の動物園は、今から１２０年以上前の明治１５年に、博物館	30
の一部として誕生した。これが、上野動物園である。都心に位置し	60
ており、電車やモノレールなど交通の便に優れているので、国内で	90
も有数の人気スポットといえる。	106
開園時は、国内の動物が中心であった。だが、１８９０年代以降	136
は、トラやゾウ、キリンなど当時としては珍しい動物が飼育される	166
ようになり、入園者が増加した。その後も、おサルの電車やパンダ	196
の飼育が、子どもたちに夢を与えていた。	216
同園では、飼育環境の充実を目的として、動物園サポーター制度	246
を導入している。これは自分が好きな動物を支援するため、個人が	276
一口１万円、法人が一口５万円の資金を提供し、園を助成する活動	306
である。	310

【3級−17】

1	採点欄	総字数		エラー数		純字数	
2	採点欄	総字数		エラー数		純字数	
3	採点欄	総字数		エラー数		純字数	

【3級−18】

1	採点欄	総字数		エラー数		純字数	
2	採点欄	総字数		エラー数		純字数	
3	採点欄	総字数		エラー数		純字数	

頑丈（がんじょう）・施（ほどこ）され・丁寧（ていねい）

優（すぐ）れて・珍（めずら）しい・支援（しえん）
助成（じょせい）

【3級-19】　次の文章を1行30字で入力しなさい。（制限時間10分）

　人類は古くから大空にあこがれ、空を飛ぶことに挑戦してきた。　　30
19世紀には、航空力学が理論として確立し、人や風の力を利用し　　60
た様々な飛行機が造られた。そして、20世紀になるとアメリカの　　90
ライト兄弟が、人類初の動力飛行に成功した。　　　　　　　　　　112

　1952年には、世界初のジェット旅客機が誕生した。これによ　　142
り、一部の人しか乗ることができなかった飛行機が、手軽で身近な　　172
乗り物へと変化した。今日では、年間で1億を超える人たちが利用　　202
している。　　　　　　　　　　　　　　　　　　　　　　　　　　208

　こうした現状の中で、空を飛ぶクルマがいよいよ実用化されそう　　238
だ。安全面での最終テストがクリアされれば、本格的に生産を始め　　268
るという。解決すべき課題は残されているのだが、新たな交通手段　　298
として注目を集めている。　　　　　　　　　　　　　　　　　　　310

【3級-20】　次の文章を1行30字で入力しなさい。（制限時間10分）

　近頃は、インターネットやメールが普及し、文字を書く機会が少　　30
なくなった。漢字を正確に書く力も落ちている。学校では、シャー　　60
プペンシルが主流となり、鉛筆の存在は時代の流れとともに、しだ　　90
いに影が薄れつつある。　　　　　　　　　　　　　　　　　　　　102

　しかし、今でも小学校に入学する時には、自分の名前入りの鉛筆　　132
を、お祝いの品としてもらうことが多い。鉛筆は、ある程度力強く　　162
扱ってもまず折れる心配はない。最大の利点は、壊れて書けなくな　　192
る心配がないことである。芯が丈夫であることは、きれいな文字を　　222
書くことにもつながっている。　　　　　　　　　　　　　　　　　237

　技術が進化し、便利なツールが増える中で、私たちは鉛筆の良さ　　267
を再認識し、大いに活用したいものだ。このような努力が、鉛筆離　　297
れを防ぐ一助になっている。　　　　　　　　　　　　　　　　　　310

【3級-19】					
1	採点欄	総字数		エラー数		純字数
2	採点欄	総字数		エラー数		純字数
3	採点欄	総字数		エラー数		純字数

【3級-20】					
1	採点欄	総字数		エラー数		純字数
2	採点欄	総字数		エラー数		純字数
3	採点欄	総字数		エラー数		純字数

挑戦（ちょうせん）・旅客機（りょかくき）

壊（こわ）れて・芯（しん）・鉛筆離（えんぴつばな）れ
一助（いちじょ）

【3級-21】 次の文章を1行30字で入力しなさい。（制限時間10分）

　日本人のみその使用量が、減少しつづけている。その要因として　　30
は、食の西洋化やライフスタイルの変化などが考えられる。総務省　　60
の調べでは、二人以上の世帯におけるみその使用量が、最盛期と比　　90
べて約７０％も減っている。　　　　　　　　　　　　　　　　　104

　国内のある企業が、家庭用のみそ汁サーバーを発売した。市販の　134
液体みそをセットすれば、ボタンを押すだけで手軽に美味しいみそ　164
汁ができる。そこに、ねぎやわかめ、豆腐などの乾燥食品を併用す　194
れば、栄養価は一段と高くなる。　　　　　　　　　　　　　　　210

　製品の開発者は、機能面だけでなく販売方式やデザインにも、強　240
くこだわったという。最近は、家電をインテリアの一つと考える人　270
も多い。そうした需要に応えるため、赤と黒を基調とした洗練され　300
た製品となっている。　　　　　　　　　　　　　　　　　　　　310

【3級-22】 次の文章を1行30字で入力しなさい。（制限時間10分）

　平成３年、青森の津軽地方に台風が襲来し、全域で大きな被害を　　30
残した。最大瞬間風速５０メートルを超える強風で、収穫前の果実　　60
が落下し、約９割のリンゴが出荷できなくなった。　　　　　　　　84

　この危機的状況を、いとも簡単に切り抜ける打開策が、若い農園　114
経営者の間から提案された。激しい暴風に耐えた落ちない果実を、　144
全国の神社で、受験生に縁起物として販売し、起死回生の一助にし　174
ようという斬新なアイディアだった。　　　　　　　　　　　　　192

　全国８か所の神社で販売された「落ちないリンゴ」は、すぐさま　222
完売した。ほとんどの実が落ちてしまったのを見て、ただ途方にく　252
れた人もいれば、枝に残るリンゴを見て、アイディアを思いついた　282
人もいた。着眼点の違いによって、異なる結果を導いた例だ。　　　310

【3級-21】

1	採点欄	総字数		エラー数		純字数	
2	採点欄	総字数		エラー数		純字数	
3	採点欄	総字数		エラー数		純字数	

【3級-22】

1	採点欄	総字数		エラー数		純字数	
2	採点欄	総字数		エラー数		純字数	
3	採点欄	総字数		エラー数		純字数	

最盛期（さいせいき）・洗練（せんれん）

津軽（つがる）・襲来（しゅうらい）・縁起物（えんぎもの）
起死回生（きしかいせい）・一助（いちじょ）
斬新（ざんしん）・途方（とほう）

【3級-23】 次の文章を1行30字で入力しなさい。(制限時間10分)

　　文化庁の文化審議会国語分科会が、漢字の手書き文字について、　　30
目安となる指針をまとめた。漢字の書き方には「とめる」や「はね　　60
る」で、さまざまな形が認められている。細かい違いで、正しいと　　90
か間違っているとか、判断すべきではないと説明している。　　118

　　漢字は今までも、骨組みにあたる字体が正しければ、細かい部分　　148
にはこだわらなくてもよいとされていた。しかし、印刷文字の形だ　　178
けが正しいと誤解する人が多くなっている。　　199

　　文化庁は、常用漢字について、それぞれ2、3種類の手書き例を　　229
示しホームページに載せた。また、指針をまとめた本も出版した。　　259
漢字は難しいというイメージをなくし、気軽に漢字の魅力に触れて　　289
欲しいという望みが、指針に込められている。　　310

【3級-24】 次の文章を1行30字で入力しなさい。(制限時間10分)

　　おにぎりは、運動会や遠足の際に作られ、誰もが好きな食べ物の　　30
一つである。その起源は、平安時代までさかのぼる。源氏物語の中　　60
で貴族らが従者に振る舞った、蒸したもち米を握り固めたものが、　　90
おにぎりの起源とされる。　　103

　　江戸時代には、弁当として重宝されるようになった。旅人たちは　　133
携行食として、農民たちは農作業の合間に食べた。アサクサノリの　　163
養殖が始まった元禄時代には、のり巻きのおにぎりも誕生した。　　193

　　1970年代の後半になると、ぱりっとした食感のまま食べられ　　223
るコンビニのおにぎりが発売され、今でも主力商品である。また、　　253
日本の和食が、ユネスコの無形文化遺産に登録された。これを契機　　283
に、おにぎりも世界的な認知度が高まることを期待したい。　　310

【3級-23】

1	採点欄	総字数		エラー数		純字数	
2	採点欄	総字数		エラー数		純字数	
3	採点欄	総字数		エラー数		純字数	

【3級-24】

1	採点欄	総字数		エラー数		純字数	
2	採点欄	総字数		エラー数		純字数	
3	採点欄	総字数		エラー数		純字数	

審議会(しんぎかい)・載(の)せた

従者(じゅうしゃ)・重宝(ちょうほう)・元禄(げんろく)
契機(けいき)

【3級−25】 次の文章を1行30字で入力しなさい。（制限時間10分）

　　永久凍土とは、ある一定の期間凍ったままの状態が続く土地のこ　　30
とを指す。北半球の２０パーセントを占め、その深さは数百メート　　60
ルにおよぶこともある。ツンドラ気候のような寒冷地帯に多いが、　　90
日本でも存在が確認されている。　　106

　　ロシアの研究チームは、シベリアに広がる永久凍土から３万年前　　136
の植物の実を発掘した。その付近の気温はマイナス７度で安定して　　166
いたため、保存状態が良いまま発見された。研究者はこれを栽培し　　196
て、白い花を咲かせることに成功した。　　215

　　これまでも永久凍土からは、貴重な発掘がなされている。だが、　　245
花が咲く植物を復活させたのは初めてである。こうした技術が進歩　　275
することで、絶滅植物の再生や進化の過程の解明ができると期待さ　　305
れている。　　310

【3級−26】 次の文章を1行30字で入力しなさい。（制限時間10分）

　　国産初の缶飲料が発売されたのは、今から５０年以上前のことで　　30
ある。それまでの飲料はビンの容器が一般的であったが、光を通す　　60
ため短時間で変色し、味が変化してしまう欠点も存在した。これを　　90
改善するため、缶が採用された。　　106

　　当時の缶はスチール製で、ビンに比べると携帯に便利であった。　　136
そこで、製造メーカー各社は、レジャー向けに販売促進を行い成功　　166
を収めた。しかし、飲むときに、ふたに二か所の穴を開ける必要が　　196
あり、利便性に欠ける点もあった。　　213

　　缶飲料が広く普及したのは、１９６５年以降のことである。その　　243
きっかけは、つまみを持って缶を開けるプルタブが開発されたこと　　273
にある。さらに、自動販売機が急速に設置され始めたことも大きな　　303
要因であった。　　310

【3級−25】

1	採点欄	総字数		エラー数		純字数	
2	採点欄	総字数		エラー数		純字数	
3	採点欄	総字数		エラー数		純字数	

【3級−26】

1	採点欄	総字数		エラー数		純字数	
2	採点欄	総字数		エラー数		純字数	
3	採点欄	総字数		エラー数		純字数	

凍土（とうど）　　　　　　　　　　　缶（かん）・促進（そくしん）

【3級-27】 次の文章を1行30字で入力しなさい。(制限時間10分)

　　農林水産省によれば、国内の食料自給率は約４０％であり、他の　　　30
先進国と比較して最も低い割合である。これに対して、外食産業や　　　60
家庭から排出される食品廃棄物は、年間で１０００万トンを超えて　　　90
おり、食べ残しが多い国の一つといえる。　　　　　　　　　　　　　110

　　レストランなどで食べきれなかった料理は、パックに詰めて持ち　　140
帰る。これは、欧米諸国において日常的な行為である。だが、夏場　　170
に高温多湿となる日本では、食べ物が傷みやすいため敬遠されがち　　200
であった。　　　　　　　　　　　　　　　　　　　　　　　　　　206

　　エコロジー商品を取り扱う雑貨店では、お持ち帰り専用の容器が　　236
人気を集めている。この容器は、持ち運びに便利な折りたたみ式で　　266
あり、汚れに強くリユースすることができる。食べ残しを減らすに　　296
は、個人の取り組みが重要だ。　　　　　　　　　　　　　　　　　310

【3級-28】 次の文章を1行30字で入力しなさい。(制限時間10分)

　　科学の進歩は、人類を月へと導いた。だが、宇宙へ旅立つには、　　30
専門の知識を学び特別なトレーニングを受ける必要がある。そのた　　60
め、宇宙旅行が民間レベルになった今日でも、旅行者は莫大な費用　　90
と一定以上の体力が要求される。　　　　　　　　　　　　　　　　106

　　宇宙エレベーターは、１９７０年代に発表されたＳＦ小説に登場　　136
し話題となった。その考えは、宇宙ステーションからケーブルをお　　166
ろし、地上と連結させるという発想だ。手軽な宇宙旅行として描か　　196
れたが、あくまでも空想であった。　　　　　　　　　　　　　　　213

　　国内の大手企業は、２０５０年にこのエレベーターを実現させる　　243
と発表した。ケーブルには強度の高いカーボンナノチューブを利用　　273
して、一度に３０人を運搬する計画だ。近い将来、宇宙旅行が手軽　　303
になるだろう。　　　　　　　　　　　　　　　　　　　　　　　　310

【3級-27】

1	採点欄	総字数		エラー数		純字数	
2	採点欄	総字数		エラー数		純字数	
3	採点欄	総字数		エラー数		純字数	

【3級-28】

1	採点欄	総字数		エラー数		純字数	
2	採点欄	総字数		エラー数		純字数	
3	採点欄	総字数		エラー数		純字数	

傷(いた)み・敬遠(けいえん)・雑貨店(ざっかてん)　　　莫大(ばくだい)・運搬(うんぱん)

【3級－29】　次の文章を1行30字で入力しなさい。（制限時間10分）

　北海道に、国産イチゴの品種を開発し、販売を行っている会社が　　30
ある。これまで洋菓子メーカーは、国産のイチゴが夏にはほとんど　　60
生産されなかったので、米国産を使っていた。そこで涼しい北海道　　90
ならば実をつけると考え、新品種のペチカを開発した。　　　　　　116

　開発は試行錯誤の連続であり、年間に４０パターン以上もの交配　146
を試した。そして、今では約３００の農家と契約し、量産できるよ　176
うになった。洋菓子メーカーへの営業にも奔走したことで、取引先　206
は３００社を超えた。　　　　　　　　　　　　　　　　　　　　217

　だが、ペチカは猛暑だと生産量が減り、安定供給の点では不安が　247
ある。そのため、新たに暑さに強い品種を開発し、地形や気候など　277
で栽培エリアを分け、安定した供給を確かなものにしたいと考えて　307
いる。　　　　　　　　　　　　　　　　　　　　　　　　　　　310

【3級－30】　次の文章を1行30字で入力しなさい。（制限時間10分）

　野菜や果物から抽出した染料で、生地を染めた服や雑貨が人気を　　30
集めている。染料には、フルーツジュースの搾りかすや、傷が付い　　60
て出荷ができなくなった野菜などが使われている。　　　　　　　　84

　これら天然の染料は発色が弱く、色落ちもしやすいことが問題で　114
あった。だが、化学染料を３％用いて、特殊なのりと混ぜる方法に　144
より、色落ちを防ぎ、発色もよくできるようになった。さらに、色　174
の定着の際にも水溶性の金属類は使っていないため、廃液も環境に　204
優しい。　　　　　　　　　　　　　　　　　　　　　　　　　　209

　人気の背景は、暮らしに身近で、安心感を与えてくれるものを求　239
める消費者の心理が働いている。さらに、野菜や果物で染めるとい　269
う意外性だけでなく、さわやかな色合いと環境にも優しいことが、　299
支持されているようだ。　　　　　　　　　　　　　　　　　　　310

【3級－29】					
1	採点欄	総字数		エラー数		純字数	
2	採点欄	総字数		エラー数		純字数	
3	採点欄	総字数		エラー数		純字数	

【3級－30】					
1	採点欄	総字数		エラー数		純字数	
2	採点欄	総字数		エラー数		純字数	
3	採点欄	総字数		エラー数		純字数	

試行錯誤（しこうさくご）・奔走（ほんそう）　　　　　　抽出（ちゅうしゅつ）・生地（きじ）・搾（しぼ）り

【3級-31】 次の文章を1行30字で入力しなさい。(制限時間10分)

　　毎日の歯磨きは習慣化しているはずだが、気が付いたら歯ぐきか　　　30
ら出血したり、虫歯になったりする。原因の一つは、歯磨きをして　　　60
も、汚れが残っていることだ。　　　　　　　　　　　　　　　　　　75

　　歯ブラシでのブラッシングだけでは、歯の間にある歯垢の除去率　　105
は6割程度だ。しかし、糸ようじや歯間ブラシを使うことにより、　　135
除去率は、9割程度に高まる。歯垢の中には、多くの細菌がいるの　　165
で、虫歯や歯周病などの原因になる。　　　　　　　　　　　　　　183

　　歯垢が歯周ポケットにたまると、歯周病菌が繁殖して、歯肉炎を　　213
発症する。さらに進行すると、歯がぐらぐらしてくる。口の中の汚　　243
れが原因で、肺炎になる場合もある。口の中の日常的なケアは、歯　　273
を守ると同時に、命を守ることでもある。適切な歯磨きの仕方を、　　303
身に付けたい。　　　　　　　　　　　　　　　　　　　　　　　　310

【3級-32】 次の文章を1行30字で入力しなさい。(制限時間10分)

　　ある大手新聞社の調査結果で、おいしさを感じさせるオノマトペ　　　30
（擬声語）が公表された。1位はホクホク、2位はこんがり、3位　　　60
はサクサク、4位はもちもちであった。　　　　　　　　　　　　　79

　　日本語で食感を表す用語の数は450語程度とされ、その7割が　　109
オノマトペだという。日本語は外国語と比較して、食感の表現が数　　139
多い。日本は、素材を生かす食文化のために、表現も多くなったと　　169
考えられる。　　　　　　　　　　　　　　　　　　　　　　　　　176

　　最近は、柔らかさを表現する言葉が増えている。以前は、寒天や　　206
ゼラチンの食感しかなかったが、果汁や水を固める技術が進歩し、　　236
今では多彩な形で楽しめるようになった。そして、多彩で繊細な違　　266
いを、表現する言葉が意識されるようになった。技術の進歩が、新　　296
たな言葉を生んでいくようだ。　　　　　　　　　　　　　　　　　310

【3級-31】

1	採点欄	総字数		エラー数		純字数	
2	採点欄	総字数		エラー数		純字数	
3	採点欄	総字数		エラー数		純字数	

【3級-32】

1	採点欄	総字数		エラー数		純字数	
2	採点欄	総字数		エラー数		純字数	
3	採点欄	総字数		エラー数		純字数	

歯垢(しこう)・歯周病(ししゅうびょう)　　　　繊細(せんさい)
繁殖(はんしょく)

【3級－33】 次の文章を1行30字で入力しなさい。(制限時間10分)

記憶遺産とは、絵画や楽譜、歴史上の人物が残した直筆の書類な 30
ど、ユネスコが後世に残すべき財産と判断したものである。創設さ 60
れてからは、ベートーベン直筆の楽譜やアンネの日記、フランスの 90
人権宣言などが貴重な資料として登録されている。 114

文化庁によれば、日本がこの制度に参加するべきか、２００４年 144
に専門家を集めて議論がなされた。その結果は、財産に優劣はつけ 174
られないので見送る、という結論であった。だが、ユネスコから強 204
い要請を受け、最近はいくつかの資料を推薦している。 230

このほど、国内の炭坑労働の様子を描いた絵画が、日本で初めて 260
の記憶遺産として登録された。厳しい労働やそこで暮らす人々が細 290
かく描かれており、世界的な評価を受けた。 310

【3級－34】 次の文章を1行30字で入力しなさい。(制限時間10分)

朝の食卓が変化しつつある。それまでの朝食は、和食ならば焼き 30
魚や生卵など、洋食ならばトーストやサラダなどが主流であった。 60
それが最近では、朝食にあまり利用されなかった調味料や調理食品 90
に、消費者の注目が集まっている。 107

カレーのスパイスには、体と脳を活性化させる効果がある。その 137
ため、プロ野球選手の中には、朝から毎日カレーライスを食べる人 167
がいる。これがネットで話題になると、意識的に朝の食卓にカレー 197
を出す家庭が増えた。 208

朝食を食べない人は、その理由を「時間がない」と答えている。 238
そこにヒントを得た食品会社は、朝食向けのお茶漬けの素を開発し 268
好評である。朝食は、一日を過ごすための大切な栄養源なので、欠 298
かさず毎日食べるべきだ。 310

【3級－33】

1	採点欄	総字数		エラー数		純字数	
2	採点欄	総字数		エラー数		純字数	
3	採点欄	総字数		エラー数		純字数	

【3級－34】

1	採点欄	総字数		エラー数		純字数	
2	採点欄	総字数		エラー数		純字数	
3	採点欄	総字数		エラー数		純字数	

楽譜(がくふ)・直筆(じきひつ)・優劣(ゆうれつ)
要請(ようせい)・推薦(すいせん)・炭坑(たんこう)

活性化(かっせいか)・栄養源(えいようげん)

【3級-35】 次の文章を１行30字で入力しなさい。(制限時間10分)

　眠いときや退屈なときなど、無意識に出てしまう生理現象があく　　30
びである。これは、心身の緊張が緩んで、眠りに落ちるサインと考　　60
えられている。だが、本来の役割は、低下した思考力や緩んだ筋肉　　90
を刺激することである。　　　　　　　　　　　　　　　　　　　102

　あくびは、一日のうちに何度となく起きる生理現象であるが、そ　132
のメカニズムは解明されていないことの方が多い。例えば、なぜあ　162
くびが人から人へ伝染するのか、現段階では明確に説明することが　192
できない。　　　　　　　　　　　　　　　　　　　　　　　　　198

　研究機関の実験によれば、他人があくびをしているビデオを視聴　228
した成人のうち、約５５％にその伝染がみられた。一方、５歳以下　258
の幼児には、一人も伝染しなかった。この結果を専門家は、伝染は　288
他者と共感する能力に関係すると説明している。　　　　　　　　310

【3級-36】 次の文章を１行30字で入力しなさい。(制限時間10分)

　地球の温暖化は、二酸化炭素やメタンなどの温室効果ガスが、大　　30
きな要因となって進行している。こうしたガスは、私たちが過ごす　　60
日常生活からも大量に排出される。その解消を目指し、新たな取り　　90
組みが行われている。　　　　　　　　　　　　　　　　　　　　101

　カーボンオフセットとは、「ある場所」で排出された二酸化炭素　131
を、「別の場所」で吸収させる活動だ。これを実践するには、まず　161
日常生活から排出される二酸化炭素の量を測定すること。そのうえ　191
で、排出量を金額に換算して、森林保護やクリーンエネルギー事業　221
などへ寄付することである。　　　　　　　　　　　　　　　　　235

　群馬県では、大手のスーパーと食品メーカーなど９社が連携し、　265
カーボンオフセット付きの商品を販売した。半年で５０万円の資金　295
を得て、植林活動にあてられた。　　　　　　　　　　　　　　　310

【3級-35】

1	採点欄	総字数		エラー数		純字数	
2	採点欄	総字数		エラー数		純字数	
3	採点欄	総字数		エラー数		純字数	

【3級-36】

1	採点欄	総字数		エラー数		純字数	
2	採点欄	総字数		エラー数		純字数	
3	採点欄	総字数		エラー数		純字数	

眠(ねむ)い・退屈(たいくつ)・緩(ゆる)んで
刺激(しげき)・伝染(でんせん)・幼児(ようじ)

温暖化(おんだんか)・実践(じっせん)・換算(かんさん)
植林(しょくりん)

【3級－37】 次の文章を１行30字で入力しなさい。(制限時間10分)

　　最近、むくみ予防に役立つ弾性ストッキングが注目されている。　　30
普通のストッキングよりも、編み方や素材を工夫し、足を締めつけ　　60
る機能を強めたものだ。足のむくみは、血液の循環が悪くなるため　　90
に起きる。弾性ストッキングは、足全体を圧迫して、血液を心臓へ　　120
戻しやすくする効果がある。　　134

　　この商品は、圧迫力が強いほどむくみを防止する効果も高い。だ　　164
が、正しく着用をしないと、一か所に圧力がかかり、血行障害を起　　194
こす危険がある。着用したときに、痛みやしびれなどの異常を感じ　　224
たときは脱いだ方がよい。　　237

　　なお、糖尿病や動脈硬化、心不全がある人は、事前に医師と相談　　267
する必要がある。また、病気が原因で足がむくむ人には、医療用の　　297
ストッキングが有効である。　　310

【3級－38】 次の文章を１行30字で入力しなさい。(制限時間10分)

　　これまでは、学校で学び、家で復習するというのが一般的だった　　30
が、これを逆転させた反転授業に注目が集まっている。自宅で教材　　60
を使って予習し、基本的なことを学習する。そして、学校では、よ　　90
り理解を深める学習を行うものである。　　109

　　これまでの学習方法は、基礎的なことの説明に多くの時間を必要　　139
とした。先生方からも、発展的な学習の時間を確保しにくいという　　169
声があった。反転授業では、グループ学習により応用力を育てると　　199
ともに、コミュニケーション能力を高める期待がある。　　225

　　この授業を導入するにあたっては、自宅でビデオの教材を活用す　　255
るために、インターネットができる環境の整備が必要だ。さらに、　　285
教材づくりや教員の指導力の養成が課題となっている。　　310

【3級－37】

1	採点欄	総字数		エラー数		純字数	
2	採点欄	総字数		エラー数		純字数	
3	採点欄	総字数		エラー数		純字数	

【3級－38】

1	採点欄	総字数		エラー数		純字数	
2	採点欄	総字数		エラー数		純字数	
3	採点欄	総字数		エラー数		純字数	

弾性(だんせい)・工夫(くふう)・締(し)めつける
血行障害(けっこうしょうがい)・医療用(いりょうよう)

【3級－39】 次の文章を１行30字で入力しなさい。（制限時間10分）

　　本来は日本にいないはずの生物が、国内で異常に繁殖し生態系を　　30
壊している。外来種とも呼ばれるこれらの生物は、さまざまな理由　　60
で国内に持ち込まれた。例えば、食用として持ち込まれたカエルも　　90
いれば、ペットとして輸入されたカメもいる。　　112

　　このような外来種を駆除する活動は、多くの団体が取り組んでい　　142
る。最近は、その様子を放送したテレビ番組が人気を集め、関心を　　172
持つ人が増えつつある。一方で、こうした生物を積極的に食べよう　　202
という試みが行われている。　　216

　　あるＮＰＯ法人が、外来生物をメイン食材にしたレストランを、　　246
期間限定でオープンさせた。そこでは、ザリガニやコイなどが上手　　276
に調理されており、利用客を楽しませると同時に駆除活動に役立っ　　306
ている。　　310

【3級－40】 次の文章を１行30字で入力しなさい。（制限時間10分）

　　黄金のマスクで知られる古代エジプトの王様、ツタンカーメン。　　30
エジプトの国際チームが、王の死因や血縁関係を、ミイラのＤＮＡ　　60
鑑定によって解明した。　　72

　　鑑定では、１９歳ごろ亡くなったとされるツタンカーメン王のミ　　102
イラから、マラリア原虫のＤＮＡが見つかった。マラリアを主因と　　132
する合併症が、王の死因だった可能性が高いことがわかった。同王　　162
については、権力闘争に巻き込まれての暗殺説や、事故死説などが　　192
あるが、真相は謎だった。今回の調査で、多くの病気を抱える虚弱　　222
な王様の姿が、浮き彫りになった。　　239

　　ツタンカーメン王の墓は、英国の考古学者ハワード・カーターに　　269
より１９２２年に発見された。副葬品が多数出土し、２０世紀最大　　299
の発見と言われている。　　310

【3級－39】

1	採点欄	総字数		エラー数		純字数	
2	採点欄	総字数		エラー数		純字数	
3	採点欄	総字数		エラー数		純字数	

【3級－40】

1	採点欄	総字数		エラー数		純字数	
2	採点欄	総字数		エラー数		純字数	
3	採点欄	総字数		エラー数		純字数	

繁殖（はんしょく）・外来種（がいらいしゅ）・駆除（くじょ）
上手（じょうず）

鑑定（かんてい）・原虫（げんちゅう）・主因（しゅいん）
合併症（がっぺいしょう）・闘争（とうそう）
謎（なぞ）・虚弱（きょじゃく）・副葬品（ふくそうひん）

【3級－41】 次の文章を１行30字で入力しなさい。(制限時間10分)

現在のスーツの上着の原型は、１９世紀に英国で誕生した。日本	30
では、明治時代に洋服着用が奨励されて、役人や学生たちがスーツ	60
を着るようになった。民間人に普及したのは、サラリーマン社会の	90
成立と密接な関係があり戦後のことだ。	109
スーツについて調べてみると、なかなか優れている。たとえば、	139
ウール素材のものは、比較的価格が安いものでも、簡単には肩の丸	169
みが崩れない。素材のウール自体も優れており、水分の状態に合わ	199
せて伸び縮みするため、しわになった部分は、蒸気を当てればすぐ	229
に元の形に戻る。	238
現代のスーツは、サラリーマンの制服だ。長い間、洋の東西を問	268
わず、いろいろな国で愛用されている理由には、スーツに隠された	298
多くの秘密があるようだ。	310

【3級－42】 次の文章を１行30字で入力しなさい。(制限時間10分)

麦は、世界で一番多く栽培されている穀物である。大麦や小麦、	30
ライ麦など種類も豊富で、お米と同じイネ科の植物である。栄養分	60
の中では食物繊維を多く含み、その含有量はごぼうの１．７倍、ほ	90
うれん草の４倍もある。	102
国際宇宙ステーションでは、さまざまな実験が行われている。そ	132
の中で最も注目を集めているのは、宇宙で穀物を栽培し食糧を確保	162
する試みである。ロシアが行った実験では、人麦だけが順調に発芽	192
し６０センチまで生長した。	206
この大麦を地上に持ち帰り調べたところ、宇宙空間の厳しい環境	236
は、作物に大きなストレスを与えることが判明した。一方、生育へ	266
の影響が少なかったことも明らかになった。大麦は、宇宙における	296
栄養源として期待できそうだ。	310

【3級－41】

1	採点欄	総字数		エラー数		純字数	
2	採点欄	総字数		エラー数		純字数	
3	採点欄	総字数		エラー数		純字数	

【3級－42】

1	採点欄	総字数		エラー数		純字数	
2	採点欄	総字数		エラー数		純字数	
3	採点欄	総字数		エラー数		純字数	

奨励(しょうれい)

栽培(さいばい)・含有量(がんゆうりょう)
栄養源(えいようげん)

【3級−43】 次の文章を１行30字で入力しなさい。（制限時間10分）

　　国土交通省は、電車やバスの車内では、ベビーカーをたたまなく　　30
てもよい、とする共通ルールを決めた。保護者が、子どもと荷物を　　60
抱えながら、ベビーカーをたたんで乗るのは危険と判断し、保護者　　90
と周囲の乗客にお互いの気遣いを求めた。優先スペースに掲示する　120
マークも公表した。　　　　　　　　　　　　　　　　　　　　　　130

　　優先マークは、子どもが乗ったベビーカーを大人が押して歩くデ　160
ザインで、ベビーカーが優先的に使用できる場所を示す。電車やバ　190
スの、車椅子優先スペースに張り出し、各所でばらばらだったマー　220
クは順次張り替える。　　　　　　　　　　　　　　　　　　　　　231

　　保護者へは、他の乗客との摩擦を防ぐため、接触や通行の妨げと　261
なる操作に気を付けましょうと呼びかける。また、周囲の人たちへ　291
は、手助けをしましょうと理解を求めた。　　　　　　　　　　　　310

【3級−44】 次の文章を１行30字で入力しなさい。（制限時間10分）

　　病院の心電図や血圧などを調べる機器から、コードをなくす装置　　30
が開発された。患者の体に付けられた測定用センサーから、電波を　　60
飛ばし、無線送信する。体の周りにコードがぶらさがるわずらわし　　90
さがなくなり、検査室への移動もしやすくなる。　　　　　　　　　113

　　心拍数や血圧、脳波などを測るセンサーに、それぞれ送信機を付　143
け、ベッド脇の受信機へとデータを送る。受信機を専用のパソコン　173
やモニターにつなぎ、医師や看護師が確認する。　　　　　　　　　196

　　送信には弱い電波を使うので、医療機器に影響を与える心配が少　226
ないという。ある病院で試験をしたところ、患者役の男性が腕とす　256
ねに送信機を付け寝返りを打ったり、別の医療機器に近づいたりし　286
ても、受信機に正しいデータを送れたということだ。　　　　　　　310

【3級−43】

1	採点欄	総字数		エラー数		純字数	
2	採点欄	総字数		エラー数		純字数	
3	採点欄	総字数		エラー数		純字数	

【3級−44】

1	採点欄	総字数		エラー数		純字数	
2	採点欄	総字数		エラー数		純字数	
3	採点欄	総字数		エラー数		純字数	

抱（かか）え・気遣（きづか）い・車椅子（くるまいす）
摩擦（まさつ）・妨（さまた）げ

【3級−45】 次の文章を１行30字で入力しなさい。(制限時間10分)

　活動量計と呼ばれる、新ジャンルの健康機器をご存じだろうか。　　30
これは、歩数計のように身に付けるだけで、一日の消費カロリーが　　60
わかる健康機器である。数年前から販売されている。　　85

　歩数計は、上下の動きを感知して歩数や距離を測る。これに対し　　115
て活動量計は、歩行中だけではなく、家事やデスクワークを含め、　　145
全体の消費カロリーを計測してくれる。ただし、あらかじめ使う人　　175
の身長や体重、年齢などを入力しておく必要がある。　　200

　日常生活のエネルギー消費量を知ることで、体重管理やダイエッ　　230
トもしやすい。例えば、カロリーの消費が低い日は、高カロリーの　　260
食事を控えるといった活用もできる。消費と摂取のバランスを考え　　290
ながら、生活習慣病の予防にも役立てたい。　　310

【3級−46】 次の文章を１行30字で入力しなさい。(制限時間10分)

　最近、読書困難者の人たちのために電子書籍が作られている。そ　　30
の機能は、パソコンや携帯端末で文字を拡大したり、自動読み上げ　　60
機能の音声で聞いたりすることができる。点字が読めない人や、大　　90
きな文字であれば読むことができる人たちに役立っている。　　118

　この書籍が作られたのには、二つの要因がある。一つ目は、脳の　　148
障害により、読むことが苦手な人たちの存在だ。その人たちも音声　　178
を聞きながら、画面上に表示される文章を目で追うことで理解でき　　208
るという。　　214

　二つ目は、点字図書を作るには、専門の技能が必要なため時間が　　244
かかった。だが、電子書籍では、より早く提供することができる。　　274
障害のある人たちのために、情報環境が少しでも改善されることを　　304
期待したい。　　310

【3級−45】

1	採点欄	総字数		エラー数		純字数	
2	採点欄	総字数		エラー数		純字数	
3	採点欄	総字数		エラー数		純字数	

【3級−46】

1	採点欄	総字数		エラー数		純字数	
2	採点欄	総字数		エラー数		純字数	
3	採点欄	総字数		エラー数		純字数	

測(はか)る・控(ひか)える・摂取(せっしゅ)　　　障害(しょうがい)

【3級-47】 次の文章を1行30字で入力しなさい。（制限時間10分）

　現代の日本では、さまざまな商品やサービスがあふれている。私　　30
たちは、その中から趣味や予算に見合った物を購入し、経済生活を　　60
営んでいる。だが、提供される物品が多種多様なために、どれを選　　90
ぶか迷うことも多い。　　101

　こうした場合に目安となるのが、人気ランキングである。大手の　　131
家電量販店は、商品を販売台数によって順位付けし、人気の高い順　　161
に陳列している。また、インターネット上では宿泊施設について、　　191
利用者からの投票で満足度ランキングを公開している。　　217

　人気投票が簡単にできるネット社会では、ほとんどの商品に序列　　247
がつき、中身よりも順位に目を奪われがちになる。しかし、ランキ　　277
ングはあくまでも指標であり、これに惑わされないことが大切とい　　307
える。　　310

【3級-48】 次の文章を1行30字で入力しなさい。（制限時間10分）

　最近、ビジネス手帳を活用する学校が増えている。これは、生徒　　30
に手帳へ書き込ませることで、時間を管理する習慣を付けて欲しい　　60
ためだ。既存の生徒手帳は、書き込むスペースが少ないために、別　　90
の手帳と併用して使っている。　　105

　ある学校の手帳には、将来の目標とともに、それを実現するため　　135
に必要なことを記入できるページがある。また、予定や行動を記入　　165
することで、1週間を振り返ることができる。これにより、自らの　　195
行動を見つめ直すことが可能だ。　　211

　生徒たちにも、勉強時間を確認することで、学習する意欲を高め　　241
ることができると好評である。将来の目標を記入することにより、　　271
常に意識して努力することができる。手帳で時間管理をして、目標　　301
を実現して欲しい。　　310

【3級-47】

1	採点欄	総字数		エラー数		純字数	
2	採点欄	総字数		エラー数		純字数	
3	採点欄	総字数		エラー数		純字数	

【3級-48】

1	採点欄	総字数		エラー数		純字数	
2	採点欄	総字数		エラー数		純字数	
3	採点欄	総字数		エラー数		純字数	

趣味（しゅみ）・営（いとな）んで・陳列（ちんれつ）　　　既存（きそん）
奪（うば）われ・惑（まど）わされ

【3級−49】 次の文章を1行30字で入力しなさい。(制限時間10分)

　地球上にはさまざまな自然がある。そこには、多種多様な違いが　　　30
ある生き物がいる。食べ物になったり、すみかになったりして、互　　　60
いに繋がりあって生きている。それが生物多様性といえる。　　　　　　88

　私たちの生活は、生き物無しには成り立たない。生物多様性を守　　118
るためには、危機をもたらしていることの、一つひとつを改善して　　148
いく努力が肝要だ。　　　　　　　　　　　　　　　　　　　　　　　158

　経済活動も、生き物に負担をかけないよう、転換していきつつあ　　188
る。建設会社が街を開発するときに、野生の動植物の生息地を造る　　218
事例がある。生物多様性を守るためには、今以上に多様性が失われ　　248
ることを止めると同時に、失われた自然を回復させる活動の広がり　　278
も求められる。未来の環境のためには、私たちの意識の変革が必要　　308
だ。　　　　　　　　　　　　　　　　　　　　　　　　　　　　　310

【3級−50】 次の文章を1行30字で入力しなさい。(制限時間10分)

　欧州連合や英国、インドでは、プラスチック製ストローの使用を　　　30
禁止する取り組みを始めた。特に欧州の各国では、世論において、　　　60
使用禁止を求める声が高いため、製造する業者たちは強い危機感を　　　90
持っている。　　　　　　　　　　　　　　　　　　　　　　　　　　　97

　米国の科学誌では、世界の海洋に廃棄されるプラスチック類は、　　127
毎年８００万トンにもなると掲載している。１秒ごとに換算すると　　157
２５０キロである。この問題は、一見無害なストローがウミガメに　　187
もたらした脅威の動画がきっかけとなった。　　　　　　　　　　　　208

　企業側からも、この問題に取り組む動きが出ている。英国の企業　　238
は、先日の報道で段階的に提供を減らし、紙製のものに切り替える　　268
と発表している。これらの動きが、世界にどのように広がっていく　　298
のか注目が集まっている。　　　　　　　　　　　　　　　　　　　310

【3級−49】

1	採点欄	総字数		エラー数		純字数	
2	採点欄	総字数		エラー数		純字数	
3	採点欄	総字数		エラー数		純字数	

【3級−50】

1	採点欄	総字数		エラー数		純字数	
2	採点欄	総字数		エラー数		純字数	
3	採点欄	総字数		エラー数		純字数	

繋(つな)がり・肝要(かんよう)・生息(せいそく)　　　世論(よろん・せろん)・廃棄(はいき)・掲載(けいさい)
　　　　　　　　　　　　　　　　　　　　　　　　　脅威(きょうい)

【3級−51】 次の文章を１行30字で入力しなさい。（制限時間10分）

　　米国の大学で、圧力をかけると電気を発生する圧電素子を、シリ　　30
コーンゴムのフィルムの上に生成することに、成功した。このフィ　　60
ルムは、体に埋め込んだり、貼り付けたりすることができる。　　89

　　圧電素子は、ガス台の点火装置や、圧力センサーなどに広く使わ　　119
れているが、材料は固いセラミックだ。製造にも高温が必要で、プ　　149
ラスチックやゴムの上に作れない。そこで研究チームは、シリコー　　179
ンゴムの上に印刷し、圧電素子の性質を示す技術を開発した。　　208

　　この新しい技術では、歩くときに足底が床を踏む運動で、約７０　　238
ワットほどのエネルギーが得られるという。今後は呼吸や歩行など　　268
の運動から得た電力で、携帯電話や心臓ペースメーカーなどを充電　　298
することも、期待される。　　310

【3級−52】 次の文章を１行30字で入力しなさい。（制限時間10分）

　　かつての日本には、どの町にもメーカー直販の電器店が存在し、　　30
生活に必要な電化製品をそこで購入していた。だが、９０年代を境　　60
に大型の量販店が力を付けると、個人が経営する電器店はその数を　　90
減らすことになる。　　100

　　隆盛を極めた大型店も、今ではネット販売にその座を奪われつつ　　130
ある。一方、ネット販売方式は低価格こそ実現しているが、商品の　　160
詳しい説明やアフターケアに課題がある。そのため、購入をためら　　190
う人も少なくない。　　200

　　このような現状の中で見直されているのが、町の電器屋さんであ　　230
る。値段はやや高いが、故障があればすぐに駆け付けて、操作が分　　260
からなければ何度でも教えてくれる。その徹底したサービスは、さ　　290
まざまな年代の人たちから支持されている。　　310

【3級−51】

1	採点欄	総字数		エラー数		純字数	
2	採点欄	総字数		エラー数		純字数	
3	採点欄	総字数		エラー数		純字数	

【3級−52】

1	採点欄	総字数		エラー数		純字数	
2	採点欄	総字数		エラー数		純字数	
3	採点欄	総字数		エラー数		純字数	

圧電素子（あつでんそし）・装置（そうち）　　　　　直販（ちょくはん）・隆盛（りゅうせい）・奪（うば）われ

【3級－53】 次の文章を１行30字で入力しなさい。(制限時間10分)

パソコンやスマートフォンなどの電子機器の普及により、現代人	30
の視力は低下の傾向にある。その対策として、眼鏡やコンタクトレ	60
ンズを使用するのが一般的だ。しかし、最近では新しい視力回復の	90
方法として、バイオニック・レンズと呼ばれるものがある。	118
これは、カナダの医師が開発した視力回復法である。体に無害な	148
ポリマー製のレンズを眼球上に固定し、特殊な紫外線でレンズを削	178
り、視力を調節する。手術時間もわずか８分程度で、痛みはほとん	208
ど感じないそうである。	220
まだ副作用などは未解明なため、限られた治療にしか使われてい	250
ない。しかし、今後も臨床実験を重ね、さまざまなリスクの問題が	280
解決すれば、日本人に多い近視の治療への応用も期待できそうだ。	310

【3級－54】 次の文章を１行30字で入力しなさい。(制限時間10分)

月の地下に、長さ約５０キロに及ぶ、長大な空洞があることが、	30
月探査機「かぐや」の観測データから判明した。過去の火山活動で	60
生じたとみられる。かぐやが撮影した画像に、直径と深さがそれぞ	90
れ５０メートルの縦穴が写っていた。	108
電波を使って得た周辺の地下構造のデータを、詳しく調べたとこ	138
ろ、この縦穴から、幅１００メートルほどの横穴が、約５０キロに	168
わたって続いていることがわかった。内部は崩壊しておらず、地中	198
の岩石などに氷や水が存在する可能性もあるという。	223
将来、有人探査でこの空洞を基地に利用できれば、宇宙放射線や	253
厳しい温度環境の影響を緩和することができる。さらに、空洞の氷	283
や水を、燃料などに活用できる見込みもあるということだ。	310

【3級－53】

1	採点欄	総字数		エラー数		純字数	
2	採点欄	総字数		エラー数		純字数	
3	採点欄	総字数		エラー数		純字数	

【3級－54】

1	採点欄	総字数		エラー数		純字数	
2	採点欄	総字数		エラー数		純字数	
3	採点欄	総字数		エラー数		純字数	

普及(ふきゅう)・眼鏡(めがね)・紫外線(しがいせん)
削(けず)り・臨床(りんしょう)

探査機(たんさき)・縦穴(たてあな)・崩壊(ほうかい)
緩和(かんわ)

【1】

次の文章を１行30字で入力しなさい。フォントの種類は明朝体とし、プロポーショナルフォントは使用しないこと。（制限時間10分）

　日常生活の中で、人工知能（ＡＩ）は、すでに身近になりつつあ　　30
る。防犯カメラに映っている数千人の群集の中から、不審者を特定　　60
したり、囲碁で最強の棋士を打ち負かしたりしている。　　　　　　　86

　しかし、その能力をさらに発揮するためには大きな課題もある。　116
高性能ＡＩの正体は、コンピュータにしか解けない、極めて複雑な　146
計算式のようなものだ。結論だけを提示するブラックボックスで、　176
その判断によって損害が出た際に検証が難しく、実用化の壁になっ　206
ている。　　　　　　　　　　　　　　　　　　　　　　　　　　　211

　事故が起きたとき、なぜ起こったのか、どのような対策をするの　241
かについて、説明できることが必要だ。日本では、政府の決定した　271
「人間中心のＡＩ社会原則」に、公平性、説明責任および透明性の　301
原則を盛り込んだ。　　　　　　　　　　　　　　　　　　　　　　311

　世界中から研究者が集まった国際人工知能会議では、説明できる　341
ＡＩ（ＸＡＩ）は、今や定番の議題になった。ＸＡＩとは、様々な　371
工夫を凝らすことで、ＡＩの思考過程を人間が理解できるようにす　401
る技術だ。ＡＩを本格的に活用するには、過程を検証できる「説明　431
できるＡＩ」の実現が重要で、国内外で研究が進められている。　　460

囲碁（いご）・棋士（きし）・凝（こ）らす・過程（かてい）

【2】

次の文章を１行30字で入力しなさい。フォントの種類は明朝体とし、プロポーショナルフォントは使用しないこと。（制限時間10分）

硬貨を入れてハンドルを回せば、小さなカプセルに入った玩具が	30
出てくる。これは、カプセルトイと呼ばれる商品で、１９７０年代	60
に大ブームとなった。その販売機は、駄菓子屋の店先からスーパー	90
の屋上まで、あらゆる場所に設置されていた。	112
取り扱われる商品は、動物やアニメの主人公を模した子ども向け	142
の玩具が多い。そのため、ＳＴ（安全玩具）基準の対象品であり、	172
一定の検査に合格する必要があった。これは安全が確保される反面	202
で、様々な制約を受けることを意味する。	222
近年は、ＳＴ基準に左右されない、１５歳以上を対象とした商品	252
に人気が集まっている。スマートフォンを支える猫や、カップにぶ	282
ら下がる女性などは固定客を生み出し、累計４８５万個のセールス	312
を記録した。	319
カプセルトイの人気は成田空港にもおよび、期間限定で１７１台	349
の販売機が空港内に設置された。帰国する観光客に、両替えできな	379
かった硬貨を使ってもらうことが狙いだ。この企画は好評で、多く	409
の外国人が旅の思い出として購入していた。販売期間の延長も決定	439
しており、新名所となる可能性も低くはない。	460

玩具（がんぐ）・駄菓子屋（だがしや）・模（も）した

4 実技編

ビジネス文書の作成問題の制限時間は 15 分です（印刷は時間外）。

基礎編

「基礎編」では主に企業内で取り交わされるビジネス文書を作成します。制限時間内に完成させましょう。

ビジネス文書（社内文書）の作成形式

基礎編のビジネス文書作成問題は、下記の形式が模範解答です。

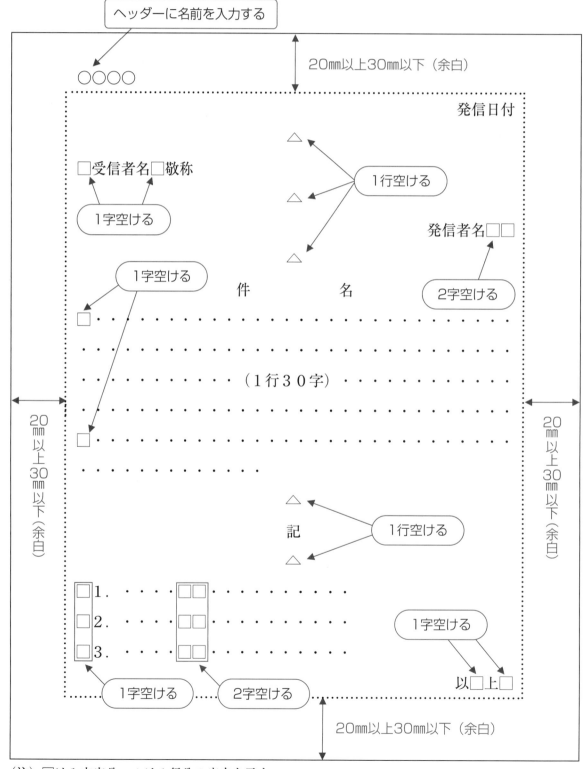

（注）□は1文字分、△は1行分の空白を示す。

ビジネス文書（社内文書）の作成ポイント

ヘッダーに名前を入力する

〇〇〇〇

右寄せ

令和〇年6月4日

1字空ける

△ 1行空ける

□従□業□員□各□位

右寄せ後、2字分挿入する

△ 1行空ける

総□務□課□長□□

△ 1行空ける

1字空ける

研修会のご案内について ← センタリング

□これからの企業は、社会的な責任と貢献が強く求められます。さらに、企業市民として地域と社会との調和を重視し、地域に根ざした活動が必要となります。そこで、今回は「地域社会との連携」をテーマに、研修会を開催いたします。

□つきましては、下記の日程で実施を予定していますので、多くの方の参加をお待ちしています。

1字空ける

△ 1行空ける

記 ← センタリング

1字空ける　　　2字空ける

△ 1行空ける

□1．日　　時□□6月17日（木）□16時00分から

□2．開催場所□□本社□8F□第二研修室

□3．受　　付□□総務課□進藤まで□内線（15）

以□上□

1字空ける

【1】 1行を30字、1ページを20行に設定し、ヘッダーに左寄せでクラス、出席番号、名前を入力し、次の文書を作成しなさい。(制限時間15分)

令和４年６月２９日

社　員　各　位

総　務　課　長

会社のロゴマークの募集について

　このたび、新たな事業を展開するにあたり、会社のロゴマークを一新することになりました。会社のロゴは、企業にとって第一印象となります。さらに、その存在を多くの人に覚えてもらうために、重要な役割を担っています。

　つきましては、会社の象徴となるロゴマークを社員の方にも考えていただき、下記まで応募してください。

記

1．期　　日　　７月１３日（水）１７時まで
2．場　　所　　総務課　企画室
3．担当者　　平川あおい（内線４８５）

以　上

各位（かくい）…………それぞれの人に敬意を表す語。みなさまがた。
担（にな）って・象徴（しょうちょう）

【2】 1行を30字、1ページを20行に設定し、ヘッダーに左寄せでクラス、出席番号、名前を入力し、次の文書を作成しなさい。（制限時間15分）

令和４年４月５日

社　員　各　位

人材開発グループ

講演会開催のお知らせ

　新年度を迎えて、フレッシュな新入社員の皆様が加わり、各部署の業務がスタートしました。今年も、マーケティング分野を研究されている方を講師に招き、下記のとおり講演会を開催します。

　日頃の業務において、大いに参考になる話が聞けると思います。ぜひとも講演会の趣旨をご理解いただき、多くのご参加をお待ちしています。

記

1．日　　時　　６月７日（火）１３時から１８時まで
2．会　　場　　本社９Ｆ　大会議室
3．講　　師　　高木　盛夫先生（千葉経営大学教授）

以　上

講演会（こうえんかい）
開催（かいさい）………催し物を行うこと。
部署（ぶしょ）
趣旨（しゅし）………ある事を行おうとする目的や理由のこと。

【3】 1行を30字、1ページを20行に設定し、ヘッダーに左寄せでクラス、出席番号、名前を入力し、次の文書を作成しなさい。（制限時間15分）

令和4年8月17日

社 員 各 位

総 務 部 長

ストレスチェックについて

　厚生労働省の指導によって、働きやすい職場づくりを進めるために、すべての社員に対してストレスチェックを実施します。提出は義務付けられていませんが、自身の健康管理が主な目的となっていますので、できるだけ提出をお願いいたします。

　なお、この検査の結果は本人の同意がない限り、他の人が見ることがないように、法律で守秘義務が課せられています。

記

1. 期　日　　9月30日（金）　17時00分まで
2. 提出先　　厚生課　課長　高野まで
3. 担当者　　鈴木麻衣　内線（652）

以　上

守秘義務（しゅひぎむ）

【4】 1行を30字、1ページを20行に設定し、ヘッダーに左寄せでクラス、出席番号、名前を入力し、次の文書を作成しなさい。（制限時間15分）

令和４年６月３日

社　員　各　位

福　祉　厚　生　課

演劇鑑賞会のご案内

　今年の厚生事業の一環として、演劇鑑賞会を企画いたしました。社員と家族の方を対象に、下記のとおりの日程で実施します。今回は、東西劇場の開場２０周年特別公演の内容となっており、昼食にお弁当も用意しています。

　なお、このたび用意できるチケット枚数は、５０名分となっています。応募者が多数の場合は、抽選とさせていただきます。

記

1．日　　　時　　８月２７日（土）　１０：００
2．集合場所　　　ＪＲ池袋駅西口
3．担　　　当　　厚生係　石井さわ子（内線２７９）

以　上

厚生（こうせい）…………生活を健康で豊かなものにすること。
鑑賞（かんしょう）………見て楽しむこと。
一環（いっかん）…………全体としてのつながりの中の一部。
抽選（ちゅうせん）
池袋（いけぶくろ）

4

実技編

【5】 1行を30字、1ページを20行に設定し、ヘッダーに左寄せでクラス、出席番号、名前を入力し、次の文書を作成しなさい。（制限時間15分）

令和４年４月１日

新入社員各位

総務部長

新人研修会開催のお知らせ

　新入社員を対象に、第３回の新人研修会を開催いたします。この研修は、社員間の親睦をかねていますが、基本的には社会人の心得を習得することを目的としています。

　つきましては、下記の予定で実施いたしますので、ご準備のほどお願いします。不明な点や詳細に関しては、事前に担当までお問い合わせください。

記

1．日　　程　　４月５日（火）から８日（金）

2．研修場所　　本社研修センター　９階

3．担　　当　　総務部　内山かえで　内線（６７２）

以　上

親睦（しんぼく）…………互いに親しみあい、仲よくすること。
心得（こころえ）…………理解すべきこと。
習得（しゅうとく）
詳細（しょうさい）………くわしく、細かい点。

【6】　1行を30字、1ページを20行に設定し、ヘッダーに左寄せでクラス、出席番号、名前を入力し、次の文書を作成しなさい。（制限時間15分）

令和４年５月２７日

社　員　各　位

福　利　厚　生　課

　　　　　　　楽しいハイキングのご案内

　青葉を渡る風も、さわやかに感じられるころとなりました。このたび、初夏の一日を緑に囲まれた自然の中で、楽しく過ごすハイキングの計画を立てました。普段は見られない景色を楽しみながら、心身ともにリフレッシュしませんか。

　つきましては、下記のとおりに実施いたします。ご家族の方とともに、多くのご参加をお待ちしています。

記

1．日　　時　　６月１８日　午前９時　本社集合
2．場　　所　　奥多摩「森林浴ハイキングコース」
3．その他　　　飲み物は各自でご用意ください

以　上

奥多摩（おくたま）・森林浴（しんりんよく）

【7】 1行を30字、1ページを20行に設定し、ヘッダーに左寄せでクラス、出席番号、名前を入力し、次の文書を作成しなさい。（制限時間15分）

令和４年４月５日

社 員 各 位

総 務 部 長

新入社員歓迎会のお知らせ

　４月１日に入社式を無事に終え、今年度はいつもの年よりも多い１９名をわが社に迎えることとなりました。これからの３か月は、研修期間としてそれぞれの部署に配属されます。

　つきましては、恒例の新入社員歓迎会を実施したいと思います。参加を希望される方は１５日までに、別紙の申込書にお名前を記入してください。皆さんの参加をお待ちしています。

記

1．日　時　　４月２８日（木）　午後６時から
2．場　所　　市役所７階　レストラン「リベロ」
3．会　費　　３，０００円

以　上

配属（はいぞく）………それぞれの部署に割り当てること。
恒例（こうれい）

【8】　1行を30字、1ページを20行に設定し、ヘッダーに左寄せでクラス、出席番号、名前を入力し、次の文書を作成しなさい。（制限時間15分）

　　　　　　　　　　　　　　　　　　　　令和４年７月１３日

社　員　各　位

　　　　　　　　　　　　　　　　福　利　厚　生　課

　　　　　　　　ホットヨガ教室のご案内

　今年も社員の皆さまとご家族を対象に、ホットヨガ教室を下記の
とおり開催いたします。ヨガによって、日頃のストレスを解消し、
体の内側から健康を取り戻すことが期待できます。また、初めての
方でも簡単にできる内容となっています。

　なお、施設の関係により定員は２０名までとなっています。希望
される方は、早めに担当までお知らせください。

　　　　　　　　　　　　記

１．日　時　　８月１６日（火）　１７：００から
２．場　所　　本社ビル　多機能ホール
３．担当者　　厚生係　村上和代（内線９４５）

　　　　　　　　　　　　　　　　　　　　以　　上

【9】 1行を30字、1ページを20行に設定し、ヘッダーに左寄せでクラス、出席番号、名前を入力し、次の文書を作成しなさい。（制限時間15分）

令和４年９月７日

社 員 各 位

厚 生 部 長

秋のウォーキング大会のお知らせ

秋晴れの心地よい季節となりました。社内の親睦を図るために、恒例になりました「秋のウォーキング大会」を開催します。

日時や集合場所などは下記のとおりです。社員の皆様とご家族であれば、誰でも参加できます。すんだ空のもと、皆様ご一緒にいかがでしょうか。記念の品も用意しておりますので、ふるってご参加ください。

記

1. 日　　時　　１０月２３日（日）　午前８時集合
2. 集合場所　　本社駐車場
3. 行　　程　　バスで本社から現地まで送迎

以　上

親睦（しんぼく）
図（はか）る‥‥‥企てる。もくろむ。
駐車場（ちゅうしゃじょう）

64

【10】　1行を30字、1ページを20行に設定し、ヘッダーに左寄せでクラス、出席番号、名前を入力し、次の文書を作成しなさい。（制限時間15分）

令和4年12月7日

社　員　各　位

厚　生　部　長

社員食堂のアンケートの実施について

　当社は、福利厚生の充実を推進していこうと考えています。その取り組みの一つとして、社員食堂に関するアンケートを実施することにしました。メニューだけでなく、さまざまなご要望やご意見をいただきたいと思います。

　つきましては、下記までに、別紙の回答用紙に記入のうえ、担当までお願いいたします。

記

1．日　時　　12月13日（火）18時まで
2．内　容　　社員食堂アンケート
3．担当者　　平沢あおい（内線5069）

以　上

実施（じっし）
推進（すいしん）
回答（かいとう）

【11】 1行を30字、1ページを20行に設定し、ヘッダーに左寄せでクラス、出席
番号、名前を入力し、次の文書を作成しなさい。（制限時間15分）

　　　　　　　　　　　　　　　　　　　　　　令和４年８月２日

　社　員　各　位

　　　　　　　　　　　　　　　　　　　総　務　課　長

　　　　　　　　　　　防災訓練のお知らせ
　火災や震災などの非常時に、適切な行動がとれるように防災訓練
を下記のとおり実施します。春の訓練内容とは異なりますので、ご
注意ください。事前に、各課に設置してある避難マニュアルの確認
をお願いします。
　なお、当日は管理職の指示に従って行動をしてください。社員の
皆様方のご協力をお願いします。

　　　　　　　　　　　　　　記

　１．日　時　　９月６日（火）　午後３時から
　２．内　容　　地震発生を想定した訓練
　３．担当者　　総務課　北沢　佳奈（内線１５７）

　　　　　　　　　　　　　　　　　　　　　　以　　上

避難（ひなん）・管理職（かんりしょく）

66

令和４年９月１４日

営 業 所 長 各 位

厚 生 課 長

定期健康診断の事前調査について

　今年度の健康診断と消化器検査の希望者を確認するために、別紙の調査用紙を送付いたします。現時点で人間ドッグや産休・育休などのため、受診しない方の確認をお願いします。実施日は下記のとおりですが、詳細は後日配付いたします。

　なお、消化器検査については、４０歳以上の希望者となっていますのでご注意ください。

記

1. 実施日　　１２月７日（水）　１０時３０分から
2. 場　所　　市立病院　健康管理センター
3. 担当者　　厚生課　下田あい　内線（６８５）

以　上

消化器（しょうかき）
詳細（しょうさい）

【13】 1行を30字、1ページを20行に設定し、ヘッダーに左寄せでクラス、出席番号、名前を入力し、次の文書を作成しなさい。（制限時間15分）

令和４年１０月２８日

社　員　各　位

福　利　厚　生　課

「創業記念祭」運営委員募集のお知らせ

　毎年恒例の、本社創業を祝う「創業記念祭」を今年も行うことになりました。福利厚生課では、このイベントに協力していただけるボランティア運営委員、２５名を募集します。

　社員の皆様からの積極的な応募を、心からお待ちしております。詳細につきましては、運営委員会要項を用意しました。応募希望者は、福利厚生課までお申し出ください。

記

１．対象者　　福利厚生課以外の社員
２．締　切　　１１月３０日（水）
３．担　当　　福利厚生課　吉沢博美（内線６７９）

以　上

創業（そうぎょう）・詳細（しょうさい）・要項（ようこう）

【14】 1行を30字、1ページを20行に設定し、ヘッダーに左寄せでクラス、出席番号、名前を入力し、次の文書を作成しなさい。(制限時間15分)

令和4年8月23日

社 員 各 位

厚 生 課 長

ボランティア活動参加のお願い

　例年、2回実施をしておりますボランティア活動の、秋の日程が決まりました。今回は地域の自治会と協力して、本社の近くにある公園の周囲を中心に清掃活動を行う予定です。

　つきましては、下記のとおり参加者を募集します。当日は、汚れても構わない服装で集合してください。軍手やごみ袋、用具などは厚生課で用意します。

記

1．日　時　　9月27日（火）　　8時半から11時まで
2．場　所　　おおはし公園
3．連絡先　　厚生課　橋本きみえ（内線465）

以　上

自治会（じちかい）・清掃（せいそう）・構（かま）わない

【15】 1行を30字、1ページを20行に設定し、ヘッダーに左寄せでクラス、出席番号、名前を入力し、次の文書を作成しなさい。（制限時間15分）

令和４年８月１９日

社 員 各 位

厚 生 部 長

非常用持出品の配付について

　災害は、いつどこで起こるかわかりません。いざという時に大切な命を守るための行動がとれるよう、普段から災害への備えが必要になります。

　そこで、災害時に最低限必要な非常用持出品を、社員一人ひとりに配付します。持出品の中には、携帯食や防災用グッズ、備蓄品のチェックリストなどが入っています。

記

　1．配付日時　　８月３１日（水）　午後５時
　2．受渡場所　　７Ｆ　第２会議室
　3．担　　当　　厚生部　井川　真理子（内線６４９）

以　上

持出品（もちだしひん）・備蓄品（びちくひん）

【16】 1行を30字、1ページを20行に設定し、ヘッダーに左寄せでクラス、出席番号、名前を入力し、次の文書を作成しなさい。（制限時間15分）

令和４年６月２１日

社　員　各　位

総　務　部　長

就業体験の受け入れについて

　地元の中学校から要請を受けて、当社でも就業体験の実習生を引き受けることになりました。実習計画や中学校との打ち合わせは、すべて総務で行います。詳細は、下記のとおりです。

　当日は通常の業務に加え、あいさつ運動や安全管理などを中学生に指導してください。実習生が仕事に対する正しい知識を身に付けて、社会で活躍できるように協力して取り組みましょう。

記

1．日　時　　８月１０日（水）　　９時から１５時まで

2．人　数　　７名（男子３名　女子４名）

3．担　当　　総務係　長岡、浜口

以　上

就業（しゅうぎょう）
要請（ようせい）………願い出て求めること。
詳細（しょうさい）

【17】 1行を30字、1ページを20行に設定し、ヘッダーに左寄せでクラス、出席番号、名前を入力し、次の文書を作成しなさい。（制限時間15分）

令和４年９月６日

社　員　各　位

総　務　部　長

仮装パレードの参加について

　今年度は、商工会議所が主催するハロウィンフェスティバルへ、会社として全面的に協力することになりました。総務部では屋台を出店しますが、仮装パレードについては、部署を問わず広く社員からの参加を募集します。

　なお、パレードにはご家族や友人など、グループで参加することも可能です。詳細は、担当者まで問い合わせてください。

記

1．日　　時　　１０月２３日（日）　　１８時から
2．集合場所　　商工会議所５階　第７会議室
3．担　　当　　総務係　塩田、斉藤

以　上

仮装（かそう）
主催（しゅさい）…………中心となって会や行事を行うこと。
屋台（やたい）・部署（ぶしょ）・詳細（しょうさい）

【18】 1行を30字、1ページを20行に設定し、ヘッダーに左寄せでクラス、出席番号、名前を入力し、次の文書を作成しなさい。（制限時間15分）

令和４年６月９日

部　課　長　各　位

総　務　部　長

管理職研修会について

　今年度の管理職研修会を、各部課長を対象に開催します。現職ですでに受講が済んでいる方や緊急の業務の方を除いて、全員参加を原則とします。

　なお、研修を受講するにあたっては、研修期間中の業務に支障をきたさないように、各部署で調整して参加をお願いします。また、不明な点は担当までお問い合わせください。

記

1．日　程　　７月１３日（水）から１５日（金）まで
2．場　所　　本社８階　第２会議室
3．担当者　　総務部　中村まで（内線５７３）

以　上

管理職（かんりしょく）・開催（かいさい）・緊急（きんきゅう）・支障（ししょう）

3級編

ビジネス文書の模範解答形式

第3級のビジネス文書作成問題は、下記の形式が模範解答です。

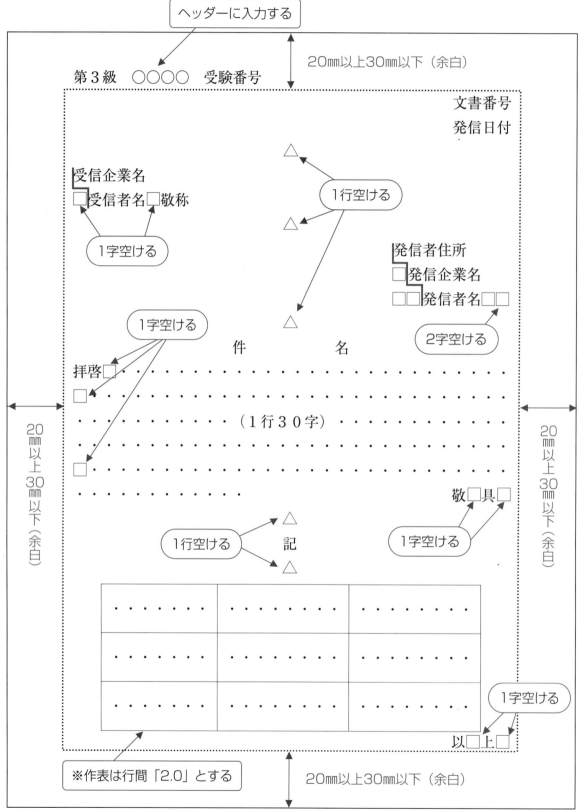

（注）□は1文字分、△は1行分の空白を示す。

ビジネス文書の作成ポイント

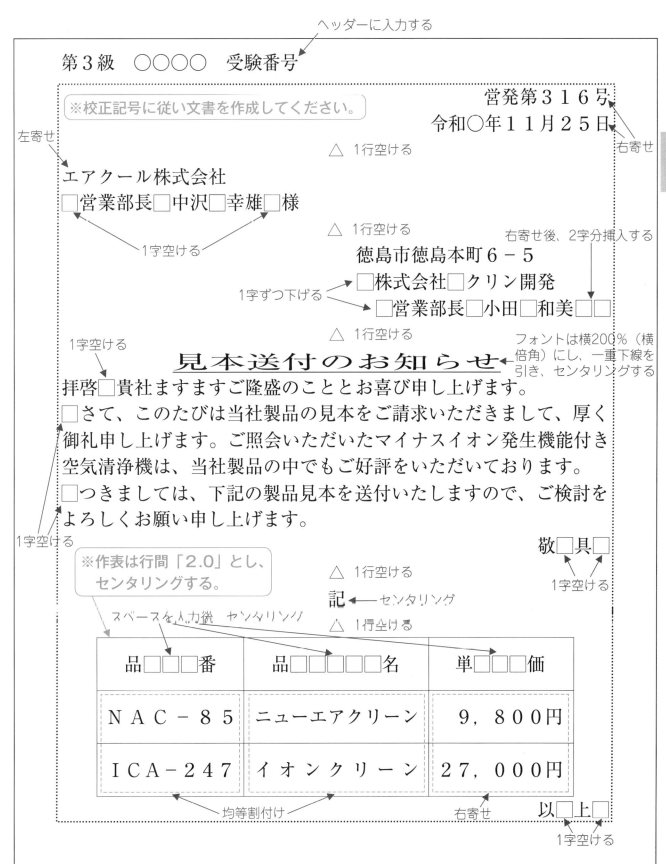

ヘッダーに入力する

第３級　○○○○　受験番号

※校正記号に従い文書を作成してください。

営発第３１６号
令和○年１１月２５日

右寄せ

左寄せ

△ 1行空ける

エアクール株式会社
□営業部長□中沢□幸雄□様

1字空ける

△ 1行空ける

右寄せ後、2字分挿入する

徳島市徳島本町６－５
□株式会社□クリン開発
□営業部長□小田□和美□□

1字ずつ下げる

△ 1行空ける

1字空ける

フォントは横200％（横倍角）にし、一重下線を引き、センタリングする

見本送付のお知らせ

拝啓□貴社ますますご隆盛のこととお喜び申し上げます。
□さて、このたびは当社製品の見本をご請求いただきまして、厚く
御礼申し上げます。ご照会いただいたマイナスイオン発生機能付き
空気清浄機は、当社製品の中でもご好評をいただいております。
□つきましては、下記の製品見本を送付いたしますので、ご検討を
よろしくお願い申し上げます。

1字空ける

敬□具□

1字空ける

※作表は行間「2.0」とし、センタリングする。

△ 1行空ける

記　センタリング

スペースを入力後、センタリング

△ 1行空ける

品□□□番	品□□□□□名	単□□□価
ＮＡＣ－８５	ニューエアクリーン	９，８００円
ＩＣＡ－２４７	イオンクリーン	２７，０００円

均等割付け

右寄せ

以□上□

1字空ける

4

実技編

75

Word2016による３級ビジネス文書の完成例

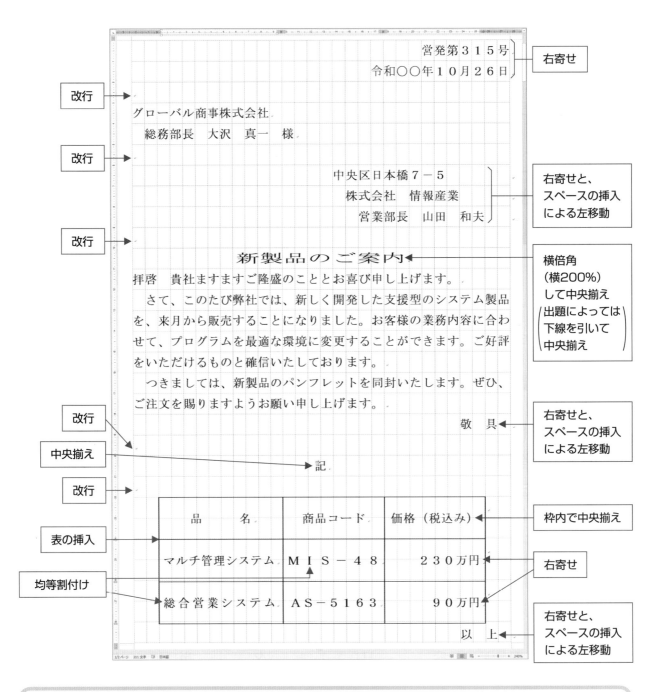

右寄せ

改行

改行

右寄せと、スペースの挿入による左移動

改行

横倍角（横200%）して中央揃え 出題によっては下線を引いて中央揃え

右寄せと、スペースの挿入による左移動

改行

中央揃え

改行

枠内で中央揃え

表の挿入

右寄せ

均等割付け

右寄せと、スペースの挿入による左移動

入力前の設定確認事項

１．文字ずれの確認

初めに、文字ずれをしないための書式設定を行います。（「文字ずれをしない書式設定」を参照してください。）

２．ページ設定

以下のようにページ設定してください。

［用紙サイズ］‥‥‥‥Ａ４縦　　　　［余白］‥‥‥‥上下左右２５mm　　　　［フォントサイズ］‥‥‥‥１４ポイント
［文字数］‥‥‥‥‥‥３０字　　　　［行数］‥‥‥‥２９行　　　　　　　　　　（行数は、問題により異なります。）

３．グリッド線の表示

文字位置や、罫線位置の確認のために必要です。

1 前付けの作成

本文よりも前にある部分を、前付けと呼びます。文字を先に入力してから、編集を行います。

①文書番号・発信日付・受信者名・発信者名を右のように入力します。

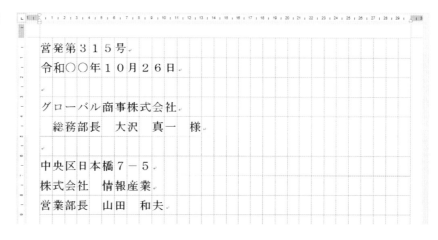

【文書番号と発信日付（右寄せ）】

②文書番号と発信日付をドラッグして範囲指定し、リボンから［ホーム］タブ⇒［段落］グループにある［右揃え］アイコンをクリックします。

範囲指定し、ここをクリックする。

【発信者名の右寄せ】

③「氏名」「会社名」「住所」を②と同じように右寄せします。

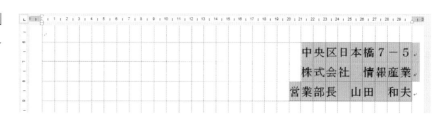

【発信者名の位置決め】

④「氏名」「会社名」「住所」の順に下から設定すると、編集がしやすくなります。
右寄せした発信者名（山田和夫）の右側にカーソルを置き、スペースを挿入して、文字列を左移動します。

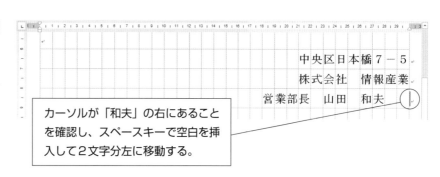

カーソルが「和夫」の右にあることを確認し、スペースキーで空白を挿入して２文字分左に移動する。

【「会社名」「住所」の左移動】

⑤続けて「会社名」「住所」の順に下から、スペースの挿入を使ってそれぞれ正しい位置に移動します。

氏名の右側は2字分あけ、行頭を階段状に配置する。

中央区日本橋7-5
株式会社　情報産業
営業部長　山田　和夫

2 件名の作成

　入力する位置をダブルクリックしてカーソル移動し、件名を入力します。（※ダブルクリックして改行すると、前の行の右寄せの編集内容を引き継ぎません。）200％に横拡大してから、中央揃えにします。

①件名を入力し、範囲指定して［ホーム］タブ⇒［段落］グループにある［拡張書式］アイコンの▼をクリックして、［文字の拡大／縮小］から「200％」をクリックします。

拡張書式

範囲指定して「200％」をクリックする。

②続けて［ホーム］タブ⇒［段落］グループにある［中央揃え］アイコンをクリックすると、中央揃えされます。

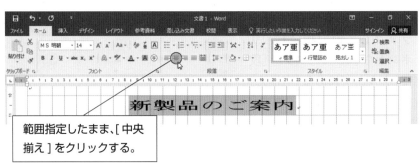

範囲指定したまま、［中央揃え］をクリックする。

③エンターキーで改行せずに、マウスをダブルクリックしてカーソルを移動し、改行します。

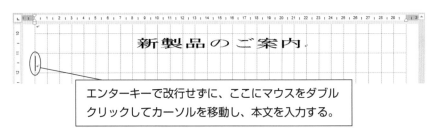

エンターキーで改行せずに、ここにマウスをダブルクリックしてカーソルを移動し、本文を入力する。

参考 書式のクリア

エンターキーで改行すると、「200％」「中央揃え」を引き継ぎますので、書式を元に戻します。

①［ホーム］タブ⇒［フォント］グループにある［すべての書式をクリア］アイコンをクリックすると、先に指示した編集内容（「200％」「中央揃え」）をクリアすることができ、左端からはじめの設定の大きさで本文の入力ができます。

［すべての書式をクリア］アイコンをクリックする。

3 本文の入力

①文字を入力します。

※入力オートフォーマット機能
　により、「拝啓」と入力すると
　「敬具」が自動的に入力される
　場合があります。

②「敬具」は右寄せし、字間
　に１字分の空白を挿入しま
　す。
　また、右側に空白を挿入し
　て１字分左に移動します。

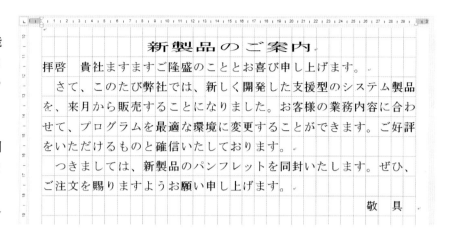

4 別記の作成 （「敬具」と「記」の間は、１行空けます。）

①「記」と入力してエンター
　キーを押すと、自動的に中
　央揃えされ、「以上」も右寄
　せで入力されます。

②「記」と「以上」の間を改行
　して、もう１行増やします。

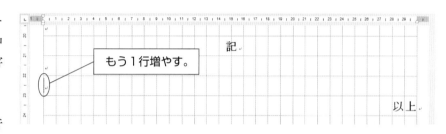

もう１行増やす。

5 表の作成

①カーソルを「記」から１行
　空けた位置に移動し、縦３
　×横３の表を作成します。

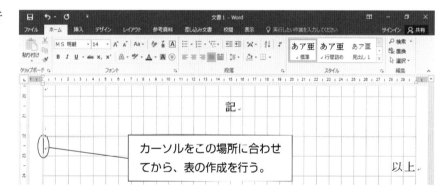

カーソルをこの場所に合わせ
てから、表の作成を行う。

②［挿入］タブ⇒［表］グルー
　プにある［表］アイコンを
　クリックし、縦３×横３の
　範囲をドラッグして指を離
　します。

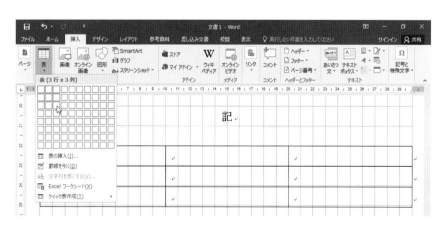

③縦３×横３の表が挿入され
ました。

④表と「以上」の間の行間は、
削除します。

＊Wordでは、改行マークのこ
とを「段落記号」と呼びます。

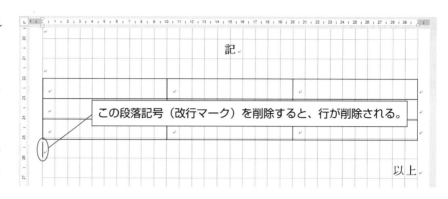

6 縦罫線の調整

①左側の縦罫線にマウスポイ
ンタを合わせて、クリック
します。

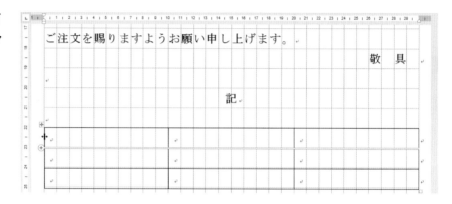

②縦罫線を右にドラッグし、
本文の目印になる文字に合
わせて離します。

③左の縦罫線が移動しました。

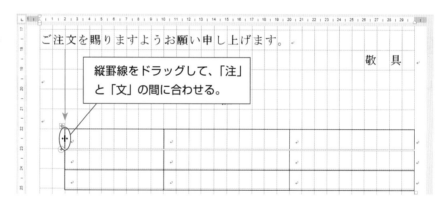

④同じように、左側から順に、
他の縦罫線も位置を揃えま
す。

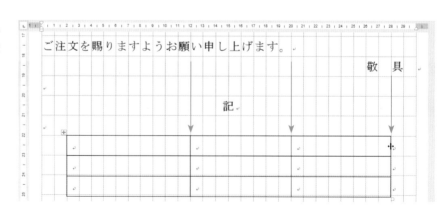

7 表内文字入力

①表内に文字を入力します。

8 横罫線の調整
表の縦幅を広くします。横罫線を2行に1本引くように調整します。

①表全体をドラッグします。

②［ホーム］タブ⇒［段落］
グループにある［行と段落
の間隔］アイコンの▼から
「2.0」をクリックします。

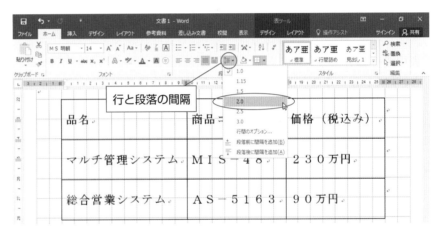

③表内が2行どりとなり、そ
れぞれのセルの上下の中央
位置に文字が配置されまし
た。

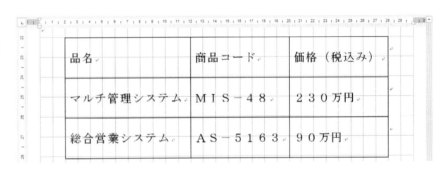

9 項目名の位置調整
項目名全体を一度にセンタリングして、各項目名の文字を適切な位置に配置します。

①項目名全体のセルをすべて
ドラッグして範囲指定しま
す。

②［ホーム］タブ⇒［段落］
グループにある［中央揃え］
アイコンをクリックします。

③「品名」の字間に3字分の
　空白を挿入して、文字を適
　切な位置に配置します。

⑩ 均等割付け（ブロック全体で一度にする方法）

①均等割付けが必要なセルを
　含む、ブロック全体のセル
　をすべてドラッグして範囲
　指定します。

②［ホーム］タブ⇒［段落］
　グループにある［均等割り
　付け］アイコンをクリック
　します。

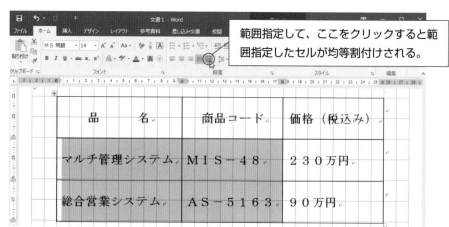

範囲指定して、ここをクリックすると範囲指定したセルが均等割付けされる。

③表中の「総合営業システム」
　と、「MIS−48」が均等
　割付けされました。

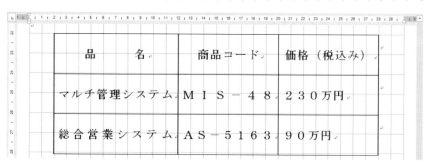

⑪ 右寄せ（ブロック全体で一度にする方法）

①右寄せが必要なセルを含む
　ブロック全体のセルをすべ
　てドラッグして範囲指定し
　ます。

②［ホーム］タブ⇒［段落］
　グループにある［右揃え］
　アイコンをクリックします。

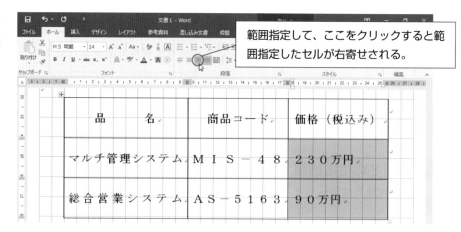

範囲指定して、ここをクリックすると範囲指定したセルが右寄せされる。

③表中の「２３０万円」と、
　「９０万円」が右寄せされま
　した。

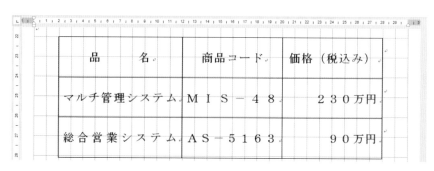

12 「以上」の位置調整

①「以上」の字間に1字分の空白を挿入します。
また、右側に空白を挿入して1字分左に移動します。

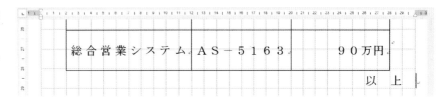

参考 均等割付け（1か所単位でする方法）

セル内の文字列を、1か所ずつ均等割付けする方法です。

①「総合営業システム」をドラッグして範囲指定します。

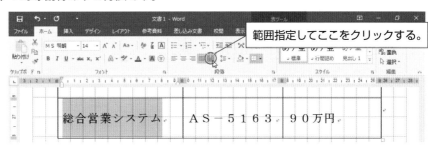

範囲指定してここをクリックする。

②［ホーム］タブ⇒［段落］グループにある［均等割り付け］アイコンをクリックして、［文字の均等割り付け］ダイアログボックスを表示します。

③ダイアログボックスの［新しい文字列の幅］に、割付け幅の数字（9字）を入力し［OK］をクリックします。

［新しい文字列の幅］に割付け幅の数字を入力する（この場合は「9字」）。

④均等割付けされました。

⑤同様に「MIS－48」も7字に均等割付けします。

3級ビジネス文書の基本形式問題

【1】 1行を30字、1ページを28行に設定し、ヘッダーに左寄せでクラス、出席番号、名前を入力し、次の文書を作成しなさい。（制限時間15分）

仕発第４５９号
令和４年６月１３日

株式会社　湘南鎌倉産業
　販売部長　永田　治正　様

大宮市本郷町２－５１
フロラ商事株式会社
仕入部長　池田　正弘

注文品未着のご照会

拝啓　貴社ますますご隆盛のこととお喜び申し上げます。

　さて、５月９日付けで注文いたしました下記の商品ですが、本日６月１３日現在、いまだ到着しておりません。本品は７月５日までに納品しなければならないため、大変困っております。

　何かの手違いかとは存じますが、商品の発送について至急お調べのうえ、ご連絡くださいますようお願い申し上げます。

敬　具

記

商　品　名	品　番	数　量
セレクションセット	ＳＧＨ－４８	５００個
フレーバーギフトセット	ＦＧ－１	１，２００個

以　上

拝啓（はいけい）………手紙のはじめに書くあいさつの言葉。敬具と対応して用いる。
貴社（きしゃ）…………相手の会社の敬称。御社（おんしゃ）。
隆盛（りゅうせい）………栄えて（繁盛して）盛んなこと。
至急（しきゅう）
敬具（けいぐ）…………手紙のおわりに書くあいさつの言葉。拝啓などと対応して用いる。

【2】 1行を30字、1ページを29行に設定し、ヘッダーに左寄せでクラス、出席番号、名前を入力し、次の文書を作成しなさい。(制限時間15分)

総発第２５６号
令和４年８月１０日

高崎市立商業高等学校
　　１学年主任　鈴木　智子　様

伊勢崎市今泉町２－９３
株式会社　ユウヒ飲料
総務部長　新井　隆喜

職場見学のお問合せに対する回答

拝復　貴校ますますご発展のこととお喜び申し上げます。
　　さて、７月１２日付の文書でご連絡いただきました職場見学について、弊社では下記の工場で受入可能です。どちらも、２００名の生徒様が、一斉に見学できるルートを用意しております。
　　つきましては、弊社施設を見学候補先の一つとして、ご勘案いただきたいと存じます。予約の受付は、見学日の１か月前から先着順となっています。お早めにお申し込みください。

敬　具

記

施　設	住　　　所	申込方法
本社センター	伊勢崎市今泉町２－４３	Ｗｅｂのみ
太　田　工　場	太田市金山町１－８	電話かＷｅｂ

以　上

拝復（はいふく）…………返事の手紙のはじめに書くあいさつの言葉。敬具と対応して用いる。
貴校（きこう）……………相手の学校の敬称。御校（おんこう）。
弊社（へいしゃ）…………自分の属する会社をへりくだって言う表現。小社。

【3】 1行を30字、1ページを28行に設定し、ヘッダーに左寄せでクラス、出席番号、名前を入力し、次の文書を作成しなさい。（制限時間15分）

人発第３５８号
令和４年７月１日

群馬商業高等学校
　進路指導部　御中

前橋市大手町５１－４
株式会社　アカギ物産
人事部長　大川　弘子

求人票の送付について

拝啓　貴校ますますご発展のこととお喜び申し上げます。
　さて、来春ご卒業される生徒の皆さまの中から、若干名を弊社の社員として採用いたす所存です。募集する職種と人数については、下記のとおりとなります。
　つきましては、求人票と会社案内を同封いたしますので、ご確認ください。本来ならば書類を持参し、ご挨拶に伺うべきところですが、書面にて失礼いたします。　　　　　　　　　　　　　　　　敬具

記

求人番号	職　　　種	採　用　数
ＫＪ１４	倉庫の保全・安全管理	１０名（通勤）
ＫＪ３６９２	受付・一般事務	２名（不問）

以　上

若干名（じゃっかんめい）………ほんの少しの人数のこと。
所存（しょぞん）………………心で考えていること。
挨拶（あいさつ）・伺（うかが）う

【4】 1行を30字、1ページを28行に設定し、ヘッダーに左寄せでクラス、出席番号、名前を入力し、次の文書を作成しなさい。(制限時間15分)

人発第５４６号
令和４年９月１２日

長崎ビジネス高等学校
　キャリア支援部　御中

長崎市桜町２−２７
株式会社　真空調工機
人事部長　宮下　ゆい

採用通知書の送付

拝啓　貴校ますますご発展のこととお喜び申し上げます。
　さて、このたびは弊社の求人募集においてご応募いただき、誠にありがとうございました。慎重に選考を行った結果、下記の２名の採用を決定し、内定者の説明会を実施いたします。
　なお、同封した書類をご確認いただき、必要事項を記入のうえ、弊社までご返送をお願い申し上げます。

敬　具

記

名　　前	内定者説明会	説明会会場
井上文子	９月２８日	本社３Ｆ会議ホール
佐久間真由美	１０月１３日	北茨城新工場

以　上

慎重（しんちょう）

87

【5】 1行を30字、1ページを29行に設定し、ヘッダーに左寄せでクラス、出席番号、名前を入力し、次の文書を作成しなさい。（制限時間15分）

営発第４９７号
令和４年８月２６日

ジャストフレッツ株式会社
　　厚生課長　久保　礼奈　様

西東京市南町５－６－１
株式会社　ＺＡＣＫ企画
営業課長　金子　昌美

社員旅行のご案内

拝啓　貴社ますますご発展のこととお喜び申し上げます。

　さて、このたび当社では、社内の懇親を深めるための社内旅行を特別価格でご提案いたします。都心からも近く、リフレッシュできる企画をご用意しました。下記のとおりのプランとなっていますので、ご検討のほどお願い申し上げます。

　なお、お客様より、ご予算とご要望をいただいてのプランニングもいたしますので、担当までご相談ください。

敬　具

記

場　　所	特　　　　徴	お一人様税込金額
那須温泉	美肌名湯の露天風呂	１５，０００円
伊豆高原温泉	海鮮料理が自慢	１３，０００円

以　上

当社（とうしゃ）………この会社。
懇親（こんしん）
名湯（めいとう）

88

校正記号とさまざまな記号

実技問題で使用される校正記号と、さまざまな記号を確認しましょう。

〔校正記号の種類〕 *校正記号に関する問題は筆記1でも出題されます。

No.	校正項目	校正記号使用例	校正結果	No.	校正項目	校正記号使用例	校正結果
1	行を起こす	完成した。一方で	完成した。 一方で	8	詰め	ス ペースを	スペースを
2	行を続ける	目標だ。 さらに、	目標だ。さらに、			文書番号 発信日付	文書番号 発信日付
3	誤字訂正	研究の成果は、 研究の成果は、	研究の成果は、	9	入れ替え	現実した。	実現した。
4	余分字を削除し詰める	夢の実現 夢の完成実現	夢の実現			太平洋 大西洋	大西洋 太平洋
		*「トル」は「トルツメ」でも可。		10	移動	文字位置	文字□□位置
5	余分字を削除し空けておく	検定 認定	検定　認定			文字位置を直す	文字位置を直す
		検定 認定	検定　　認定	11	(欧文)大文字に直す	unicef	UNICEF
		*「トルアキ」は「トルママ」でも可。		12	書体変更	ゴ フォント	**フォント**
6	脱字補充	研究成果は、	研究の成果は、			*「ゴシック体」・「ゴチ」でも可。	
		検定認定の資格	検定・認定の資格	13	ポイント変更	20ポ サイズ	サイズ
7	空け	スペース改行	スペース　改行			*「ポ」は「ポイント」でも可。	
		発信日付 受信企業名	発信日付 受信企業名	14	下付き(上付き)文字に直す	H2O m2	H_2O m^2
				15	上付き(下付き)文字を下付き(上付き)文字にする	H2O m2	H_2O m^2

〔記号の読みと使用例〕 *ユーロ記号は、実技には出題されません。記号の読みと使用例は筆記1でも出題されます。

No.	記号	読み	使用方法
1	、	読点	文の途中の区切り符号
2	。	句点	一文の最後の区切り符号
3	,	コンマ	①読点　②数値の桁区切り符号
4	.	ピリオド	①句点　②小数点　③(コンピュータ)拡張子の区切り符号
5	・	中点	①単語の区切り　②外国人名の区切り
6	:	コロン	①用語・記号とその説明の区切り　②ドライブ名とディレクトリの区切り　③時刻の区切り
7	;	セミコロン	①単語の区切り　②Toなどでメールアドレスの区切り
8	＿	アンダーライン	①メールアドレス内での語の区切り ②(コンピュータ)データベースの1字のワイルドカード ☆JIS通称名称での表記はアンダライン
9	―	長音記号	カタカナの伸びる音　☆郵便番号や住所などの区切りとして使わない。
10	¥	円記号	円通貨の単位記号
11	$	ドル記号	ドル通貨の単位記号
12	€	ユーロ記号	ユーロ通貨の単位記号
13	£	ポンド記号	ポンド通貨の単位記号
14	%	パーセント	①百分率　②(コンピュータ)データベースのワイルドカード
15	&	アンパサンド	andの記号
16	*	アステリスク	①箇条書きの先頭につける　②(コンピュータ)乗算 ③(コンピュータ)Windowsのワイルドカード
17	@	単価記号	①単価　②メールアドレスの区切り符号
18	〃	同じく記号	表内で、上または右の枠と内容が同じ場合に用いる。
19	々	繰返し記号	漢字が連続重複する際に用いる。
20	〆	しめ	①締め切り　②封緘(ふうかん)の印

3級ビジネス文書の出題形式と模範解答

1行を30字、1ページを29行に設定し、ヘッダーに左寄せでクラス、出席番号、名前を入力し、次の文書を問題の指示や校正記号に従い作成しなさい。なお、作成後に右ページの模範解答で確認すること。（制限時間15分）

営発第２７８号　←━━━━━　右寄せする。
令和４年９月１５日　←━━━━

青森食品株式会社　　　▽
　販売部長　　井上　鉄也様

　　　　　　　　　高崎市高松町３５－１
　　　　　　　　　株式会社　ＫＦＧ物産
　　　　　　　　　営業部長　　加藤　真子

商品の追加注文について　←━━　フォントは横200％（横倍角）にし、センタリングする。
拝啓　貴社ますますご隆盛のこととお喜び申し上げます。
　さて、８月に納品していただいた商品ですが、販売を開始してから５日で完売となりました。
また、購入ができなかったお客様からは、販売再開を希望される声をお聞きしており、現在でも多くの問い合わせがございます。
　つきましては、下記の商品を追加注文しますので、至急に納品をお願いいたします。代金は一括して送金いたしますので、ご承知おきください。
　　　　　　　　　　　　　　　　　　　　　　　敬　具

記　←━━　センタリングする。

━━ 表の行間は2.0とし、センタリングする。

品　　　　名	品　　　　番	数　　量
熟成黒にんにく	ＫＮ－Ｂ－５１９	４００個
カレーミルクラーメン	ＭＫＲ－８６	３２０個

枠内で均等割付けする。　　　枠内で右寄せする。

　　　　　　　　　　　　　　　　　　　　　　以　上

一括（いっかつ）・承知（しょうち）・熟成（じゅくせい）

「○○」…字間を空ける　　　「○○○／○○○」…行を続ける　　　「○○」…文字を入れ替える

〔模範解答〕

営発第２７８号
令和４年９月１５日

青森食品株式会社
　　販売部長　　井上　鉄也　様

　　　　　　　　　　　　高崎市高松町３５－１
　　　　　　　　　　　　株式会社　ＫＦＧ物産
　　　　　　　　　　　　営業部長　加藤　真子

商品の追加注文について

拝啓　貴社ますますご隆盛のこととお喜び申し上げます。
　さて、８月に納品していただいた商品ですが、販売を開始してから５日で完売となりました。また、購入ができなかったお客様からは、販売再開を希望される声をお聞きしており、現在でも多くの問い合わせがございます。
　つきましては、下記の商品を追加注文しますので、至急に納品をお願いいたします。代金は一括して送金いたしますので、ご承知おきください。
　　　　　　　　　　　　　　　　　　　　　　　　敬　具

記

品　　　名	品　　　番	数　量
熟成黒にんにく	ＫＮ－Ｂ－５１９	４００個
カレーミルクラーメン	ＭＫＲ－８６	３２０個

　　　　　　　　　　　　　　　　　　　　　　　以　上

【3級－1】　1行を30字、1ページを29行に設定し、ヘッダーに左寄せでクラス、出席番号、名前を入力し、次の文書を問題の指示や校正記号に従い作成しなさい。（制限時間15分）

販発第１３７号
令和４年９月１２日

株式会社　ザット﹇オ﹈ン
　　仕入部長　河本　まい　様

新発田市中央町３－３－８
防犯グッズ販売株式会社
販売部長　石井　有美

<u>子ども向け防犯グッズのご案内</u>　←―　一重下線を引き、センタリングする。
拝啓　貴社ますますご発展のこととお喜び申し上げます。
　　さて、当社では通園・通学する子どもたちの安全を確保するために、防犯グッズの販売やサービスを提供しています。今回は、軽くて安価な防犯ブザーをご用意しました。この商品の特徴は、警告音の大きさと種類になっています。
　　なお、下記の商品以外にも、ＧＰＳによる﹇防犯﹈謀判サービスもご案内していますので、お問い合わせください。

敬　　具　←―　右寄せし、行末に１文字分スペースを入れる。

記　←―　センタリングする。

―表の行間は2.0とし、センタリングする。

品　　　名	特　　　　　長	金額（税込み）
ビッグホーン	最大音量１０８ｄＢ	２，６３５円
リトルＥ	大音量９０ｄＢと音声	３，０７４円

枠内で均等割付けする。　　　　　枠内で右寄せする。

以　　上

「◯◯」…脱字補充　　　「◯◯」…誤字訂正　　　「＜」…行間を詰める

【3級-2】　1行を30字、1ページを29行に設定し、ヘッダーに左寄せでクラス、出席番号、名前を入力し、次の文書を問題の指示や校正記号に従い作成しなさい。（制限時間15分）

営発第６２５号
令和５年２月３日

株式会社　楽市ショップ
　　仕入課長　山田　ゆう子様

岡山市北区大供１－１－１
健康生活株式会社
営業課長　石川　昭夫

ご要望（値引き）に関する回答 ←── 一重下線を引き、センタリングする。
拝復　貴社ますますご発展のこととお喜び申し上げます。
　　さて、１月１６日付の貴信にて、弊社が納入した下記の商品について、値引きのご要望をいただきました。社内で検討いたしましたが、諸経費の高騰などにより、現行の価格を維持するのも厳しく、ご要望の件については難しい状況です。
　　つきましては、弊社の状況についてご理解いただくとともに、ご要望に対する回答とさせていただきます。
敬　　具 ←── 右寄せし、行末に１文字分スペースを入れる。

　　記 ←── センタリングする。

表の行間は2.0とし、センタリングする。

品　　　名	品　　番	価　　格
マッサージシートＤＸ	ＤＸ－９	３２，４００円
ハンディもみもみ	ＨＤＭ－７０	７，８００円

枠内で均等割付けする。　　　枠内で右寄せする。

以　上

拝復（はいふく）
貴信（きしん）………相手の手紙のことを指す尊敬語。　弊社（へいしゃ）
高騰（こうとう）………物価などがひどく上がること。　維持（いじ）・回答（かいとう）
敬具（けいぐ）

「○○」…字間を空ける　　「○○」…移動　　「○○」…誤字修正

販発第２５８号　←　右寄せする。
令和４年６月１７日　←

株式会社　ＫＯＹＡＭＡ
　　仕入部長　高原　花子　様

　　　　　　　　　　　　　　福井市大手３−１０−１
　　　　　　　　　　　　　　北島物産株式会社
　　　　　　　　　　　　　　販売部長　德丸　忠夫

「おすすめ家電製品」のご案内　←　一重下線を引き、センタリングする。
拝啓　貴社ますますご発展のこととお喜び申し上げます。
　　さて、このたび弊社では、人気シリーズの「おすすめ家電製品」に、下記の製品を追加いたしました。
新しい機能が付いており、朝や育児の忙しいときに、短い時間で家事ができるように工夫されています。
　　つきましては、各製品の資料・パンフレットを送付　いたしますので、ご検討のほどよろしくお願い申し上げます。
　　　　　　　　　　　　　　　　　　　　　　　敬具　トルアキ

　　　　　　　　　　　　　　記

表の行間は2.0とし、センタリングする。

品　　　　　名	品　　番	価　　　　格
洗濯乾燥機	ＢＷ−Ｄ１	１２１，５４０円
ミニスチームアイロン	ＫＳ９	３，７６０円

枠内で均等割付けする。　　枠内で右寄せする。

以　上

右寄せし、行末に1文字分スペースを入れる。

「○○○／○○○」…行を続ける　「○〈○」…字詰め　「○◯○ トルアキ」…余分字を削除し空ける

【3級-4】 1行を30字、1ページを28行に設定し、ヘッダーに左寄せでクラス、出席番号、名前を入力し、次の文書を問題の指示や校正記号に従い作成しなさい。（制限時間15分）

法営発第４１９号 ←――――――― 右寄せする。
令和４年８月２５日 ←―――――――

後藤運輸株式会社
　業務部長　□滝　五郎　様

　　　　　　　　　　　千葉県浦安市猫実１－１
　　　　　　　　　　株式会社　舞浜自動車販売
　　　　　　　　　　法人営業部長　宮下　昭

試乗会開催のご案内 ←――― フォントは横200%(横倍角)にし、一重下線を引き、センタリングする。

拝啓　貴社ますますご隆盛のこととお喜び申し上げます。さて、このたび弊社では、営業車の試乗会を下記のとおりに開催する運びとなりました。今回は、秋に発売を予定している新型車も展示いたします。この車は、安全運転性能において最高評価を受けるなど、これまでの車と比較して性能が大きく向上しています。

　つきましては、この機会にぜひ、ご来場賜りますようお願い申し上げます。　　　　　　　　　　　　　　　　　　敬　具

記

表の行間は2.0とし、センタリングする。

開催日程	時　　　　間	会　　場
１０月２８日	１０時～１７時	舞浜海浜パーク
１１月　５日	１０時～１６時３０分	浦安ドーム

枠内で均等割付けする。

以　上

―― 右寄せし、行末に1文字分スペースを入れる。

開催（かいさい）………催し物を行うこと。
賜（たまわ）り…………いただく。

「○○」…文字を入れ替える　「○○」…行を起こす　「○○」…誤字訂正

販発第３６０号
令和４年１１月２２日

株式会社　ハッピーベビー
　　営業部長　吉野　和恵　様

　　　　　　　　　　　　高知市本町５１－４
　　　　　　　　　　　　観音寺産業株式会社
　　　　　　　　　　　　販売部長　内田　武史

商品値引率の変更について　←──フォントは横200%（横倍角）にし、センタリングする。
拝啓　貴社ますますご隆盛のことと**お**喜び申し上げます。
　　さて、ご好評をいただいております「お得意様限定セール」は、今後も継続して行う予定です。しかし、人件費や原材料の高騰により、一部の商品について値引率の改定が必要となりました。
　　つきましては、下記の資料をご覧いただき、商品の購入のご検討をお願いいたします。また、年内は現行の値引率とさせていただきますので、お早めにご注文ください。
　　　　　　　　　　　敬　具　←──右寄せし、行末に1文字分スペースを入れる。

　　　　　　　　　記　←──センタリングする。

表の行間は2.0とし、センタリングする。

品　番	品　　　名	変更値引率
ＳＫＯ－９	サラサラ紙おむつＬ	８％
ＢＰ－７	パフ付きベビーパウダー	１５％

　　　　　　　　　　　　　　　　　　　　　　　　以　上

枠内で均等割付けする。　　　　　　　枠内で右寄せする。

「○○」…脱字補充　　「○＾○」…字詰め

96

【3級-6】 1行を30字、1ページを29行に設定し、ヘッダーに左寄せでクラス、出席番号、名前を入力し、次の文書を問題の指示や校正記号に従い作成しなさい。(制限時間15分)

総発第３２５号 ← 右寄せする。
令和４年１１月４日 ←

オフィスワン株式会社 □↓
　営業部長　柏木　美子様

　　　　　　　　　　　　横浜市中区港町７－２
　　　　　　　　　　　　株式会社　システムＪＰ
　　　　　　　　　　　　総務部長　吉沢　弘紀

<u>感謝セールのご案内</u> ← フォントは横200%(横倍角)にし、一重下線を引き、センタリングする。
拝啓　貴社ますますご発展のこととお喜び申し上げます。平素より格別のお引き立てを賜り、厚く御礼申し上げます。 ← トル
　さて、当社は皆様方の温かいご支援により、創業３０周年を迎えることになり、心より感謝いたします。このたび、皆様への御礼の気持ちを込めて、感謝セールを行います。
　つきましては、カタログを同封いたしますので、この機会に、ご検討のほどよろしくお願い申し上げます。
　　　　　　　　　　　　　　　　　　　　　敬　具

　　　　　　　　　　　　記

表の行間は2.0とし、センタリングする。

品　　　　名	品　　番	価　　　格
カラープリンタ	ＣＰ－１９	４２８，０００円
オフィス向け複合機	ＢＧ－３	６７５，０００円

以　上

枠内で均等割付けする。
枠内で右寄せする。
右寄せし、行末に１文字分スペースを入れる。

平素（へいそ）………ふだん。つねひごろ。
格別（かくべつ）………普通の程度とは違っていること。

「�‪◌◌‬」…字間を空ける　　「◌◌」トル…余分字を削除し詰める　　「◌◌◌／◌◌◌」…行を続ける

【3級-7】 1行を30字、1ページを28行に設定し、ヘッダーに左寄せでクラス、出席番号、名前を入力し、次の文書を問題の指示や校正記号に従い作成しなさい。（制限時間15分）

資発第１２４号
令和４年８月５日

アラキ産業株式会社

営業部長　安井　一馬　様

大阪市北区中之島１－３
株式会社　相生建設
資材部長　北川　信司

商品お見積依頼のご確認について ←──一重下線を引き、センタリングする。
拝啓　時下ますますご発展のこととお喜び申し上げます。平素りよ格別のお引き立てを賜り、誠にありがとうございます。
　さて、７月８日付けにてご依頼いたしました下記の件につきまして、まだ弊社に届いておりません。業務の都合上、至急ご確認をいただいて、ご送付ください。
　なお、すでに送付済みの場合には、悪しからずご諒承くださいますようお願い申し上げます。　　　　　　　　　　　　　　　敬　具

記 ←──センタリングする。

表の行間は2.0とし、センタリングする。

品　　番	品　　　名	数　量
ＢＫ－６７００	変形シリコーン樹脂	４８０本
ＡＳ－４Ｌ	高耐久性多目的防水テープ	９５０個

以　上

枠内で均等割付けする。
右寄せし、行末に１文字分スペースを入れる。

時下（じか）……………手紙のあいさつに用いる。このごろ。
業務（ぎょうむ）…………継続して行う仕事のこと。
至急（しきゅう）

「＜」…行間を詰める　　「◯◯」…文字を入れ替える　　「◯◯△」…誤字訂正

98

【3級-8】 1行を30字、1ページを28行に設定し、ヘッダーに左寄せでクラス、出席番号、名前を入力し、次の文書を問題の指示や校正記号に従い作成しなさい。(制限時間15分)

編発第５６２号 ←――――――――――――― 左寄せする。
令和４年８月１８日 ←―――――

株式会社　ブックランド
　営業部長　横山　勝昭　様

　　　　　　　　　千代田区大手町１－３－４
　　　　　　　　　大手町出版株式会社
　　　　　　　　　　編集部長　山下　慎太郎

発売遅延のおわび ←―― フォントは横200％(横倍角)にし、センタリングする。　トル
拝啓　貴社ますますご隆盛のこととお喜び申し上げますす。
　さて、８月２５日の発売に向け制作をしておりましたプレミアム写真集は、掲載の手続きが煩雑な写真が多く、完本時期が大幅に遅れております。
書店様には、大変ご迷惑をおかけしております。
　弊社では、一日も早くお届けすべく作業を進めて参りますで、今しばらくお待ちくださいますよう、お願い申し上げます。
　　　　　　　　　　　　　　　　　　　　　　　敬　具

　　　　　　　　　　記

表の行間は2.0とし、センタリングする。

番　　号	書　　　　　名	更新納期
ＮＡ－５	日本の国宝豪華写真集	９月２０日
ＳＩＢ－７	世界遺産写真集	１０月１７日

枠内で均等割付けする。　　　　　　枠内で右寄せする。

以　上
右寄せし、行末に１文字分スペースを入れる。

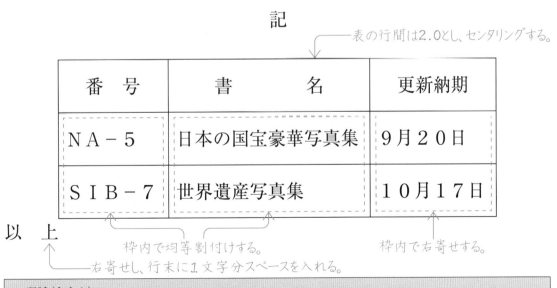

遅延(ちえん)
掲載(けいさい)………新聞や本などに文章・写真などをのせること。
煩雑(はんざつ)………こみいっていてわずらわしいこと。　弊社(へいしゃ)
納期(のうき)…………商品などを納める期限や時期。

「○○」トル…余分字を削除し詰める　　「○○○／○○○」…行を続ける　　「○○」…脱字補充

【3級－9】 1行を30字、1ページを29行に設定し、ヘッダーに左寄せでクラス、出席番号、名前を入力し、次の文書を問題の指示や校正記号に従い作成しなさい。（制限時間15分）

剣商発第２５３号
令和４年９月８日

株式会社〜千葉中央銀行　トルアキ
　人事部長　藤本　康志　様

成田市花崎町７６０－１
　千葉県立剣商業高等学校
　校長　野辺山　真之介

応募関係書類の送付について ←―― 一重下線を引き、センタリングする。
拝啓　貴行ますますご発展のこととお喜び申し上げます。日頃より本校の教育活動につきまして、ご理解・ご支援をいただき、誠にありがとうございます。
　このたび、貴行の求人募集に応募するにあたり、ご指示　のありました応募書類を送付いたしますので、ご確認ください。
　つきましては、後日、採用試験の詳細について、お知らせいただきたく、よろしくお願い申し上げます。
敬　具 ←―― 右寄せし、行末に１文字分スペースを入れる。

記 ←―― センタリングする。

表の行間は2.0とし、センタリングする。

応募者	学　　科	職　　　　種
内川　　光	会計ビジネス科	経理一般事務
森口幸太郎	情報ＩＣＴ科	情報・サーバー管理

枠内で均等割付けする。

以　上

貴行（きこう）…………相手の銀行の敬称。御行（おんこう）。
詳細（しょうさい）………詳しくて細かなこと。

「○○○」…余分字を削除し空ける　トルアキ　「○△○」…字詰め

【3級-10】 1行を30字、1ページを28行に設定し、ヘッダーに左寄せでクラス、出席番号、名前を入力し、次の文書を問題の指示や校正記号に従い作成しなさい。(制限時間15分)

販発第１６５号
令和４年９月２６日

臨海物産株式会社
　営業部長　大森　広美　様

千代田区飯田橋８-３
株式会社　南関東産業
販売部長　鳥羽　正雄

展示会開催のご案内 ←──── フォントは横200%(横倍角)にし、センタリングする。

　拝啓　貴社ますますご隆盛のこととお喜び申し上げます。平素より格別のご高配を賜り、厚く御礼申し上げます。

　さて、毎年恒例として開催しております秋の展示会を、日頃からご愛顧をいただいております皆様をお招きし、今年度も下記の要領にて催します。この特別展示会にお越しいただきまして、ぜひともご注文を賜りますようよろしくお願い申し上げます。

敬　具

記 ←──── センタリングする。

──── 表の行間は2.0とし、センタリングする。

日　　時	商　　品	会　　　　場
１０月１７日	婦人用衣料品	国際モール東館
１０月１８日	装飾小物	国際モール中央館／新館

枠内で均等割付けする。

以　上

──── 右寄せし、行末に１文字分スペースを入れる。

高配(こうはい)………他人を敬ってその心配りをいう語。　賜(たまわ)り
愛顧(あいこ)………「いつも使ってもらっている」という意味。
要領(ようりょう)・催(もよお)し・装飾(そうしょく)

「✓」…脱字補充　　「＜」…行間を詰める　　「∩∪」…文字を入れ替える

【3級－11】 1行を30字、1ページを28行に設定し、ヘッダーに左寄せでクラス、出席番号、名前を入力し、次の文書を問題の指示や校正記号に従い作成しなさい。（制限時間15分）

販発第２８７号 ← 右寄せする。
令和４年１０月１１日 ←

株式会社 <u>ｍｏｏ</u>電器
　仕入部長　川上　直樹　様

　　　　　　　　　　　長崎市桜町２－２２
　　　　　　　　　　　　ソフト開発販売株式会社
　　　　　　　　　　　　　販売部長　青山　優太郎

フォントは横200％（横倍角）にし、一重下線を引き、センタリングする。
<u>商品の発送について</u> ←

拝啓　貴社ますますご発展のこととお喜び申し上げま~~す~~。　トル

　さて、先日の展示会では、新商品についての貴重なご意見とともに、ご注文を賜りありがとうございました。ご注文いただきました商品につきましては、在庫を確認し発送いたしました。なお、商品の梱包には慎重を期すように、担当には指示していますが、不備がございましたらご連絡をお願いいたします。

　　　　　　　　　　　　　　　　　　　　　　　敬　　具 ← 右寄せし、行末に1文字分スペースを入れる。

記

表の行間は2.0とし、センタリングする。

品　　番	品　　　　　名	数　　量
ＫＳ－６３８	ＮＥＷ会計ソフト	２４，５００本
ＧＷ－７９	画像アートＶｅｒ．８	９，６００本

　　　　　　　　　　　　　　　　　　　　　　　　以　　上

枠内で均等割付けする。　　　　枠内で右寄せする。

梱包（こんぽう）………包装し、荷造りをすること。また、その荷物。
慎重（しんちょう）

「○○○」…大文字にする（欧文）　「~~○~~○○」…余分字を削除し詰める　「○|○○」…行を起こす

【3級-12】 1行を30字、1ページを29行に設定し、ヘッダーに左寄せでクラス、出席番号、名前を入力し、次の文書を問題の指示や校正記号に従い作成しなさい。（制限時間15分）

企発第１２８号
令和４年５月１３日

株式会社Ｐプランニング
　営業部長　新妻　秀人　様

港区芝公園１－６－９
ギャラリー麻布株式会社
企画部長　花田　奈保子

——————フォントは横200%(横倍角)にし、一重下線を引き、センタリングする。

展示会場のご案内
拝啓　貴社ますますご発展のこととお喜び申し上げ ます。

　さて、このたび弊社では、新たに展示会場をオープンいたしました。各施設とも可動パーテーションにより、多目的に使用することが可能となっています。また、ご利用料金は下記のとおりとなっていますので、ご検討のほどお願いいたします。

　なお、施設の詳細については、別途資料をご用意しておりますので、後日付送させていただきます。

敬　　具 ←—— 右寄せし、行末に１文字分スペースを入れる。

記 ←—— センタリングする。

———— 表の行間は2.0とし、センタリングする。

会　　　場	概　　　　　　要	１日使用料金
多目的ホール	ご利用に合わせたスタイル	７０万円
ホワイエ	高級感あふれる開放的な空間	４５万円

以　　上

枠内で均等割付けする。　　　　　　枠内で右寄せする。

別途（べっと）…………別の方法。
概要（がいよう）………全体の内容をまとめたもの。

「○○」…字間を空ける　　「○○」…脱字補充　　「○○」…文字を入れ替える

販発第８１９号
令和４年５月２０日

株式会社　カワウチドラッグ
　営業部長　山中　友子　様

富士吉田市松山３－７
山梨製薬株式会社
販売部長　根岸　俊之

試供品の送付について　← フォントは横200%（横倍角）にし、一重下線を引き、センタリングする。

拝啓　貴社ますますご発展のこととお喜び申し上げます。

　さて、秋に発売を予定している製品のうち、下記の二種類について製造を開始しました。現在は、本格的な生産活動に入る準備段階として、消費者に配布するお試し品を製造しております。

　つきましては、貴社の直営店および系列店にて、弊社の試供品を配布していただきたいと存じます。なお、新商品の正式な発売日については、決定後にご連絡いたします。

敬　具

記 ←──センタリングする。

┌─ 表の行間は2.0とし、センタリングする。

品　　名	特　　　　徴	送付数量
リラックスＳ	天然ハーブのシャンプー	６００個
グッスリー	毎日の睡眠を優しくサポート	１，２００錠

以　上

枠内で均等割付けする。
右寄せし、行末に１文字分スペースを入れる。
枠内で右寄せする。

「○○○／○○○」…行を続ける　「○＾○」…字詰め

【3級－14】 1行を30字、1ページを29行に設定し、ヘッダーに左寄せでクラス、出席番号、名前を入力し、次の文書を問題の指示や校正記号に従い作成しなさい。（制限時間15分）

営発第２７９号　　　　　　　　　　　右寄せする。
令和４年５月２６日

　　　　　　　　　トルアキ
株式会社社ナデシコ販売
　仕入部長　島岡　美月　様

　　　　　　　　　　　　福岡市中央区天神１－８
　　　　　　　　　　　　ライズ工業株式会社
　　　　　　　　　　　　　営業部長　前橋　文太

　　　　　　　　フォントは横200％（横倍角）にし、センタリングする。
納品遅延のお詫びについて

謹啓　貴社ますますご繁栄のこととお喜び申し上げます。
　さて、先日の電話でもご連絡いたしましたが、ご注文をいただいた商品について、期日中に納入することが難しくなりました。弊社の取引業者のトラブルで、発注していた部品の納品の遅れが原因ですが、ご迷惑をおかけいたします。なお、今後はこのようなことがないように、取引業者との確認を十分に注意いたしますのでよろしくお願い申し上げます。

　　　　　　　　　　　　　　　　　　　　　　敬　白

記　　　センタリングする。

表の行間は2.0とし、センタリングする。

品　　番	品　　名	数　　量
ＳＶＥ－５８４	オフィスサポート	５，８００個
ＧＵＸ－６４２７	ＤＸファイル	１２，３００個

　　　　　　　　　　　　　　　　　　　　　　　以　上

枠内で均等割付けする。　　　　枠内で右寄せする。

謹啓（きんけい）………手紙のはじめに書くあいさつの言葉。敬白（けいはく）や敬具と対応して用いる。
繁栄（はんえい）………さかえること。

「○○○」…余分字を削除し空ける　　「＜」…行間を詰める　　「○○○」…行を起こす
　トルアキ

5 筆記編　機械・機械操作

　ここでは主に、筆記①②で出題される用語と用語の意味を学習しよう。赤下線の部分は特に大切な部分です。しっかり覚えましょう。

1 一　般

用語	意味
ワープロ（ワードプロセッサ）	文書の作成、編集、保存、印刷のためのアプリケーションソフトのこと。
書式設定	用紙サイズ・用紙の方向・1行の文字数・1ページの行数など、作成する文書の体裁（スタイル）を定める作業のこと。
余白（マージン）	文書の上下左右に設けた何も印刷しない部分のこと。この広さやバランスは、文書の体裁（スタイル）に影響を与える。
全角文字	日本語を入力するときの標準サイズとなる文字のこと。高さと横幅とが1：1の正方形になる。2バイト系文字ともいう。
半角文字	横幅が全角文字の半分である文字のこと。高さと横幅とが1：0.5の長方形になる。
横倍角文字	横幅が全角文字の2倍である文字のこと。高さと横幅とが1：2の長方形になる。横200％と表示されることもある。
アイコン	ファイルの内容やソフトの種類、機能などを小さな絵や記号で表現したもの。デスクトップに表示されるファイルアイコンの他、フォルダやマウスカーソルのアイコンなどもある。
フォントサイズ	画面での表示や印刷する際の文字の大きさのこと。10～12ポイントが標準である。
フォント	画面での表示や印刷する際の文字のデザインのこと。 （例）　明　朝　体　フォント・みんちょうたい 　　　　ゴシック体　フォント・ごしっくたい
プロポーショナルフォント	文字ごとに最適な幅を設定するフォントのこと。同じ文字間隔では等幅フォントより多くの文字を配置できる。
等幅フォント	文字ピッチを均等にするフォントのこと。どの文字も同じ幅で表示するため、行ごとの文字数が同じになる。
言語バー	画面上で、日本語入力の状態を表示する枠のこと。
ヘルプ機能	作業に必要な解説文を検索・表示する機能のこと。F1キーで起動する。
テンプレート	定型文書を効率よく作成するために用意された文書のひな形のこと。

② 入 力

IME	日本語入力のためのアプリケーションソフトのこと。
クリック	マウスの左ボタンを押す動作のこと。
ダブルクリック	マウスの左ボタンを素早く2度続けてクリックする動作のこと。
ドラッグ	マウスの左ボタンを押したまま、マウスを動かすこと。
タッチタイピング	キーボードを見ないで、すべての指を使いタイピングする技術のこと。
学習機能	かな漢字変換において、ユーザの利用状況をもとにして、同音異義語の表示順位などを変える機能のこと。
グリッド（グリッド線）	画面に表示される格子状の点や線のこと。文字や図形の入力位置を把握するために利用する。
デスクトップ	ディスプレイ上で、アプリケーションのウィンドウやアイコンを表示する領域のこと。ディスプレイに表示されているファイルやフォルダを保存する記憶領域（フォルダ）でもある。
ウィンドウ	デスクトップ上のアプリケーションソフトの表示領域および作業領域のこと。
マウスポインタ（マウスカーソル）	マウスを操作することにより、画面上での選択や実行などの入力位置を示すアイコンのこと。
カーソル	文字入力の位置と状態を示すアイコンのこと。
プルダウンメニュー	ウィンドウや画面の上段に表示されている項目をクリックして、より詳細なコマンドがすだれ式に表示されるメニューのこと。
ポップアップメニュー	画面上のどの位置からでも開くことができるメニューのこと。

3 キー操作

ショートカットキー	同時に打鍵することにより、<u>特定の操作を素早く実行する複数のキーの組み合わせ</u>のこと。
ファンクションキー	<u>OSやソフトが特定の操作を登録する F 1 から F 12 までのキー</u>のこと。
テンキー	<u>0から9までのキーを電卓のように配列したキー群</u>のこと。
F 1	<u>「ヘルプの表示」を実行するキー</u>のこと。
F 6	<u>「ひらがなへの変換」をするキー</u>のこと。
F 7	<u>「全角カタカナへの変換」をするキー</u>のこと。
F 8	ひらがなとカタカナは<u>「半角カタカナへの変換」、英数字はF10と同じ変換をするキー</u>のこと。
F 9	<u>「全角英数への変換」と「大文字小文字の切り替え」をするキー</u>のこと。
F 10	<u>「半角英数への変換」と「大文字小文字の切り替え」をするキー</u>のこと。
NumLock	<u>「テンキーの数字キーのON/OFF」を切り替えるキー</u>のこと。
Shift+CapsLock	<u>「英字キーのシフトのON/OFF」を切り替えるショートカットキー</u>のこと。
BackSpace	<u>カーソルの左の文字を消去するキー</u>のこと。また、選択した文字やオブジェクトを削除する。
Delete	<u>カーソルの右の文字を消去するキー</u>のこと。また、選択した文字やオブジェクトを削除する。
Insert	<u>「上書きモードのON/OFF」を切り替えるキー</u>のこと。
Tab	<u>指定された位置に、カーソルを順送りするキー</u>のこと。
Shift+Tab	<u>指定された位置に、カーソルを逆戻りするキー</u>のこと。
Esc	<u>キャンセルの機能を実行するキー</u>のこと。
Alt	<u>キー操作によるツールバーのメニュー選択を開始するキー</u>のこと。ショートカットキーの修飾をするキーとしても使う。
Ctrl	<u>単独では機能せず、ショートカットキーの修飾をするキー</u>のこと。
PrtSc	<u>表示した画面のデータをクリップボードに保存するキー</u>のこと。

４ 出　力

用語	説明
インクジェットプリンタ	液体のインクを用紙に吹き付けて印刷するタイプのプリンタのこと。
レーザプリンタ	レーザ光線を用いて、トナーを用紙に定着させて印刷するプリンタのこと。
ディスプレイ	出力装置の一つで、文字や図形などを表示する装置のこと。
スクロール	ディスプレイの表示内容を上下左右に少しずつ移動させ、隠れて見えなかった部分を表示すること。
プリンタ	出力装置の一つで、文字や図形などを印刷する装置のこと。
プリンタドライバ	プリンタを制御するためのソフトウェア（デバイスドライバ）のこと。使用するプリンタに対応したプリンタドライバをインストールしないと、印刷できない。
プロジェクタ	パソコンやビデオなどからの映像をスクリーンに投影する装置のこと。プレゼンテーションで用いるスライドや映像を提示する。
スクリーン	ＯＨＰやプロジェクタの提示画面を投影する幕のこと。
用紙サイズ	プリンタで利用する用紙の大きさのこと。ＪＩＳ規格ではＡ判系列とＢ判系列があり、同じ数字ではＢ判の方が大きい。数字が一つ大きくなると、面積は２倍になる。
印刷プレビュー	印刷前に仕上がり状態をディスプレイ上に表示する機能のこと。
Ａサイズ（Ａ３・Ａ４）	ビジネス文書の国際的な標準サイズのこと。ＪＩＳとＩＳＯで規格されている。210×297mmの用紙がＡ４で、数字は大きさの序列を意味し、Ａ４の半分がＡ５、２倍がＡ３である。
Ｂサイズ（Ｂ４・Ｂ５）	主に日本国内で使われる用紙サイズ（ローカル基準）のこと。257×364mmの用紙がＢ４で、数字は大きさの序列を意味し、Ｂ４の半分がＢ５、２倍がＢ３。Ａ４はＢ４とＢ５の中間サイズである。
インクジェット用紙	インク溶液の発色や吸着に優れた印刷用紙のこと。写真などの印刷には発色が足りず不向きである。塗料を塗布しているので、塗布していない裏面への印刷や、コピー機やページプリンタに対応していない用紙の場合は、不具合が生じることがある。
フォト用紙	写真などのフルカラー印刷に適した、インクジェットプリンタ専用の印刷用紙のこと。裏面やページプリンタでは印刷できない。
デバイスドライバ	ＵＳＢメモリやプリンタなど、パソコンに周辺装置を接続し利用するために必要なソフトウェアのこと。周辺装置のメーカーから供給され、接続するとそのセットアップが求められる。

5 編　集

右寄せ（右揃え）	入力した文字列などを行の右端でそろえること。
センタリング（中央揃え）	入力した文字列などを行の中央に位置付けること。
左寄せ（左揃え）	入力した文字列などを行の左端でそろえること。
禁則処理	行頭や行末にあってはならない句読点や記号などを行末や行頭に強制的に移動する処理のこと。「、」や「。」などは行頭から行末に、「(」や「¥」などは行末から行頭に移動する。
均等割付け	範囲指定した文字列を任意の長さの中に均等な間隔で配置する機能のこと。 （例）|Ｊａｖａ実習ノート| 　　　|情　報　処　理　用　語　集| 　　　|簿　記　仕　訳　帳| 　　　|←──均等割付け──→|
文字修飾	文字の書体を変えたり、模様を付けたりして、文章の一部を強調する機能のこと。**下線、太字（ボールド）、斜体（イタリック）、中抜き、影付き**などがある。 （例）　下線　　　　　　　　文字修飾 　　　　太字（ボールド）　　**文字修飾** 　　　　斜体（イタリック）　*文字修飾* 　　　　中抜き　　　　　　　文字修飾 　　　　影付き　　　　　　　文字修飾 ※文字修飾の種類は個別に出題されることがあります。
カット＆ペースト	文字やオブジェクトを切り取り、別の場所に挿入する編集作業のこと。
コピー＆ペースト	文字やオブジェクトを複製し、別の場所に挿入する編集作業のこと。

6 記 憶

保存	作成した文書データをファイルとして記憶すること。最初に保存する際は、名前を付けて保存になる。
名前を付けて保存	文書データに新しいファイル名や拡張子を付けて保存すること。読み込んだ文書データに別のファイル名を付けて保存すると、以前のファイルはそのまま残る。
上書き保存	読み込んだ文書データを同じファイル名と拡張子で保存すること。以前のファイルは無くなる。
フォルダ	ファイルやプログラムなどのデータを保存しておく場所のこと。
フォーマット（初期化）	記憶媒体をデータの読み書きができる状態にすること。
単漢字変換	日本語入力システムによるかな漢字変換で、漢字に1文字ずつ変換すること。
文節変換	日本語入力システムによるかな漢字変換で、文節ごとに変換すること。
辞書	日本語入力システムで、変換処理に必要な読み仮名に対応した漢字などのデータを収めたファイルのこと。
ごみ箱	不要になったファイルやフォルダを一時的に保管する場所のこと。「ごみ箱を空にする」操作を行うと、ハードディスクから消去される。
互換性	異なる環境であっても同様に使える性質のこと。例えば、互換性のあるテキストファイルを介して、他のソフトと文字データの交換ができる。
ファイル	パソコンでデータを扱うときの基本単位となるデータのまとまりのこと。
ドライブ	ハードディスク、USBメモリ、CD／DVDなどに、データを読み書きする装置のこと。
ファイルサーバ	端末装置から読み書きできる外部記憶領域を提供するシステムのこと。提供される記憶領域は、端末からフォルダの一つとして認識され、他の人とのデータ共有もできる。
ハードディスク	磁性体を塗布した円盤を組み込んだ代表的な補助記憶装置のことで、パソコンに内蔵してOSなどシステムに必要なデータを記憶するとともに、作成した文書やデータを保存する。
USBメモリ	半導体で構成された外付け用の補助記憶装置のこと。装置が小さく大容量で、読み書きも速く、取り外しが容易である。

7 マーク・ランプの呼称と意味

マーク	呼称	意味
|	電源オン	電源を入れるスイッチに表示する。
◯	一重丸（電源オフ）	電源を切るスイッチに表示する。
⏻	電源マーク	電源スイッチに表示する。
⏼	電源オンオフ	電源のOn/Offを切り替えるスイッチに表示する。
☾	電源スリープ	スリープ状態のOn/Offを切り替えるスイッチに表示する。
📶	無線LAN	無線LANを示す。
•⟝	USB	USBの規格で通信できるケーブルや端子に表示する。
⊘	電源ランプ	電源のOn/Off/Sleepの状態を示す。
⊟	アクセスランプ	ハードディスクで読み書きしている状況を示す。
▭	バッテリーランプ	バッテリーの残量や充電の状況を示す。
🔒1	NumLockランプ	NumLockが有効（テンキーが数字キーの状態）であることを示す。
🔒A	CapsLockランプ	CapsLockが有効（英字キーが大文字の状態）であることを示す。
🔒↓	ScrollLockランプ	ScrollLockが有効（矢印キーでスクロールできる状態）であることを示す。

筆記編①対策問題

【①-1】 次の各用語に対して、最も適切な説明文を解答群の中から選び、その記号を解答欄に記入しなさい。

① アイコン   ② プロジェクタ   ③ フォーマット（初期化）

④ 用紙サイズ   ⑤ ドライブ   ⑥ コピー＆ペースト

⑦ 学習機能   ⑧ ポップアップメニュー

【解答群】

ア．記憶媒体をデータの読み書きができる状態にすること。

イ．画面上のどの位置からでも開くことができるメニューのこと。

ウ．ハードディスク、USBメモリ、CD／DVDなどにデータを読み書きする装置のこと。

エ．かな漢字変換において、ユーザの利用状況をもとにして、同音異義語の表示順位などを変える機能のこと。

オ．ファイルの内容やソフトの種類、機能などを小さな絵や記号で表現したもの。

カ．プリンタで利用する用紙の大きさのこと。

キ．文字やオブジェクトを複製し、別の場所に挿入する編集作業のこと。

ク．パソコンやビデオなどからの映像をスクリーンに投影する装置のこと。

①-1	①	②	③	④	⑤	⑥	⑦	⑧

【①-2】 次の各文は何について説明したものか、最も適切な用語を解答群の中から選び、その記号を解答欄に記入しなさい。

① 文字やオブジェクトを切り取り、別の場所に挿入する編集作業のこと。

② ウィンドウや画面の上段に表示されている項目をクリックして、より詳細なコマンドがすだれ式に表示されるメニューのこと。

③ プリンタを制御するためのソフトウェア（デバイスドライバ）のこと。

④ 印刷前に仕上がり状態をディスプレイ上に表示する機能のこと。

⑤ 入力した文字列などを行の中央に位置付けること。

⑥ パソコンでデータを扱うときの基本単位となるデータのまとまりのこと。

⑦ 横幅が全角文字の半分である文字のこと。高さと横幅とが1：0.5の長方形になる。

⑧ 磁性体を塗布した円盤を組み込んだ代表的な補助記憶装置のこと。

【解答群】

ア．プリンタドライバ   イ．ファイル   ウ．カット＆ペースト

エ．ハードディスク   オ．印刷プレビュー   カ．プルダウンメニュー

キ．半角文字   ク．センタリング

①-2	①	②	③	④	⑤	⑥	⑦	⑧

【①-3】 次の各用語に対して、最も適切な説明文を解答群の中から選び、その記号を解答欄に記入しなさい。

① カーソル   ② ワープロ（ワードプロセッサ）   ③ A 4

④ 保存   ⑤ 右寄せ（右揃え）   ⑥ プリンタ

⑦ 余白（マージン）   ⑧ フォルダ

【解答群】

ア．ビジネス文書の国際的な標準サイズで、210×297mmの用紙のこと。

イ．出力装置の一つで、文字や図形などを印刷する装置のこと。

ウ．ファイルやプログラムなどのデータを保存しておく場所のこと。

エ．文字入力の位置と状態を示すアイコンのこと。

オ．文書の上下左右に設けた何も印刷しない部分のこと。

カ．作成した文書データをファイルとして記憶すること。

キ．入力した文字列などを行の右端でそろえること。

ク．文書の作成、編集、保存、印刷のためのアプリケーションソフトのこと。

	①	②	③	④	⑤	⑥	⑦	⑧
①-3								

【①-4】 次の各文は何について説明したものか、最も適切な用語を解答群の中から選び、その記号を解答欄に記入しなさい。

① 文字の書体を変えたり、模様を付けたりして、文章の一部を強調する機能のこと。下線、太字（ボールド）、斜体（イタリック）、中抜き、影付きなどがある。

② 定型文書を効率よく作成するために用意された文書のひな形のこと。

③ 主に日本国内で使われる用紙サイズ（ローカル基準）で、257×364mmの用紙のこと。

④ マウスを操作することにより、画面上での選択や実行などの入力位置を示すアイコンのこと。

⑤ 文書データに新しいファイル名や拡張子を付けて保存すること。

⑥ 異なる環境であっても同様に使える性質のこと。

⑦ ディスプレイの表示内容を上下左右に少しずつ移動させ、隠れて見えなかった部分を表示すること。

⑧ キーボードを見ないで、すべての指を使いタイピングする技術のこと。

【解答群】

ア．タッチタイピング   イ．B 4   ウ．名前を付けて保存

エ．文字修飾   オ．互換性   カ．テンプレート

キ．スクロール   ク．マウスポインタ（マウスカーソル）

	①	②	③	④	⑤	⑥	⑦	⑧
①-4								

【①-5】 次の各用語に対して、最も適切な説明文を解答群の中から選び、その記号を解答欄に記入しなさい。

① ウィンドウ　　　　　　② ドラッグ　　　　　　③ 上書き保存
④ ごみ箱　　　　　　　　⑤ ディスプレイ　　　　⑥ インクジェット用紙
⑦ 言語バー　　　　　　　⑧ USBメモリ

【解答群】

ア．読み込んだ文書データを同じファイル名と拡張子で保存すること。以前のファイルは無くなる。

イ．インク溶液の発色や吸着に優れた印刷用紙のこと。

ウ．マウスの左ボタンを押したまま、マウスを動かすこと。

エ．出力装置の一つで、文字や図形などを表示する装置のこと。

オ．半導体で構成された外付け用の補助記憶装置のことで、装置が小さく大容量で、読み書きも速く、取り外しが容易である。

カ．デスクトップ上のアプリケーションソフトの表示領域および作業領域のこと。

キ．画面上で、日本語入力の状態を表示する枠のこと。

ク．不要になったファイルやフォルダを一時的に保管する場所のこと。

	①	②	③	④	⑤	⑥	⑦	⑧
①-5								

【①-6】 次の各文は何について説明したものか、最も適切な用語を解答群の中から選び、その記号を解答欄に記入しなさい。

① 日本語入力システムによるかな漢字変換で、漢字に1文字ずつ変換すること。
② ディスプレイ上で、アプリケーションのウィンドウやアイコンを表示する領域のこと。
③ 文字ごとに最適な幅を設定するフォントのこと。
④ マウスの左ボタンを素早く2度続けてクリックする動作のこと。
⑤ 写真などのフルカラー印刷に適した、インクジェットプリンタ専用の印刷用紙のこと。
⑥ レーザ光線を用いて、トナーを用紙に定着させて印刷するプリンタのこと。
⑦ 範囲指定した文字列を任意の長さの中に均等な間隔で配置する機能のこと。
⑧ 日本語入力システムで、変換処理に必要な読み仮名に対応した漢字などのデータを収めたファイルのこと。

【解答群】

ア．レーザプリンタ　　　　イ．デスクトップ　　　　ウ．辞書
エ．ダブルクリック　　　　オ．単漢字変換　　　　　カ．フォト用紙
キ．均等割付け　　　　　　ク．プロポーショナルフォント

	①	②	③	④	⑤	⑥	⑦	⑧
①-6								

【1－7】 次の各用語に対して、最も適切な説明文を解答群の中から選び、その記号を解答欄に記入しなさい。

① インクジェットプリンタ　　② フォントサイズ　　③ 禁則処理
④ デバイスドライバ　　⑤ 文節変換　　⑥ フォルダ
⑦ クリック　　⑧ グリッド（グリッド線）

【解答群】
ア．USBメモリやプリンタなど、パソコンに周辺装置を接続し利用するために必要なソフトウェアのこと。
イ．行頭や行末にあってはならない句読点や記号などを行末や行頭に強制的に移動する処理のこと。
ウ．ファイルやプログラムなどのデータを保存しておく場所のこと。
エ．画面に表示される格子状の点や線のこと。
オ．液体のインクを用紙に吹き付けて印刷するタイプのプリンタのこと。
カ．マウスの左ボタンを押す動作のこと。
キ．日本語入力システムによるかな漢字変換で、文節ごとに変換すること。
ク．画面での表示や印刷する際の文字の大きさのこと。10 ～ 12ポイントが標準である。

	①	②	③	④	⑤	⑥	⑦	⑧
1－7								

筆記編2対策問題

【2－1】 次の各文の下線部について、正しい場合は○を、誤っている場合は最も適切な用語を解答群の中から選び、その記号を解答欄に記入しなさい。

① 文字の書体を変えたり、模様を付けたりして、文章の一部を強調する機能のことを**文字修飾**という。下線、太字（ボールド）、斜体（イタリック）、中抜き、影付きなどがある。
② 写真などのフルカラー印刷に適した、インクジェットプリンタ専用の印刷用紙のことを**用紙サイズ**という。
③ 端末装置から読み書きできる外部記憶領域を提供するシステムのことを**ドライブ**という。
④ マウスを操作することにより、画面上での選択や実行などの入力位置を示すアイコンのことを**ウィンドウ**という。
⑤ **保存**とは、作成した文書データをファイルとして記憶することである。
⑥ 画面での表示や印刷する際の文字のデザインのことを**フォントサイズ**という。
⑦ レーザ光線を用いて、トナーを用紙に定着させて印刷するプリンタのことを**プリンタドライバ**という。
⑧ 画面に表示される格子状の点や線のことを**デスクトップ**という。

【解答群】
ア．レーザプリンタ　　イ．ファイルサーバ　　ウ．禁則処理
エ．フォト用紙　　オ．フォント　　カ．グリッド（グリッド線）
キ．フォルダ　　ク．マウスポインタ（マウスカーソル）

	①	②	③	④	⑤	⑥	⑦	⑧
2－1								

【②-2】　次の各文の下線部について、正しい場合は○を、誤っている場合は最も適切な用語を解答群の中から選び、その記号を解答欄に記入しなさい。

① 範囲指定した文字列を任意の長さの中に均等な間隔で配置する機能のことを**文字修飾**という。

② ディスプレイの表示内容を上下左右に少しずつ移動させ、隠れて見えなかった部分を表示することを**スクロール**という。

③ インク溶液の発色や吸着に優れた印刷用紙のことを**フォト用紙**という。

④ 文字ピッチを均等にするフォントのことを**プロポーショナルフォント**という。

⑤ 記憶媒体をデータの読み書きができる状態にすることを**保存**という。

⑥ マウスの左ボタンを押す動作のことを**クリック**という。

⑦ ディスプレイ上で、アプリケーションのウィンドウやアイコンを表示する領域のことを**カーソル**という。

⑧ 日本語入力システムで、変換処理に必要な読み仮名に対応した漢字などのデータを収めたファイルのことを**互換性**という。

【解答群】

ア．スクリーン　　　　イ．フォーマット（初期化）　　ウ．デスクトップ

エ．均等割付け　　　　オ．等幅フォント　　　　　　　カ．辞書

キ．ドラッグ　　　　　ク．インクジェット用紙

	①	②	③	④	⑤	⑥	⑦	⑧
②-2								

【②-3】　次の各文の下線部について、正しい場合は○を、誤っている場合は最も適切な用語を解答群の中から選び、その記号を解答欄に記入しなさい。

① 主に日本国内で使われる用紙サイズ（ローカル基準）で、257×364mmの用紙のことを**Ａ４**という。

② 行頭や行末にあってはならない句読点や記号などを行末や行頭に強制的に移動する処理のことを**均等割付け**という。

③ 日本語入力システムによるかな漢字変換で、漢字に1文字ずつ変換することを**単漢字変換**という。

④ 日本語入力のためのアプリケーションソフトのことを**言語バー**という。

⑤ マウスの左ボタンを素早く2度続けてクリックする動作のことを**ドラッグ**という。

⑥ デスクトップ上のアプリケーションソフトの表示領域および作業領域のことを**ポップアップメニュー**という。

⑦ プリンタを制御するためのソフトウェア（デバイスドライバ）のことを**プリンタドライバ**という。

⑧ 作業に必要な解説文を検索・表示する機能のことを**テンプレート**という。

【解答群】

ア．Ｂ４　　　　　　　イ．文節変換　　　　　　ウ．ＩＭＥ

エ．ヘルプ機能　　　　オ．禁則処理　　　　　　カ．ダブルクリック

キ．ディスプレイ　　　ク．ウィンドウ

	①	②	③	④	⑤	⑥	⑦	⑧
②-3								

【2−4】 次の各文の下線部について、正しい場合は○を、誤っている場合は最も適切な用語を解答群の中から選び、その記号を解答欄に記入しなさい。

① マウスの左ボタンを押したまま、マウスを動かすことを**ダブルクリック**という。

② パソコンでデータを扱うときの基本単位となるデータのまとまりのことを**フォルダ**という。

③ 出力装置の一つで、文字や図形などを印刷する装置のことを**プロジェクタ**という。

④ 文字やオブジェクトを複製し、別の場所に挿入する編集作業のことを**コピー＆ペースト**という。

⑤ 用紙サイズ・用紙の方向・1行の文字数・1ページの行数など、作成する文書の体裁（スタイル）を定める作業のことを**言語バー**という。

⑥ かな漢字変換において、ユーザの利用状況をもとにして、同音異義語の表示順位などを変える機能のことを**グリッド（グリッド線）**という。

⑦ USBメモリやプリンタなど、パソコンに周辺装置を接続し利用するために必要なソフトウェアのことを**印刷プレビュー**という。

⑧ 0から9までのキーを電卓のように配列したキー群のことを**ファンクションキー**という。

【解答群】

ア．デバイスドライバ 　　イ．プリンタ 　　ウ．ドラッグ
エ．書式設定 　　オ．テンキー 　　カ．ファイル
キ．学習機能 　　ク．カット＆ペースト

	①	②	③	④	⑤	⑥	⑦	⑧
2−4								

【2−5】 次の各文の下線部について、正しい場合は○を、誤っている場合は最も適切な用語を解答群の中から選び、その記号を解答欄に記入しなさい。

① キーボードを見ないで、すべての指を使いタイピングする技術のことを**ショートカットキー**という。

② プリンタを制御するためのソフトウェア（デバイスドライバ）のことを**プリンタドライバ**という。

③ 文字やオブジェクトを切り取り、別の場所に挿入する編集作業のことを**コピー＆ペースト**という。

④ 文字入力の位置と状態を示すアイコンのことを**デスクトップ**という。

⑤ 日本語を入力するときの標準サイズとなる文字のことを**横倍角文字**という。

⑥ 作成した文書データをファイルとして記憶することを**保存**という。

⑦ 印刷前に仕上がり状態をディスプレイ上に表示する機能のことを**プリンタ**という。

⑧ 日本語入力システムで、変換処理に必要な読み仮名に対応した漢字などのデータをおさめたファイルのことを**言語バー**という。

【解答群】

ア．カーソル 　　イ．印刷プレビュー 　　ウ．スクロール
エ．全角文字 　　オ．タッチタイピング 　　カ．フォルダ
キ．カット＆ペースト 　　ク．辞書

	①	②	③	④	⑤	⑥	⑦	⑧
2−5								

【2−6】 次の各文の下線部について、正しい場合は○を、誤っている場合は最も適切な用語を解答群の中から選び、その記号を解答欄に記入しなさい。

① 文書データに新しいファイル名や拡張子を付けて保存することを<u>名前を付けて保存</u>という。

② ファイルやプログラムなどのデータを保存しておく場所のことを<u>ＩＭＥ</u>という。

③ ウィンドウや画面の上段に表示されている項目をクリックして、より詳細なコマンドがすだれ式に表示されるメニューのことを<u>ポップアップメニュー</u>という。

④ 不要になったファイルやフォルダを一時的に保管する場所のことを<u>ごみ箱</u>という。

⑤ 入力した文字列などを行の右端でそろえることを<u>センタリング（中央揃え）</u>という。

⑥ 横幅が全角文字の２倍である文字のことを<u>半角文字</u>という。

⑦ プリンタで利用する用紙の大きさのことを<u>印刷プレビュー</u>という。

⑧ パソコンやビデオなどからの映像をスクリーンに投影する装置のことを<u>プリンタドライバ</u>という。

【解答群】

ア．プルダウンメニュー　　　　イ．用紙サイズ　　　　ウ．右寄せ（右揃え）
エ．上書き保存　　　　　　　　オ．プロジェクタ　　　カ．フォルダ
キ．横倍角文字　　　　　　　　ク．ドライブ

	①	②	③	④	⑤	⑥	⑦	⑧
2−6								

【2−7】 次の各文の下線部について、正しい場合は○を、誤っている場合は最も適切な用語を解答群の中から選び、その記号を解答欄に記入しなさい。

① ＯＨＰやプロジェクタの提示画面を投影する幕のことを<u>ディスプレイ</u>という。

② 画面での表示や印刷する際の文字のデザインのことを<u>書式設定</u>という。

③ 磁性体を塗布した円盤を組み込んだ代表的な補助記憶装置のことを<u>ハードディスク</u>という。

④ 画面上のどの位置からでも開くことができるメニューのことを<u>プルダウンメニュー</u>という。

⑤ 異なる環境であっても同様に使える性質のことを<u>学習機能</u>という。

⑥ ビジネス文書の国際的な標準サイズで、210×297mmの用紙を<u>Ｂ４</u>という。

⑦ 入力した文字列などを行の中央に位置付けることを<u>左寄せ（左揃え）</u>という。

⑧ 読み込んだ文書データを同じファイル名と拡張子で保存することを<u>上書き保存</u>という。

【解答群】

ア．ポップアップメニュー　　　イ．名前を付けて保存　　ウ．スクリーン
エ．Ａ４　　　　　　　　　　　オ．フォント　　　　　　カ．互換性
キ．ファイル　　　　　　　　　ク．センタリング

	①	②	③	④	⑤	⑥	⑦	⑧
2−7								

6 筆記編　文書の種類・文書の作成と用途

ここでは主に、筆記③④で出題される内容について学習しよう。

1. 文書の構成例

文書の構成について、基本的なことを理解してください。

販発第６９５号
令和○○年１月２７日

③受信者名　△

中村事務用品株式会社
□仕入部長　鈴木　拓哉　様
④敬称　△　　⑤発信者名
千代田区五番町５
□株式会社□野村商事
□□販売部長　新庄　太郎　印

⑦件名　△

時候の挨拶　新商品のご案内
⑧頭語　拝啓■風花の舞う今日このごろ、貴社ますますご発展のこととお喜び申し上げます。

■さて、このたび弊社では、春の入学シーズンを迎え、子どもたちに人気のあるキャラクター商品を中心に、数種類の文具セットをご用意いたしました。ぜひ、ご購入についてご検討をいただければ幸いです。

■まずは、見本を同封いたしますので、セット内容をご確認いただいて、ご注文を賜りますようお願い申し上げます。

敬□具□
⑨結語

△
記
△

品　番	品　　名	価　格
ＥＷ－３６４	文具セット一式	２，１００円
ＴＺ－５７	キャラクター文具セット	３，８００円

■なお、商品のお届けは、ご注文から１週間ほどかかりますので、ご了承をお願いします。
■同封物　カタログ及び価格表　⑮同封物指示

以□上□
担当　販売部販売課□□
三田　和宏□□

前付け　本文　後付け

①文書番号
②発信日付
⑥押印
⑩前文
⑪主文
⑫末文
⑬別記事項
⑭追伸（追って書き）
⑯担当者名

＊構成要素については、次のページに詳しく説明してあります。正しく理解してください。

注）■・□は１文字分、△は１行分を空けるという印です。

また、余白は上下・左右とも２０㎜以上３０㎜以下で、バランスよく作成してください。綴じるために、左を右より広くとることもあります。

2. 通信文書の構成

1 前付け

No.	構成要素	構成要素の説明	操作・機能
①	文書番号	会社ごとの文書規定などに基づいて付けた番号。発信簿（p.123）と受信簿（p.123）に記入する。 「販発第６９５号」 ⇨　販売部から発信された695番目の文書という意味。	右寄せ
②	発信日付	発送する予定の日を記入し、発信簿（p.123）に記帳する。	右寄せ
③	受信者名	受取人のこと。１行の場合は１字の字下げをする。	
④	敬称	敬称は、受信者によって使い分けることが必要である。 ＊様…個人１人に宛てる際に、氏名に付ける。 ＊殿…公共機関や組織から個人に送る場合や、目上の人から目下の人に宛てる際に付けることがあるが、一般的には「様」を用いる。 ＊各位…「会員」など複数の個人を意味する名称に付ける。 ＊御中…企業や委員会などの組織や団体に出す場合、団体名に付ける。 ＊先生…議員や医師、教師などの職に就く人の氏名に付ける。 ＊様方…世帯主（送り先）と受取人が違う場合、世帯主に付ける。 ＊行(宛)…返信用の宛先として発信者が自分の氏名に付ける。返信者は返信する際に二重線で消し、企業名などの場合は「御中」、個人の場合は「様」に書き換える。 　　例：山田　健太郎　行　様 ＊気付…送り先に所属していない組織・相手に送る際に、送り先に付ける。 　　例：○○結婚式場　気付　　○○新郎　様	
⑤	発信者名	差出人のこと。この文書の責任者となる。	右寄せから ２字空きに
⑥	押印	文書の責任の所在を示す印を、表示するまたは押す。役職に基づき、社印・職印・個人印などの印影を付ける。	

2 本文

No.	構成要素	構 成 要 素 の 説 明	操作・機能
⑦	件　　名	文書の内容を簡潔にまとめたもので、標題ともいう。	センタリング
⑧ ⑨	頭語・結語	頭語は、前文の最初に必要な語であり、後ろに句読点は付けない。結語は、最後に必要な語である。 ＊頭語と結語の関係 　　　　［使い方］　　　　　　［頭語］　　　　　　［結語］ ■最も一般的な例　　　　　拝啓　⇒　敬具・敬白 ■おめでたい内容の場合　　謹啓　⇒　謹言・謹白 ■返信の場合　　　　　　　拝復　⇒　敬具・敬答 ■親しい相手などで、　　　前略　⇒　草々・不一 　前文を省略する場合。 　※草々は**早々**と誤りやすいので注意する。	「結語」 ↓ 右寄せから 1字空きに
⑩	前　　文	時候や感謝の挨拶を述べる。	
⑪	主　　文	用件を述べる。「さて、」で始まることが多い。	
⑫	末　　文	用件をまとめるとともに、本文を締めくくる結びの挨拶を述べる。	
⑬	別記事項	主文を入れる内容であるが、わかりやすい文書にするため、「記」の後に「箇条書き・表組み」にしたりする。	「記」 ↓ センタリング

3 後付け

No.	構成要素	構 成 要 素 の 説 明	操作・機能
⑭	追　　伸 (追って書き)	主文で書き残した事項があった場合に書き添える。	
⑮	同封物指示	通信文書の内容や目的に関連した付属文書や物がある場合に、その名称と数を明記する。 別記事項の「記」には、最後に「以上」が必要となる。	「以上」 ↓ 右寄せから 1字空きに
⑯	担当者名	事務連絡などのために、所属・担当者の氏名などを記入する。	

3. 文書の種類 ＊赤下線の部分は特に大切な部分です。しっかり覚えましょう。

ビジネス文書	業務の遂行に必要な情報の伝達や意思の疎通、経過の記録などを目的として作成する書類や帳票のこと。ルールや作法があり、標準となる型（テンプレート）を持つことが多い。 　ビジネスの現場では、そのスキル（作成に必要な知識と高い技術）が求められる。
信書	郵便法で定められた、特定の受取人に対し、差出人の意思を表示し、または事実を通知する文書のこと。
通信文書	業務を行ったり、企業の内外の相手に連絡したりする文書のこと。電子メールなどのディジタル文書も含まれる。

帳票	必要事項を記入するためのスペースを設け、そのスペースに何を書けばよいのかを説明する最小限の語句が印刷された事務用紙のこと。
社内文書	社内の人や部署などに出す文書のこと。儀礼的な要素がほとんど無く、用件のみ記入してあるものが多い。
社外文書	社外の人や取引先などに出す文書のこと。儀礼的な要素を含み、時候の挨拶や末文の挨拶などを加える。
社交文書	ビジネスでの業務に直接関係のない、折々の挨拶や祝意などを伝える文書のこと。
取引文書	社外文書のうち、ビジネスでの業務に関する通知を目的とする文書のこと。

4. 文書の構成

社外文書の構成	ビジネス文書全体の組み立てのことで、「前付け」「本文」「後付け」からなる。
前付け	本文の前に付けるという意味で、文書番号・発信日付・受信者名・発信者名などから構成される。
本文	その文書の中心となる部分で、件名・前文・主文・末文・別記事項から構成される。
後付け	本文を補うもので、追伸（追って書き）・同封物指示・担当者名などから構成される。

5. 文書の受発信

受信簿	外部から受け取った文書の日時・発信者・受信者・種類などを記帳したもののこと。
発信簿	外部へ発送する文書の日時・発信者・受信者・種類などを記帳したもののこと。
書留	引受けから配達に至るまでの全送達経路を記録し、配達先に手渡しをして確実な送達を図る郵便物のこと。
簡易書留	引受けと配達時点での記録をし、配達先に手渡しをして確実な送達を図る郵便物のこと。
速達	通常の郵便物や荷物に優先して、迅速に送達される郵便物のこと。原則として手渡しだが、不在時は投函される。
親展	その手紙を名宛人自身が開封するよう求めるための指示のこと。

筆記編③対策問題 〔参考〕p.120～123の他、p.89、108、112

【③-1】 次の各文の〔　〕の中から最も適切なものを選び、その記号を解答欄に記入しなさい。

① 記号 、 の名称は、〔ア. 句点　イ. 読点　ウ. 中点〕である。

② 本文を補うもので、追伸（追って書き）・同封物指示・担当者名などから構成されるのは、〔ア. 後付け　イ. 本文　ウ. 前付け〕である。

③ CapsLockが有効（英字キーが大文字の状態）であることを示すCapsLockランプは、〔ア. 🔒①　イ. 🔒A　ウ. 🔒N〕である。

④ 〔ア. 発信簿　イ. 受信簿　ウ. 書留〕とは、外部へ発送する文書の日時・発信者・受信者・種類などを記帳したものである。

⑤ 記号 〃 の名称は、〔ア. 繰返し記号　イ. 長音記号　ウ. 同じく記号〕である。

⑥ 〔ア. 社外文書　イ. 社内文書　ウ. 社交文書〕とは、社内の人や部署などに出す文書である。

⑦ その手紙を名宛人自身が開封するよう求めるための指示のことを〔ア. 簡易書留　イ. 速達　ウ. 親展〕という。

⑧ 「上書きモードの ON/OFF」を切り替えるキーは、〔ア. Insert　イ. F10　ウ. Delete 〕である。

	①	②	③	④	⑤	⑥	⑦	⑧
③-1								

【③-2】 次の各文の〔　〕の中から最も適切なものを選び、その記号を解答欄に記入しなさい。

① キー操作によるツールバーのメニュー選択を開始するキーで、ショートカットキーの修飾をするキーとしても使うものは、〔ア. PrtSc　イ. Alt　ウ. Ctrl 〕である。

② 〔ア. Delete　イ. NumLock　ウ. Shift+CapsLock 〕とは、カーソルの右の文字を消去するキーのことである。

③ 〔ア. 発信簿　イ. 受信簿　ウ. 親展〕は、外部から受け取った文書の日時・発信者・受信者・種類などを記帳したものである。

④ 〔ア. F1　イ. F10　ウ. F9 〕は、「全角英数への変換」と「大文字小文字の切り替え」をするキーのことである。

⑤ 電源のOn/Offを切り替えるスイッチに表示する電源オンオフのマークは、〔ア. ⎋　イ. ⦿⟷　ウ. ①〕である。

⑥ 〔ア. 通信文書　イ. 帳票　ウ. 社外文書の構成〕とは、業務を行ったり、企業の内外の相手に連絡したりする文書のことである。

⑦ 記号 ・ の名称は、〔ア. 中点　イ. セミコロン　ウ. ピリオド〕である。

⑧ 記号〔ア. 〃　イ. ー　ウ. 々 〕の名称は、長音信号である。

	①	②	③	④	⑤	⑥	⑦	⑧
③-2								

【③-3】 次の各文の〔　　〕の中から最も適切なものを選び、その記号を解答欄に記入しなさい。

① 単価記号とは、〔ア．　＿　イ．　〆　ウ．　＠　〕である。

② ＯＳやソフトが特定の操作を登録する F1 から F12 までのキーは、〔ア．ショートカットキー　イ．ファンクションキー〕である。

③ 引受けから配達に至るまでの全送達経路を記録し、配達先に手渡しをして確実な送達を図る郵便物のことを〔ア．簡易書留　イ．受信簿　ウ．書留〕という。

④ 記号　＄　の名称は、〔ア．ポンド記号　イ．ユーロ記号　ウ．ドル記号〕である。

⑤ 本文の前に付けるという意味で、文書番号・発信日付・受信者名・発信者名などから構成されるのは、〔ア．前付け　イ．本文　ウ．後付け〕である。

⑥ 必要事項を記入するためのスペースを設け、そのスペースに何を書けばよいのかを説明する最小限の語句が印刷された事務用紙を〔ア．社外文書　イ．取引文書　ウ．帳票〕という。

⑦ 〔ア． Shift + CapsLock 　イ． NumLock 　ウ． Insert 〕とは、「英字キーのシフトのON/OFF」を切り替えるショートカットキーのことである。

⑧ 〔ア． F9 　イ． F7 　ウ． F1 〕とは「全角カタカナへの変換」をするキーのことである。

③-3	①	②	③	④	⑤	⑥	⑦	⑧

【③-4】 次の各文の〔　　〕の中から最も適切なものを選び、その記号を解答欄に記入しなさい。

① 〔ア． Insert 　イ． Delete 　ウ． BackSpace 〕とは、「上書きモードのON/OFF」を切り替えるキーのことである。

② 通常の郵便物や荷物に優先して、迅速に送達される郵便物のことを〔ア．速達　イ．簡易書留　ウ．親展〕という。

③ 電源を切るスイッチに表示するマークは、〔ア．　⏻　イ．　○　ウ．　｜　〕である。

④ その文書の中心となる部分で、件名・前文・主文・末文・別記事項から構成されるのは、〔ア．本文　イ．社外文書の構成　ウ．後付け〕である。

⑤ 記号　。　の名称は、〔ア．ピリオド　イ．句点　ウ．読点〕である。

⑥ 記号〔ア．　〃　イ．　々　ウ．　ー　〕の名称は、同じく記号である。

⑦ ビジネスでの業務に直接関係のない、折々の挨拶や祝意などを伝える文書のことを、〔ア．社内文書　イ．社交文書　ウ．取引文書〕という。

⑧ 「半角英数への変換」と「大文字小文字の切り替え」をするキーは、〔ア． F8 　イ． F7 　ウ． F10 〕である。

③-4	①	②	③	④	⑤	⑥	⑦	⑧

【③-5】 次の各文の〔　〕の中から最も適切なものを選び、その記号を解答欄に記入しなさい。

① ひらがなとカタカナは「半角カタカナへの変換」、英数字はF10と同じ変換をするキーは、〔ア. F6　イ. F7　ウ. F8 〕である。

② 記号　パーセントは、〔ア. ￥　イ. ％　ウ. ＄ 〕である。

③ 〔ア. PrtSc　イ. Ctrl　ウ. Alt 〕とは、表示した画面のデータをクリップボードに保存するキーのことである。

④ 記号　々　の名称は、〔ア. 同じく記号　イ. 長音記号　ウ. 繰返し記号〕である。

⑤ 本文の前に付けるという意味で、文書番号・発信日付・受信者名・発信者名などから構成されるのは、〔ア. 後付け　イ. 社外文書の構成　ウ. 前付け〕である。

⑥ 記号　＊　の名称は、〔ア. アンパサンド　イ. アステリスク　ウ. 単価記号〕である。

⑦ 社外文書のうち、ビジネスでの業務に関する通知を目的とする文書を、〔ア. 帳票　イ. 社交文書　ウ. 取引文書〕という。

⑧ 「テンキーの数字キーのON/OFF」を切り替えるキーは、〔ア. NumLock　イ. BackSpace　ウ. Shift+CapsLock 〕である。

③-5	①	②	③	④	⑤	⑥	⑦	⑧

【③-6】 次の各文の〔　〕の中から最も適切なものを選び、その記号を解答欄に記入しなさい。

① 無線LANを示すマークは、〔ア. ●←→　イ. 🛜　ウ. 🔒 〕である。

② 〔ア. 通信文書　イ. 社内文書　ウ. 帳票〕とは、必要事項を記入するためのスペースを設け、そのスペースに何を書けばよいのかを説明する最小限の語句が印刷された事務用紙のことである。

③ 電源のOn/Off/Sleepの状態を示す電源ランプは、〔ア. 　イ. 　ウ. 〕である。

④ カーソルの左の文字を消去するキーは、〔ア. BackSpace　イ. Delete　ウ. Insert 〕である。

⑤ その文書の中心となる部分で、件名・前文・主文・末文・別記事項から構成されるのは〔ア. 後付け　イ. 本文　ウ. 前付け〕である。

⑥ 「ひらがなへの変換」をするキーは、〔ア. F8　イ. F7　ウ. F6 〕である。

⑦ 郵便法で定められた、特定の受取人に対し、差出人の意思を表示し、または事実を通知する文書のことを〔ア. 信書　イ. 書留　ウ. 速達〕という。

⑧ 記号　：　の名称は、〔ア. セミコロン　イ. コンマ　ウ. コロン〕である。

③-6	①	②	③	④	⑤	⑥	⑦	⑧

【3−7】 次の各文の〔　　〕の中から最も適切なものを選び、その記号を解答欄に記入しなさい。

① 〔ア．ファンクションキー　イ．ショートカットキー〕とは、同時に打鍵することにより、特定の操作を素早く実行する複数のキーの組み合わせのことである。

② 〔ア．社外文書　イ．帳票　ウ．社内文書〕とは、社外の人や取引先などに出す文書のことである。

③ 記号 £ の名称は、〔ア．ドル記号　イ．ユーロ記号　ウ．ポンド記号〕である。

④ 引受けと配達時点での記録をし、配達先に手渡しをして確実な送達を図る郵便物のことを〔ア．簡易書留　イ．親展　ウ．速達〕という。

⑤ セミコロンとは、〔ア．、　イ．：　ウ．；〕である。

⑥ アンパサンドとは、〔ア．＊　イ．＆　ウ．＠〕である。

⑦ 〔ア．後付け　イ．本文　ウ．社外文書の構成〕は、本文を補うもので、追伸（追って書き）・同封物指示・担当者名などから構成される。

⑧ 「ヘルプの表示」を実行するキーは、〔ア．F6　イ．F1　ウ．F9〕である。

③−7	①	②	③	④	⑤	⑥	⑦	⑧

筆記編4対策問題 〔参考〕p.120〜123の他、p.89、p.108

【4−1】 次の各問いの答えとして、最も適切なものをそれぞれのア〜ウの中から選び、その記号を（　　）の中に記入しなさい。

① （　　） 社印や代表者の印を押印する場所はどれか。
　　　ア．発信者名　　　　　　イ．受信者名　　　　　　ウ．件名

② （　　） ビジネス文書で使われる敬称の中で個人宛に使用されるものはどれか。
　　　ア．御中　　　　　　　イ．各位　　　　　　　ウ．様

③ （　　） 下の点線内の正しい校正結果はどれか。

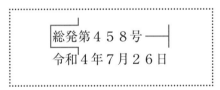

　　　ア．総発第４５８号
　　　　　令和４年７月２６日
　　　イ．　　総発第４５８号
　　　　　令和４年７月２６日
　　　ウ．総発第１５８号
　　　　　　令和４年７月２６日

④ （　　） 受信者名と件名の間に入る構成要素はどれか。
　　　ア．結語　　　　　　　イ．発信者名　　　　　　ウ．別記事項

⑤ （　　） 「総発第２５８号」のように、会社ごとの文書規定などに基づいて付けた番号を何というか。
　　　ア．文書番号　　　　　イ．発信者名　　　　　　ウ．発信日付

⑥ （　　） 頭語と結語の正しい組み合わせはどれか。
　　　ア．謹啓−草々　　　　イ．前略−敬具　　　　　ウ．拝啓−敬具

【④-2】 次の文書についての各問いの答えとして、最も適切なものをそれぞれのア〜ウの中から選び、その記号を（ 　 ）の中に記入しなさい。

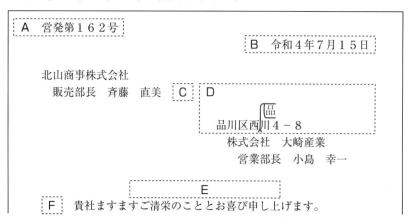

```
 A  営発第１６２号

                                B  令和４年７月１５日

   北山商事株式会社
     販売部長　斉藤　直美  C   D

                         品川区西川４－８
                       株式会社　大崎産業
                         営業部長　小島　幸一

                E
  F   貴社ますますご清栄のこととお喜び申し上げます。
```

① （ 　 ） Aに必要な操作を何というか。
　　　　　　ア．センタリング　　　　　イ．禁則処理　　　　　ウ．右寄せ

② （ 　 ） Bの名称はどれか。
　　　　　　ア．文書番号　　　　　　　イ．発信日付　　　　　ウ．受信者名

③ （ 　 ） Cに入る敬称はどれか。
　　　　　　ア．各位　　　　　　　　　イ．御中　　　　　　　ウ．様

④ （ 　 ） Dの校正結果はどれか。
　　　　　　ア．品川区西品川４－８　　イ．品川区西品　川４－８　　ウ．品川区西　品川４－８

⑤ （ 　 ） Eに入る件名はどれか。
　　　　　　ア．別記事項　　　　　　　イ．新製品のご案内　　ウ．以上

⑥ （ 　 ） Fに入る頭語はどれか。
　　　　　　ア．拝啓　　　　　　　　　イ．敬具　　　　　　　ウ．前略

【④-3】 次の各問いの答えとして、最も適切なものをそれぞれのア〜ウの中から選び、その記号を（ 　 ）の中に記入しなさい。

① （ 　 ） 文書番号と受信者名の間に入る構成要素はどれか。
　　　　　　ア．発信日付　　　　　　　イ．頭語　　　　　　　ウ．別記事項

② （ 　 ） 件名を入力するときに必要となる操作を何というか。
　　　　　　ア．禁則処理　　　　　　　イ．センタリング　　　ウ．右寄せ

③ （ 　 ） ビジネス文書に使われる敬称の中で複数の個人宛に使用されるものはどれか。
　　　　　　ア．御中　　　　　　　　　イ．各位　　　　　　　ウ．様

④ （ 　 ） 「販発第３８７号」のように、会社ごとの文書規定などに基づいてつけた番号を何というか。
　　　　　　ア．文書番号　　　　　　　イ．発信日付　　　　　ウ．発信者名

⑤ （ 　 ） 頭語と結語の正しい組み合わせはどれか。
　　　　　　ア．拝啓－草々　　　　　　イ．前略－敬具　　　　ウ．謹啓－敬白

⑥ （ 　 ） 下の点線内の正しい校正結果はどれか。

```
           トル
広島市南区松原１３－５
  西日本商事株式会社
    販売部長　阿部　一夫
```

　　　ア．広島市南トル松原１３－５　　イ．広島市南　松原１３－５
　　　　　西日本商事株式会社　　　　　　　西日本商事株式会社
　　　　　　販売部長　阿部　一夫　　　　　　販売部長　阿部　一夫

　　　ウ．広島市南松原１３－５
　　　　　西日本商事株式会社
　　　　　　販売部長　阿部　一夫

【4-4】 次の文書についての各問いの答えとして、最も適切なものをそれぞれのア～ウの中から選び、その記号を（　）の中に記入しなさい。

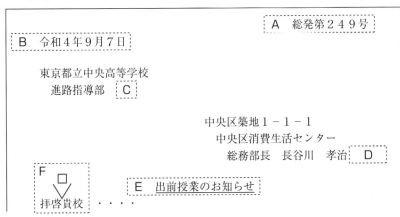

① （　） Aの名称はどれか。　〔ア．発信者名　イ．発信日付　ウ．文書番号〕
② （　） Bに必要な操作を何というか。　〔ア．右寄せ　イ．均等割付け　ウ．センタリング〕
③ （　） Cに入る敬称はどれか。　〔ア．殿　イ．御中　ウ．各位〕
④ （　） Dの位置に企業の印を表示するまたは押すことを何というか。
　　　　〔ア．押印　イ．個人印　ウ．職印〕
⑤ （　） Eでおこなった操作でないものはどれか。　〔ア．下線　イ．センタリング　ウ．禁則処理〕
⑥ （　） Fの校正結果はどれか。　〔ア．拝啓・貴校　イ．拝啓　貴校　ウ．拝啓　　　貴校〕

【4-5】 次の各問いの答えとして、最も適切なものをそれぞれのア～ウの中から選び、その記号を（　）の中に記入しなさい。

① （　） 受信者名と件名の間に入る構成要素はどれか。
　　　ア．別記事項　　　　　イ．発信者名　　　　　ウ．結語
② （　） 文書番号を入力するときに必要となる操作を何というか。
　　　ア．右寄せ　　　　　イ．禁則処理　　　　　ウ．センタリング
③ （　） ビジネス文書に使われる敬称の中で官公庁・会社・学校などの団体宛に使用されるものはどれか。
　　　ア．御中　　　　　イ．先生　　　　　ウ．各位
④ （　） 「拝啓　新緑の候、貴社ますます・・・」で始まる文を何というか。
　　　ア．主文　　　　　イ．末文　　　　　ウ．前文
⑤ （　） センタリングの操作が必要なものはどれか。
　　　ア．結語　　　　　イ．件名　　　　　ウ．頭語
⑥ （　） 下の点線内の正しい校正結果はどれか。

> 　　　　　　　　　　新製品のご案内
> 拝啓　貴社ますますご発展のこととお喜び申し上げます。さて、このたび
> 弊社では、

　ア．
　　　　　　　　　　新製品のご案内
　拝啓　貴社ますますご発展のこととお喜び申し上げます。
　さて、このたび弊社では、
　イ．
　　　　　　　　　　新製品のご案内
　拝啓　貴社ますますご発展のこととお喜び申し上げます。
　　　　　　　　　　　　　　　　　　　　さて、このたび
　弊社では、
　ウ．
　　　　　　　　　　新製品のご案内
　拝啓　貴社ますますご発展のこととお喜び申し上げます。
　　さて、このたび弊社では、

【4-6】 次の文書についての各問いの答えとして、最も適切なものをそれぞれのア〜ウの中から選び、その記号を（　）の中に記入しなさい。

```
┌─────────────────────────────────────────────────┐
│  ┌─────────────────┐                             │
│  │ A 営発第２８６号  │                             │
│  │   令和４年５月１１日│                            │
│  └─────────────────┘                             │
│                                                   │
│    株式会社　エレガンス販売                        │
│      販売部長　山路　正枝　┌─┐                    │
│                          │B│                     │
│                          └─┘                     │
│                   ┌────────────────────────┐     │
│                   │ C　和泉市府中町２−７−５ │     │
│                   │   レイン化粧品株式会社    │     │
│                   │   営業部長　古矢　友和    │     │
│                   └────────────────────────┘     │
│            ┌──────────────────┐                  │
│            │ D　新商品のお知らせ │                 │
│            └──────────────────┘                  │
│  ┌─┐                                             │
│  │E│ 貴社ますますご発展のこととお喜び申し上げます。 │
│  └─┘                                             │
│    さて、弊社では快適に使用できる「日焼け止め」を開発いたしま│
│  した。毎日使用しても・・・。                       │
│              （省　略）                            │
│                          ┌──────┐                │
│                          │ F　敬白 │               │
│                          └──────┘                │
└─────────────────────────────────────────────────┘
```

① （　）　Aに必要な操作を何というか。　〔ア．右寄せ　イ．センタリング　ウ．禁則処理〕
② （　）　Bに入る敬称はどれか。　〔ア．御中　イ．各位　ウ．様〕
③ （　）　Cの名称はどれか。　〔ア．別記事項　イ．発信者名　ウ．受信者名〕
④ （　）　Dでおこなった操作を何というか。　〔ア．禁則処理　イ．均等割付け　ウ．横倍角〕
⑤ （　）　Eに入る頭語はどれか。　〔ア．謹啓　イ．前略　ウ．草々〕
⑥ （　）　Fの名称はどれか。　〔ア．件名　イ．結語　ウ．追伸（追って書き）〕

【4-7】 次の各問いの答えとして、最も適切なものをそれぞれのア〜ウの中から選び、その記号を（　）の中に記入しなさい。

① （　）　別記事項を入力する場所を何というか。
　　　ア．前付け　　　　　　　　イ．本文　　　　　　　　ウ．後付け

② （　）　ビジネス文書で使われる敬称の中で官公庁・会社・学校などの団体宛に使用されるものはどれか。
　　　ア．御中　　　　　　　　イ．各位　　　　　　　　ウ．殿

③ （　）　右寄せの操作が必要ないものはどれか。
　　　ア．文書番号　　　　　　イ．発信日付　　　　　　ウ．受信者名

④ （　）　下の点線内の正しい校正結果はどれか。

　　　シ⎡ユ⎤⎡ミ⎤レーション

　　　ア．シ　ミュレーション　　イ．シミュレーション　　　ウ．シユミレーション

⑤ （　）　「価格改定のお知らせ」を入力するときに必要となる操作を何というか。
　　　ア．禁則処理　　　　　　イ．右寄せ　　　　　　　ウ．横倍角

⑥ （　）　担当者名を入力するときに必要となる操作を何というか。
　　　ア．右寄せ　　　　　　　イ．センタリング　　　　ウ．均等割付け

7 筆記編　ことばの知識

令和4年度から新しく試験範囲に追加になった語に、★マークを付けました。

〔現代仮名遣い〕

1 「ず」と「づ」の区別

「ず」を用いる例

語句	正	誤
何れ	いずれ	いづれ
★渦	うず	うづ
訪れる	おとずれる	おとづれる
築く	きずく	きづく
靴擦れ	くつずれ	くつづれ
削る	けずる	けづる
洪水	こうずい	こうづい
さしずめ	さしずめ	さしづめ
授ける	さずける	さづける
静かだ	しずかだ	しづかだ
滴	しずく	しづく
随分	ずいぶん	づいぶん
図画	ずが	づが
頭上	ずじょう	づじょう
鈴	すず	すづ
大豆	だいず	だいづ
★地図	ちず	ちづ
恥ずかしい	はずかしい	はづかしい
自ら	みずから	みづから
珍しい	めずらしい	めづらしい
物好き	ものずき	ものづき
譲る	ゆずる	ゆづる

「づ」を用いる例

語句	正	誤
愛想づかし	あいそづかし	あいそずかし
裏付け	うらづけ	うらずけ
お小遣い	おこづかい	おこずかい
会社勤め	かいしゃづとめ	かいしゃずとめ
片づく	かたづく	かたずく
気付く	きづく	きずく
★心尽くし	こころづくし	こころずくし
心強い	こころづよい	こころずよい
小突く	こづく	こずく
小包	こづつみ	こずつみ
ことづて	ことづて	ことずて
言葉遣い	ことばづかい	ことばずかい
竹筒	たけづつ	たけずつ
手綱	たづな	たずな
近付く	ちかづく	ちかずく
つくづく	つくづく	つくずく
続く	つづく	つずく
鼓	つづみ	つずみ
★綴る	つづる	つずる
常々	つねづね	つねずね
手作り	てづくり	てずくり
新妻	にいづま	にいずま
箱詰め	はこづめ	はこずめ
働きづめ	はたらきづめ	はたらきずめ
ひづめ	ひづめ	ひずめ
髭面	ひげづら	ひげずら
松葉杖	まつばづえ	まつばずえ
三日月	みかづき	みかずき
道連れ	みちづれ	みちずれ
基づく	もとづく	もとずく
行き詰まる	ゆきづまる	ゆきずまる
鷲掴み	わしづかみ	わしずかみ

語句	本則	許容
★世界中	せかいじゅう	せかいぢゅう
稲妻	いなずま	いなづま
腕ずく	うでずく	うでづく
絆	きずな	きづな
黒ずくめ	くろずくめ	くろづくめ
杯	さかずき	さかづき
一つずつ	ひとつずつ	ひとつづつ
融通	ゆうずう	ゆうづう

※一般に許容されている場合でも、本則ではないので誤答になります。

② 「じ」と「ぢ」の区別

「じ」を用いる例

語句	正	誤
味	あじ	あぢ
著しい	いちじるしい	いちぢるしい
生地	きじ	きぢ
こじあける	こじあける	こぢあける
地震	じしん	ぢしん
実は	じつは	ぢつは
自分	じぶん	ぢぶん
自慢	じまん	ぢまん
地面	じめん	ぢめん
述語	じゅつご	ぢゅつご
正直	しょうじき	しょうぢき
当日	とうじつ	とうぢつ
閉じる	とじる	とぢる
布地	ぬのじ	ぬのぢ
初め	はじめ	はぢめ
恥じる	はじる	はぢる

「ぢ」を用いる例

語句	正	誤
一本調子	いっぽんぢょうし	いっぽんじょうし
入れ知恵	いれぢえ	いれじえ
こぢんまり	こぢんまり	こじんまり
御飯茶碗	ごはんぢゃわん	ごはんじゃわん
底力	そこぢから	そこじから
近々	ちかぢか	ちかじか
縮む	ちぢむ	ちじむ
鼻血	はなぢ	はなじ
間近	まぢか	まじか
身近	みぢか	みじか

③ 「う」と「お」の区別

「う」を用いる例

語句	正	誤
妹	いもうと	いもおと
扇	おうぎ	おおぎ
往復	おうふく	おおふく
横暴	おうぼう	おおぼう
オウム	おうむ	おおむ
おはよう	おはよう	おはよお
興味	きょうみ	きょおみ
効果	こうか	こおか
被る	こうむる	こおむる
さようなら	さようなら	さよおなら
勝利	しょうり	しょおり
妥協	だきょう	だきょお
峠	とうげ	とおげ
冬至	とうじ	とおじ
同時	どうじ	どおじ
灯台	とうだい	とおだい
尊い	とうとい	とおとい
道理	どうり	どおり
豊作	ほうさく	ほおさく
放る	ほうる	ほおる
毛布	もうふ	もおふ
猛烈	もうれつ	もおれつ
八日	ようか	よおか

「お」を用いる例

語句	正	誤
憤る	いきどおる	いきどうる
いとおしい	いとおしい	いとうしい
多い	おおい	おうい
大いに	おおいに	おういに
大きい	おおきい	おうきい
★ 大盛り	おおもり	おうもり
仰せ	おおせ	おうせ
概ね	おおむね	おうむね
公	おおやけ	おうやけ
おおよそ	おおよそ	おうよそ
氷	こおり	こうり
凍る	こおる	こうる
遠い	とおい	とうい
十日	とおか	とうか
通る	とおる	とうる
滞る	とどこおる	とどこうる
炎	ほのお	ほのう
催す	もよおす	もようす

4 「わ」と「は」の区別

「わ」を用いる例

語句	正	誤
嬉しいわ	うれしいわ	うれしいは
うわ！大変だ。	うわ！たいへんだ。	うは！たいへんだ。
来るわ来るわ	くるわくるわ	くるはくるは
雨が降るわ	あめがふるわ	あめがふるは
風も吹くわ	かぜもふくわ	かぜもふくは
★ 食うわ飲むわ	くうわのむわ	くうはのむは
★ 楽しいわ	たのしいわ	たのしいは
★ すわ、一大事	すわ、いちだいじ	すは、いちだいじ
★ いまわの際	いまわのきわ	いまはのきわ

「は」を用いる例

語句	正	誤
或いは	あるいは	あるいわ
いずれは	いずれは	いずれわ
おそらくは	おそらくは	おそらくわ
今日は	こんにちは	こんにちわ
今晩は	こんばんは	こんばんわ
ついては	ついては	ついてわ
★ では	では	でわ
とはいえ	とはいえ	とわいえ
又は	または	またわ
もしくは	もしくは	もしくわ
願わくは	ねがわくは	ねがわくわ
★ 惜しむらくは	おしむらくは	おしむらくわ

〔熟字訓とあて字の読み ―常用漢字表付表―〕

*河岸（かし）→魚河岸（うおがし）など付表の語を構成要素とする熟語も出題されます。

[あ 行]

あす	明日
あずき	小豆
あま	海女・海士
いおう	硫黄
いくじ	意気地
いなか	田舎
いぶき	息吹
うなばら	海原
うば	乳母
うわき	浮気
うわつく	浮つく
えがお	笑顔
おじ	叔父・伯父
おとな	大人
おとめ	乙女
おば	叔母・伯母
おまわりさん	お巡りさん
おみき	お神酒
おもや	母屋・母家

[か 行]

かあさん	母さん
かぐら	神楽
かし	河岸
かじ	鍛冶
かぜ	風邪
かたず	固唾
かな	仮名
かや	蚊帳
かわせ	為替
かわら	河原・川原
きのう	昨日
きょう	今日
くだもの	果物
くろうと	玄人
けさ	今朝
けしき	景色
ここち	心地
こじ	居士
ことし	今年

[さ 行]

さおとめ	早乙女
ざこ	雑魚
さじき	桟敷
さしつかえる	差し支える
さつき	五月
さなえ	早苗
さみだれ	五月雨
しぐれ	時雨
しっぽ	尻尾
しない	竹刀
しにせ	老舗
しばふ	芝生
しみず	清水
しゃみせん	三味線
じゃり	砂利
じゅず	数珠
じょうず	上手
しらが	白髪
しろうと	素人
しわす	師走

（「しはす」とも言う。）

すきや	数寄屋・数奇屋
すもう	相撲
ぞうり	草履

[た 行]

だし	山車
たち	太刀
たちのく	立ち退く
たなばた	七夕
たび	足袋
ちご	稚児
ついたち	一日
つきやま	築山
つゆ	梅雨
でこぼこ	凸凹
てつだう	手伝う
てんません	伝馬船
とあみ	投網
とうさん	父さん
とえはたえ	十重二十重
どきょう	読経
とけい	時計
ともだち	友達

[な 行]

なこうど	仲人
なごり	名残
なだれ	雪崩
にいさん	兄さん
ねえさん	姉さん
のら	野良
のりと	祝詞

[は 行]

はかせ	博士
はたち	二十・二十歳
はつか	二十日
はとば	波止場
ひとり	一人
ひより	日和
ふたり	二人
ふつか	二日
ふぶき	吹雪
へた	下手
へや	部屋

[ま 行]

まいご	迷子
まじめ	真面目
まっか	真っ赤
まっさお	真っ青
みやげ	土産
むすこ	息子
めがね	眼鏡
もさ	猛者
もみじ	紅葉
もめん	木綿
もより	最寄り

[や 行]

やおちょう	八百長
やおや	八百屋
やまと	大和
やよい	弥生
ゆかた	浴衣
ゆくえ	行方
よせ	寄席

[わ 行]

わこうど	若人

〔慣用句・ことわざ〕

[あ 行]

愛想が尽きる
間に立つ
間に入る
相槌を打つ
★ 合いの手を入れる
合間を縫う
阿吽の呼吸
煽りを食う
垢抜ける
★ 明るみに出る
飽きが来る
あぐらをかく
揚げ足を取る
顎を出す
顎で使う
足が出る
足が早い
足並みが揃う
足場を固める
足を奪われる
★ 足をすくわれる
足を伸ばす
足を運ぶ
足を棒にする
頭打ちになる
頭が上がらない
頭が固い
頭が下がる
頭が低い
頭を痛める
頭を抱える
頭を掻く
頭を下げる
頭を絞る
頭をひねる
頭をもたげる
当たりがいい
当たりを付ける

後押しをする
後釜に据える
後釜に座る
後の祭り
穴があく
穴を埋める
脂が乗る
油を売る
網の目をくぐる
荒波に揉まれる
泡を食う
暗礁に乗り上げる
案に相違して
★ 怒り心頭に発する
息が合う
息が切れる
息を抜く
意気が揚がる
意気に燃える
威儀を正す
意気地がない
異彩を放つ
★ 石にかじりつく
意地を張る
板に付く
一も二もなく
一翼を担う
一計を案じる
一考を要する
一刻を争う
一矢を報いる
一石を投じる
一途をたどる
意に介さない
意にかなう
意を決する
意を尽くす
意を用いる
いの一番

意表を突く
★ 否が応でも
色があせる
色を付ける
異を唱える
★ 違和感を覚える
★ 言わざるを得ない
言わずと知れた
言わぬが花
上を下への
浮き彫りにする
受けがいい
後ろ髪を引かれる
疑いを挟む
腕が上がる
腕が立つ
腕が鳴る
腕によりを掛ける
腕を振るう
腕を磨く
打てば響く
鵜呑みにする
馬が合う
有無を言わせず
裏表がない
裏目に出る
雲泥の差
英気を養う
悦に入る
襟を正す
縁起を担ぐ
お伺いを立てる
大台に乗る
大目に見る
お株を奪う
後れを取る
押しが利く
押しが強い
押しも押されもせぬ

お茶を濁す
★ 汚名を返上する
思いも寄らない
重きを置く
重きをなす
表に立つ
重荷を下ろす
及び腰になる
折り合いが付く
尾を引く
折り紙を付ける
音頭を取る
恩に着る

[か 行]

顔が売れる
顔が利く
顔が立つ
顔が広い
顔から火が出る
顔を合わせる
顔を出す
顔を繋ぐ
核心を突く
影を潜める
笠に着る
舵を取る
固唾を呑む
肩で風を切る
肩の荷が下りる
肩を入れる
肩を落とす
肩を貸す
肩をすぼめる
肩を並べる
肩を持つ
片が付く
勝手が違う
勝手が悪い
活路を見いだす

角が立つ
角が取れる
金を食う
株が上がる
兜を脱ぐ
壁に突き当たる
我を折る
我を張る
間隙を縫う
勘定に入れる
歓心を買う
★噛んで含める
間髪を入れず
気合いを入れる
気が合う
気が置けない
気が回る
気が休まる
★傷を負う
犠牲を払う
機先を制する
機知に富む
機転が利く
軌道に乗る
気は心
肝が据わる
肝を冷やす
肝に銘じる
急場をしのぐ
窮余の一策
岐路に立つ
機を逸する
気を配る
気を許す
釘を刺す
苦言を呈する
口が堅い
口が減らない
口に合う
口にする
口を切る

口を出す
口をついて出る
★首を傾げる
首を長くする
群を抜く
芸が細かい
景気を付ける
計算に入れる
桁が違う
けりを付ける
強情を張る
公然の秘密
功成り名遂げる
頭を垂れる
声が弾む
声を落とす
声を掛ける
黒白をつける
心が通う
心が弾む
心に刻む
心を打つ
心を砕く
腰が低い
腰が抜ける
腰を入れる
腰を据える
事が運ぶ
事もなく
言葉を返す
言葉を濁す
小回りが利く
小耳に挟む
根を詰める

[さ 行]
最後を飾る
幸先がいい
採算がとれる
先が見える
先を争う
匙を投げる

察しが付く
様になる
算段がつく
思案に暮れる
潮時を見る
歯牙にも掛けない
姿勢を正す
舌が肥える
舌が回る
舌鼓を打つ
舌を巻く
尻尾をつかむ
しのぎを削る
自腹を切る
しびれを切らす
始末をつける
示しがつかない
終止符を打つ
衆知を集める
趣向を凝らす
手中に収める
手腕を振るう
焦点を絞る
食が進む
★食指が動く
触手を伸ばす
初心に返る
★白羽の矢が立つ
尻に火が付く
尻を叩く
時流に乗る
心血を注ぐ
人後に落ちない
寝食を忘れる
心臓が強い
真に迫る
筋が違う
筋を通す
雀の涙
図に乗る
隅に置けない

寸暇を惜しむ
精を出す
精が出る
席を外す
★雪辱を果たす
背に腹はかえられない
世話を掛ける
世話を焼く
背を向ける
先見の明
先手を打つ
先頭を切る
造詣が深い
底を突く
そつがない
反りが合わない
算盤が合う
算盤をはじく

[た 行]
太鼓判を押す
大事を取る
高が知れる
高みの見物
高をくくる
立て板に水
棚に上げる
頼みの綱
駄目を押す
短気は損気
丹精を込める
断を下す
端を発する
知恵を絞る
力になる
力を入れる
力を付ける
注文を付ける
調子に乗る
月とすっぽん
★壺にはまる
手が空く

手が込む
手塩に掛ける
手に汗を握る
手に余る
手にする
手に付かない
手に乗る
手も足も出ない
手を打つ
手をこまねく
手を出す
手を尽くす
手を握る
手を広げる
手を焼く
★ 出る杭は打たれる
峠を越す
★ 堂に入る
時を移さず
得心がいく
途方に暮れる
途方もない
★ 取り付く島もない
取りも直さず
度が過ぎる
度を越す

[な 行]
長い目で見る
名が売れる
波に乗る
名を成す
何の変哲もない
二の足を踏む
★ 二の句が継げない
★ 二の舞を演じる
値が張る
猫の手も借りたい
猫も杓子も
★ 熱に浮かされる
★ 寝覚めが悪い
寝耳に水

音を上げる
★ 念頭に置く
念を入れる
念を押す

[は 行]
歯が立たない
★ 馬脚をあらわす
歯に衣着せぬ
白紙に戻す
鼻が高い
鼻に掛ける
鼻を並べる
花を持たせる
話を付ける
話が弾む
★ 腸が煮えくり返る
腹をくくる
腹を割る
引き合いに出す
膝を打つ
膝を突き合わせる
膝を交える
瞳を凝らす
人目につく
人目を引く
火に油を注ぐ
日の出の勢い
日の目を見る
火花を散らす
火ぶたを切る
火を見るより明らか
百も承知
秒読みに入る
分がいい
蓋を開ける
★ 物議を醸す
筆が立つ
懐が暖かい
腑に落ちない
不評を買う
平行線をたどる

ベストを尽くす
弁が立つ
棒に振る
矛先を転じる
反故にする
菩提を弔う
歩調が合う
没にする
仏の顔も三度
骨が折れる
骨を折る
骨身を惜しまず
骨身を削る
歩を進める
本腰を入れる

[ま 行]
枚挙にいとまがない
★ 間が持てない
間が悪い
幕が開く
幕を引く
幕を閉じる
幕が下りる
★ 馬子にも衣装
勝るとも劣らぬ
的が外れる
的を射る
的を外す
的を絞る
まな板に載せる
眉をひそめる
磨きを掛ける
身が入る
右へ倣え
右に出る
微塵もない
水に流す
水の泡になる
水をあける
水を差す
水を向ける

身銭を切る
店を広げる
道が開ける
道を付ける
身に余る
身に付く
身になる
身を入れる
身を粉にする
身を投じる
耳が痛い
耳が早い
耳に付く
耳に入れる
耳にする
耳を疑う
耳を貸す
耳を傾ける
耳を澄ます
脈がある
実を結ぶ
向きになる
胸が痛む
胸がすく
胸に納める
胸に刻む
胸を打つ
無理もない
明暗を分ける
★ 名誉を挽回する
目が利く
目が肥える
目が高い
目が届く
目がない
★ 眼鏡にかなう
目から火が出る
★ 目から鱗が落ちる
目と鼻の先
目に留まる
目も当てられない

目もくれない
目を疑う
目を奪われる
目をかける
目を皿にする
目を通す
目を光らす
目を引く
目を見張る
目先が利く
目鼻が付く
芽が出る
目途が付く
面と向かって
面目を施す
目算を立てる
目算が立つ
持ち出しになる
元も子もない
物ともせず
物になる
物の見事に
物を言う

[や 行]
★ 野に下る
役者が揃う
躍起になって
★ 山を越える
山場を迎える
止むに止まれぬ
融通が利く
雄弁に物語る
夢を描く
夢を追う
夢を託す
夢を見る
要領がいい
要領を得ない
欲を言えば
横車を押す
装いを新たに

予断を許さない
世に聞こえる
世に出る
余念がない
読みが深い
夜を徹する

[ら 行]
埒が明かない
埒もない
理屈をこねる
★ 理にかなう
★ 溜飲を下げる
レールを敷く
烈火のごとく
労をとる
労を惜しまない
★ 論陣を張る

[わ 行]
我が意を得る
脇目も振らず
渡りに船
渡りを付ける
笑いが止まらない
藁にもすがる
割に合わない
割を食う
我を忘れる
輪をかける

筆記編⑤対策問題

【⑤-1】 次の表の中に入る漢字または読みとして、最も適切なものを解答群の中から選び、その記号を表の空欄に記入しなさい。ただし、音訓の読みが複数ある場合はその一つを記してある。また、活用語の読みは送りがなを含む終止形になっている。

番 号	漢 字	音読み	訓読み
例	隠	いん	かくす
①	治		なおす
②	冠	かん	
③		―	うね
④	瓦		かわら
⑤	掲	けい	
⑥		どう	ひとみ
⑦	侵		おかす
⑧	斬	ざん	
⑨		もう	あみ
⑩	弾		ひく

【解答群】
ア. が　　　　オ. かかげる　ケ. 瞳
イ. じ　　　　カ. かんむり　コ. 網
ウ. おる　　　キ. だん　　　サ. 稲
エ. きる　　　ク. しん　　　シ. 畝

【⑤-2】 次の表の中に入る漢字または読みとして、最も適切なものを解答群の中から選び、その記号を表の空欄に記入しなさい。ただし、音訓の読みが複数ある場合はその一つを記してある。また、活用語の読みは送りがなを含む終止形になっている。

番 号	漢 字	音読み	訓読み
例	詠	えい	よむ
①	陥	かん	
②		けい	ほたる
③	浸		ひたす
④	潰	かい	
⑤		へい	やむ
⑥	沃		―
⑦	字	じ	
⑧		ゆう	いさむ
⑨	亀		かめ
⑩	蓄	ちく	

【解答群】
ア. あざ　　　オ. よく　　　ケ. 頰
イ. つぶす　　カ. おちいる　コ. 病
ウ. しん　　　キ. たくわえる　サ. 蛍
エ. き　　　　ク. そなえる　シ. 勇

【⑤-3】 次の表の中に入る漢字または読みとして、最も適切なものを解答群の中から選び、その記号を表の空欄に記入しなさい。ただし、音訓の読みが複数ある場合はその一つを記してある。また、活用語の読みは送りがなを含む終止形になっている。

番 号	漢 字	音読み	訓読み
例	似	じ	にる
①		ちゅう	いる
②	酔		よう
③	患	かん	
④		えん	なまり
⑤	苗		なえ
⑥	叱	しつ	
⑦		ひ	―
⑧	崖		がけ
⑨	軒	けん	
⑩		れつ	さく

【解答群】
ア. びょう　　オ. がい　　　ケ. 罷
イ. のき　　　カ. おかす　　コ. 鋳
ウ. がん　　　キ. すい　　　サ. 鉛
エ. わずらう　ク. しかる　　シ. 裂

【5-4】 次の表の中に入る漢字または読みとして、最も適切なものを解答群の中から選び、その記号を表の空欄に記入しなさい。ただし、音訓の読みが複数ある場合はその一つを記してある。また、活用語の読みは送りがなを含む終止形になっている。

番号	漢字	音読み	訓読み
例	炎	えん	ほのお
①	遣		つかう
②	貫	かん	
③		しつ	とる
④	蓋		ふた
⑤	釜	—	
⑥		しゅ	はれる
⑦	釣		つる
⑧	粒	りゅう	
⑨		ふ	こわい
⑩	腰		こし

【解答群】
ア．ちょう　オ．がい　ケ．腫
イ．つぶ　カ．しゃく　コ．怖
ウ．よう　キ．けん　サ．執
エ．つらぬく　ク．かま　シ．訃

【5-5】 次の表の中に入る漢字または読みとして、最も適切なものを解答群の中から選び、その記号を表の空欄に記入しなさい。ただし、音訓の読みが複数ある場合はその一つを記してある。また、活用語の読みは送りがなを含む終止形になっている。

番号	漢字	音読み	訓読み
例	桜	おう	さくら
①	煮		にる
②	勧	かん	
③		ちょう	はねる
④	逝		—
⑤	幻	げん	
⑥		じゅ	のろう
⑦	吹		ふく
⑧	剥	はく	
⑨		よう	あげる
⑩	舞		まう

【解答群】
ア．てい　オ．はがす　ケ．揚
イ．すい　カ．すすめる　コ．呪
ウ．みる　キ．ぶ　サ．需
エ．まぼろし　ク．しゃ　シ．跳

【5-6】 次の表の中に入る漢字または読みとして、最も適切なものを解答群の中から選び、その記号を表の空欄に記入しなさい。ただし、音訓の読みが複数ある場合はその一つを記してある。また、活用語の読みは送りがなを含む終止形になっている。

番号	漢字	音読み	訓読み
例	価	か	あたい
①	誇		ほこる
②	紛	ふん	
③		しゅ	たね
④	嗅		かぐ
⑤	繕	ぜん	
⑥		しょく	ふく
⑦	笛		ふえ
⑧	裾	—	
⑨		よう	うたう
⑩	幅		はば

【解答群】
ア．ふく　オ．こ　ケ．種
イ．すそ　カ．ゆう　コ．謡
ウ．てき　キ．きゅう　サ．拭
エ．つくろう　ク．まぎれる　シ．踊

【⑥-1】 次の各文の〔　〕の中から最も適切なものを選び、その記号を（　）の中に記入しなさい。

① （　）　　トレーニングの〔ア．こおか　イ．こうか〕が現れた。

② （　）　　〔ア．いずれ　イ．いづれ〕またお会いしましょう。

③ （　）　　震度5の〔ア．じしん　イ．ぢしん〕が発生した。

【⑥-2】 次の各文の〔　〕の中から最も適切なものを選び、その記号を（　）の中に記入しなさい。

① （　）　　書類を〔ア．つずる　イ．つづる〕のは、このひもでお願いします。

② （　）　　〔ア．てづくり　イ．てずくり〕のクッキーはおいしかった。

③ （　）　　合宿も、今日で〔ア．よおか　イ．ようか〕目になる。

【⑥-3】 次の各文の〔　〕の中から最も適切なものを選び、その記号を（　）の中に記入しなさい。

① （　）　　彼女の会社を〔ア．おとづれ　イ．おとずれ〕た。

② （　）　　別れ際に〔ア．では　イ．でわ〕、さようなら、と言った。

③ （　）　　会場が暑いので、顔を〔ア．おおぎ　イ．おうぎ〕であおいだ。

【⑥-4】 次の各文の〔　〕の中から最も適切なものを選び、その記号を（　）の中に記入しなさい。

① （　）　　宴会では〔ア．くうはのむは　イ．くうわのむわ〕で満腹になった。

② （　）　　〔ア．ぢぶん　イ．じぶん〕は、明るい性格だと思います。

③ （　）　　救援物資を〔ア．はこずめ　イ．はこづめ〕にして提供した。

【⑥-5】 次の各文の〔　〕の中から最も適切なものを選び、その記号を（　）の中に記入しなさい。

① （　）　　彼の家は〔ア．こじんまり　イ．こぢんまり〕している。

② （　）　　誕生日のプレゼントをもらって〔ア．うれしいわ　イ．うれしいは〕。

③ （　）　　彼は弟子に秘伝を〔ア．さづけた　イ．さずけた〕。

【⑥-6】 次の各文の〔　〕の中から最も適切なものを選び、その記号を（　）の中に記入しなさい。

① （　）　　この〔ア．ぬのじ　イ．ぬのぢ〕は、とてもきれいな柄だ。

② （　）　　台風の雲が、巨大な〔ア．うづ　イ．うず〕を巻いている様子が見える。

③ （　）　　ここの会員は〔ア．おおむね　イ．おうむね〕男性だ。

【⑥-7】 次の各文の〔　〕の中から最も適切なものを選び、その記号を（　）の中に記入しなさい。

① （　）　　今年は雨が〔ア．おおい　イ．おうい〕。

② （　）　　先生から〔ア．ことづて　イ．ことずて〕を頼まれた。

③ （　）　　〔ア．すは、　イ．すわ、〕一大事。天候急変で、会場は暴風雨になった。

【⑥-8】 次の各文の〔　〕の中から最も適切なものを選び、その記号を（　）の中に記入しなさい。

① （　）　　彼の病気も、〔ア．いずれは　イ．いずれわ〕回復するだろう。

② （　）　　この実施要項に〔ア．もとずいて　イ．もとづいて〕試験が運営される。

③ （　）　　来年は予算を〔ア．けずる　イ．けづる〕ことになりそうだ。

【⑥-9】 次の各文の〔　〕の中から最も適切なものを選び、その記号を（　）の中に記入しなさい。

① （　）　　のぼせて〔ア．はなぢ　イ．はなじ〕が止まらなかった。

② （　）　　会社〔ア．づとめ　イ．ずとめ〕は通勤が大変だ。

③ （　）　　彼の病気は、〔ア．とおげ　イ．とうげ〕を越えた。

【⑥-10】 次の各文の〔　〕の中から最も適切なものを選び、その記号を（　）の中に記入しなさい。

① （　）　　ここにいるどの子猫も〔ア．いとうしい　イ．いとおしい〕。

② （　）　　雨が降る〔ア．は　イ．わ〕風も吹く〔ア．は　イ．わ〕で大変だった。

③ （　）　　彼は料理に〔ア．きょおみ　イ．きょうみ〕がある。

【6-11】 次の各文の〔　　〕の中から最も適切なものを選び、その記号を（　　）の中に記入しなさい。
① （　　） 旅は〔ア．みちづれ　イ．みちずれ〕世は情け。
② （　　） もうすぐ仕事が〔ア．かたづく　イ．かたずく〕。
③ （　　） この方法は〔ア．おおやけ　イ．おうやけ〕に認められている。

【6-12】 次の各文の〔　　〕の中から最も適切なものを選び、その記号を（　　）の中に記入しなさい。
① （　　） 大人としての〔ア．どうり　イ．どおり〕をわきまえることが大切だ。
② （　　） あなたと一緒にいると、とても〔ア．たのしいは　イ．たのしいわ〕。
③ （　　） 大雨の被害を〔ア．こうむった　イ．こおむった〕。

【6-13】 次の各文の〔　　〕の中から最も適切なものを選び、その記号を（　　）の中に記入しなさい。
① （　　） 彼女は、〔ア．では　イ．でわ〕お大事にと、挨拶をして出て行った。
② （　　） 〔ア．おおふく　イ．おうふく〕運賃を調べてください。
③ （　　） 弟の身長が、〔ア．ずいぶん　イ．づいぶん〕伸びている。

【6-14】 次の各文の〔　　〕の中から最も適切なものを選び、その記号を（　　）の中に記入しなさい。
① （　　） 4月〔ア．とはいえ　イ．とわいえ〕朝はまだ寒い。
② （　　） 〔ア．うは！　大変だ。　イ．うわ！　大変だ。〕消防署に連絡してください。
③ （　　） この〔ア．おうもり　イ．おおもり〕のラーメンは、量が多すぎで食べきれない。

【6-15】 次の各文の〔　　〕の中から最も適切なものを選び、その記号を（　　）の中に記入しなさい。
① （　　） 今日は一日中〔ア．働きづめ　イ．働きずめ〕だった。
② （　　） 洗濯をしたらシャツが〔ア．ちじみ　イ．ちぢみ〕ました。
③ （　　） 彼女はろうそくの〔ア．ほのお　イ．ほのう〕を吹き消した。

【6-16】 次の各文の〔　　〕の中から最も適切なものを選び、その記号を（　　）の中に記入しなさい。
① （　　） 台風が、〔ア．こうづい　イ．こうずい〕をもたらした。
② （　　） 今朝は、〔ア．こおる　イ．こうる〕ような寒さだった。
③ （　　） 雨上がりに、木の葉から〔ア．しづく　イ．しずく〕が垂れていた。

【6-17】 次の各文の〔　　〕の中から最も適切なものを選び、その記号を（　　）の中に記入しなさい。
① （　　） 豆腐（とうふ）の原料は、〔ア．だいず　イ．だいづ〕だ。
② （　　） 今後は、支払いが〔ア．とどこうる　イ．とどこおる〕ことがないようにします。
③ （　　） 故郷から〔ア．こづつみ　イ．こずつみ〕が届いた。

【6-18】 次の各文の〔　　〕の中から最も適切なものを選び、その記号を（　　）の中に記入しなさい。
① （　　） 鍵（かぎ）をなくしたので、戸を〔ア．こぢあけた　イ．こじあけた〕。
② （　　） 山を歩いていると〔ア．こんにちは　イ．こんにちわ〕と声をかけられた。
③ （　　） 新しい計画の〔ア．おおよそ　イ．おうよそ〕を説明した。

【6-19】 次の各文の〔　　〕の中から最も適切なものを選び、その記号を（　　）の中に記入しなさい。
① （　　） 〔ア．さしずめ　イ．さしづめ〕生活には困らない。
② （　　） この件は〔ア．ゆづる　イ．ゆずる〕ことができません。
③ （　　） キャンプに〔ア．もうふ　イ．もおふ〕を持参した。

【6-20】 次の各文の〔　　〕の中から最も適切なものを選び、その記号を（　　）の中に記入しなさい。
① （　　） 待合室で〔ア．みぢか　イ．みじか〕にある本を読んだ。
② （　　） あの人の底〔ア．ぢから　イ．じから〕には驚いた。
③ （　　） 私はこの一年で〔ア．いちぢるしく　イ．いちじるしく〕身長が伸びた。

【6-21】 次の各文の〔　　〕の中から最も適切なものを選び、その記号を（　　）の中に記入しなさい。
① （　　） この料理は、とても〔ア．あじ　イ．あぢ〕が良い。
② （　　） 工事現場の〔ア．づじょう　イ．ずじょう〕には注意しよう。
③ （　　） 彼の送別会を〔ア．もよおした　イ．もようした〕。

筆記編⑦対策問題

【⑦-1】 次の各文の下線部の読みを、常用漢字表付表に従い、ひらがなで（　　）の中に記入しなさい。
- ① （　　　　　）　この温泉には、硫黄が含まれる。
- ② （　　　　　）　田植式が、多くの早乙女たちの手で行われる。
- ③ （　　　　　）　あの方が、姉の仲人だ。

【⑦-2】 次の各文の下線部の読みを、常用漢字表付表に従い、ひらがなで（　　）の中に記入しなさい。
- ① （　　　　　）　師走は何かと忙しい。
- ② （　　　　　）　白熱した試合を、観客は固唾をのんで見守っている。
- ③ （　　　　　）　クルーザーで沖に出て、海原を見渡した。

【⑦-3】 次の各文の下線部の読みを、常用漢字表付表に従い、ひらがなで（　　）の中に記入しなさい。
- ① （　　　　　）　あの人は、周りの人から一言居士だと言われている。
- ② （　　　　　）　参道に入ると、読経の声が聞こえてきた。
- ③ （　　　　　）　この公園で、若人の祭典が行われる。

【⑦-4】 次の各文の下線部の読みを、常用漢字表付表に従い、ひらがなで（　　）の中に記入しなさい。
- ① （　　　　　）　父親は、息子の成長を楽しみにしている。
- ② （　　　　　）　友人の紹介で、三味線を習うことになった。
- ③ （　　　　　）　梅雨の時期は、洗濯物が乾かなくて大変だ。

【⑦-5】 次の各文の下線部の読みを、常用漢字表付表に従い、ひらがなで（　　）の中に記入しなさい。
- ① （　　　　　）　いくら探しても、ボールの行方は分からなかった。
- ② （　　　　　）　彼女は、小豆を煮てお汁粉を作った。
- ③ （　　　　　）　友達と河原で、花火をして遊んだ。

【⑦-6】 次の各文の下線部の読みを、常用漢字表付表に従い、ひらがなで（　　）の中に記入しなさい。
- ① （　　　　　）　姉が言うには、乙女心は傷つきやすいそうだ。
- ② （　　　　　）　この先は、ずっと砂利道だ。
- ③ （　　　　　）　ここは昔、メリケン波止場と言われていた。

【⑦-7】 次の各文の下線部の読みを、常用漢字表付表に従い、ひらがなで（　　）の中に記入しなさい。
- ① （　　　　　）　この時期は、神社の紅葉がとてもきれいだ。
- ② （　　　　　）　一度負けたくらいで簡単にあきらめるなんて、意気地がない。
- ③ （　　　　　）　草履で歩いたら、足が痛くなった。

【⑦-8】 次の各文の下線部の読みを、常用漢字表付表に従い、ひらがなで（　　）の中に記入しなさい。
- ① （　　　　　）　この書類には、必ず氏名欄に仮名をふってください。
- ② （　　　　　）　イベント会場では、迷子が多いので注意してください。
- ③ （　　　　　）　ここからの景色は、素晴らしい。

【⑦-9】 次の各文の下線部の読みを、常用漢字表付表に従い、ひらがなで（　　）の中に記入しなさい。
- ① （　　　　　）　父は小さい頃、蚊帳の中で寝るのが楽しみだった。
- ② （　　　　　）　稚児を背負った親子連れが、歩いていた。
- ③ （　　　　　）　私は、木綿の下着が好きだ。

【⑦-10】 次の各文の下線部の読みを、常用漢字表付表に従い、ひらがなで（　　）の中に記入しなさい。
- ① （　　　　　）　彼は真面目で、みんなに信頼されている。
- ② （　　　　　）　吹雪で家から出られませんでした。
- ③ （　　　　　）　ここの朝市では、海女の人たちが漁穫したウニとアワビが並んでいる。

143

【7-11】 次の各文の下線部の読みを、常用漢字表付表に従い、ひらがなで（　　　）の中に記入しなさい。
① （　　　　　　　） お巡りさんが、親切に教えてくれた。
② （　　　　　　　） 近所にある八百屋は、値段が安く、野菜も新鮮だ。
③ （　　　　　　　） 明日は体育祭があるので、晴れてほしい。

【7-12】 次の各文の下線部の読みを、常用漢字表付表に従い、ひらがなで（　　　）の中に記入しなさい。
① （　　　　　　　） 果物ではリンゴが一番好きです。
② （　　　　　　　） 今日はいい日和です。
③ （　　　　　　　） 最近、祭で浴衣の人を多く見かける。

【7-13】 次の各文の下線部の読みを、常用漢字表付表に従い、ひらがなで（　　　）の中に記入しなさい。
① （　　　　　　　） 狭い部屋で複数の人間が寝ることを雑魚寝という。
② （　　　　　　　） 熱戦の名残をとどめるスタジアム。
③ （　　　　　　　） 数時間で時雨が通り過ぎた。

【7-14】 次の各文の下線部の読みを、常用漢字表付表に従い、ひらがなで（　　　）の中に記入しなさい。
① （　　　　　　　） ねぶた祭を桟敷席で見学しました。
② （　　　　　　　） 彼女の歌は玄人はだしです。
③ （　　　　　　　） 海外に旅行するので、為替レートを調べている。

【7-15】 次の各文の下線部の読みを、常用漢字表付表に従い、ひらがなで（　　　）の中に記入しなさい。
① （　　　　　　　） みんなで山車を引きましょう。
② （　　　　　　　） 弥生とは、陰暦3月の別の名である。
③ （　　　　　　　） 道を歩いていると突然、尻尾の長い犬に吠えられた。

【7-16】 次の各文の下線部の読みを、常用漢字表付表に従い、ひらがなで（　　　）の中に記入しなさい。
① （　　　　　　　） 私は下手ですが唄が好きです。
② （　　　　　　　） 母の白髪が増えました。
③ （　　　　　　　） 久しぶりに帰省するので、お土産をたくさん買った。

【7-17】 次の各文の下線部の読みを、常用漢字表付表に従い、ひらがなで（　　　）の中に記入しなさい。
① （　　　　　　　） 梅雨の晴れ間を、五月晴れという。
② （　　　　　　　） あの山で雪崩が起きた。
③ （　　　　　　　） 私はまったくの素人だ。

【7-18】 次の各文の下線部の読みを、常用漢字表付表に従い、ひらがなで（　　　）の中に記入しなさい。
① （　　　　　　　） 最近、足袋を履く機会が減りました。
② （　　　　　　　） そろそろ田舎に帰ろうかと思っています。
③ （　　　　　　　） 北海道の自然は、大地の息吹を感じる。

【7-19】 次の各文の下線部の読みを、常用漢字表付表に従い、ひらがなで（　　　）の中に記入しなさい。
① （　　　　　　　） 私の祖父は、野良仕事をしている。
② （　　　　　　　） 剣道をするには、竹刀と防具が必要だ。
③ （　　　　　　　） 彼は柔道部の猛者だ。

【7-20】 次の各文の下線部の読みを、常用漢字表付表に従い、ひらがなで（　　　）の中に記入しなさい。
① （　　　　　　　） 現在では、伝統的な技法を継承する鍛冶は非常に少ない。
② （　　　　　　　） ハイキングでは、自然の風が心地よい。
③ （　　　　　　　） 老舗は昔から伝統的に事業を展開するため、信用性が高いとされる。

【7-21】 次の各文の下線部の読みを、常用漢字表付表に従い、ひらがなで（　　　）の中に記入しなさい。
① （　　　　　　　） 彼とまともに太刀打ちしてはかなわない。
② （　　　　　　　） 庭園などに、石や土を盛ってつくった小山のことを築山という。
③ （　　　　　　　） 見物人が十重二十重に取り囲んだ。

【⑧-1】 次の＜Ａ＞・＜Ｂ＞の各問いに答えなさい。

＜Ａ＞次の各文の〔　　〕の中から、ことわざ・慣用句の一部として最も適切なものを選び、
その記号を（　　）の中に記入しなさい。

① （　　）　こんなことをしたのは言わず〔ア．と　イ．に〕知れた彼の仕業だ。

② （　　）　大切なものだが、背に腹〔ア．を　イ．は〕かえられないので売ることにした。

＜Ｂ＞次の各文の下線部の読みに最も適切なものを選び、その記号を（　　）の中に記入しなさい。

③ （　　）　彼は、友人とのトラブルに頭〔ア．かしら　イ．あたま　ウ．ず〕を抱えた。

④ （　　）　先輩として、君に苦言〔ア．げん　イ．ごん〕を呈しておきたい。

【⑧-2】 次の＜Ａ＞・＜Ｂ＞の各問いに答えなさい。

＜Ａ＞次の各文の〔　　〕の中から、ことわざ・慣用句の一部として最も適切なものを選び、
その記号を（　　）の中に記入しなさい。

① （　　）　大変申し訳ないが、雀〔ア．の　イ．に〕涙ほどの謝礼しか出せません。

② （　　）　両チームが肩〔ア．に　イ．を〕並べて優勝を争った。

＜Ｂ＞次の各文の下線部の読みに最も適切なものを選び、その記号を（　　）の中に記入しなさい。

③ （　　）　前の試合の二の舞〔ア．ぶ　イ．まい〕を演じるようなことは、しない。

④ （　　）　彼女は、進学するか就職するかの岐路〔ア．じ　イ．ろ〕に立たされた。

【⑧-3】 次の＜Ａ＞・＜Ｂ＞の各問いに答えなさい。

＜Ａ＞次の各文の〔　　〕の中から、ことわざ・慣用句の一部として最も適切なものを選び、
その記号を（　　）の中に記入しなさい。

① （　　）　会議の前に、この書類に目〔ア．で　イ．を〕通しておいてください。

② （　　）　私は機転〔ア．を　イ．が〕利かないので、失敗ばかりしている。

＜Ｂ＞次の各文の下線部の読みに最も適切なものを選び、その記号を（　　）の中に記入しなさい。

③ （　　）　町会長が自腹〔ア．ばら　イ．ふく　ウ．はら〕を切って、子どもにお菓子を配った。

④ （　　）　各政党の足並み〔ア．なみ　イ．ならみ〕が揃わず、議会は後日まで延期された。

【⑧-4】 次の＜Ａ＞・＜Ｂ＞の各問いに答えなさい。

＜Ａ＞次の各文の〔　　〕の中から、ことわざ・慣用句の一部として最も適切なものを選び、
その記号を（　　）の中に記入しなさい。

① （　　）　困っている友人に肩〔ア．を　イ．で〕貸す。

② （　　）　石油の高騰が尾〔ア．を　イ．に〕引いて、景気がなかなか回復しない。

＜Ｂ＞次の各文の下線部の読みに最も適切なものを選び、その記号を（　　）の中に記入しなさい。

③ （　　）　約束の時間より早く来てしまい、間〔ア．かん　イ．けん　ウ．ま〕が持てなかった。

④ （　　）　うわさなんか、歯牙〔ア．げ　イ．が〕にも掛けない。

【⑧-5】 次の＜Ａ＞・＜Ｂ＞の各問いに答えなさい。

＜Ａ＞次の各文の〔　　〕の中から、ことわざ・慣用句の一部として最も適切なものを選び、
その記号を（　　）の中に記入しなさい。

① （　　）　試験の日まであと数日なので、いよいよ尻に火〔ア．は　イ．が〕付いた。

② （　　）　これは良いものだと、店の主人が太鼓判〔ア．で　イ．を〕押していた。

＜Ｂ＞次の各文の下線部の読みに最も適切なものを選び、その記号を（　　）の中に記入しなさい。

③ （　　）　兄は私の世話〔ア．せわ　イ．よわ〕を焼きたがる。

④ （　　）　部外者の私が口を出しては角〔ア．すみ　イ．かど〕が立つから黙っていた。

【⑧-6】　次の＜Ａ＞・＜Ｂ＞の各問いに答えなさい。
　＜Ａ＞次の各文の〔　　〕の中から、ことわざ・慣用句の一部として最も適切なものを選び、
　　　その記号を（　　）の中に記入しなさい。
　①（　　）　静かな午後の日は事〔ア．も　イ．に〕なくゆるやかに時が移ってゆく。
　②（　　）　彼は何を思ったのか、はたと膝〔ア．に　イ．を〕打って立ち上がった。
　＜Ｂ＞次の各文の下線部の読みに最も適切なものを選び、その記号を（　　）の中に記入しなさい。
　③（　　）　横暴な発言を、腸〔ア．はらわた　イ．ちょう〕が煮えくり返る思いで我慢した。
　④（　　）　世話になったので、彼女には頭〔ア．ず　イ．あたま〕が上がらない。

【⑧-7】　次の＜Ａ＞・＜Ｂ＞の各問いに答えなさい。
　＜Ａ＞次の各文の〔　　〕の中から、ことわざ・慣用句の一部として最も適切なものを選び、
　　　その記号を（　　）の中に記入しなさい。
　①（　　）　この職場に腰〔ア．が　イ．を〕据えて、もう三十年になる。
　②（　　）　ここから先は、言わぬ〔ア．が　イ．も〕花だ。
　＜Ｂ＞次の各文の下線部の読みに最も適切なものを選び、その記号を（　　）の中に記入しなさい。
　③（　　）　悪気はなかったようだから、今回は大目〔ア．おおめ　イ．だいもく〕に見よう。
　④（　　）　彼女は国立大学の職を辞して、野〔ア．や　イ．の〕に下った。

【⑧-8】　次の＜Ａ＞・＜Ｂ＞の各問いに答えなさい。
　＜Ａ＞次の各文の〔　　〕の中から、ことわざ・慣用句の一部として最も適切なものを選び、
　　　その記号を（　　）の中に記入しなさい。
　①（　　）　彼女のように押し〔ア．に　イ．が〕強い人にはかなわない。
　②（　　）　受賞したことを告げられ、一瞬自分の耳〔ア．を　イ．に〕疑った。
　＜Ｂ＞次の各文の下線部の読みに最も適切なものを選び、その記号を（　　）の中に記入しなさい。
　③（　　）　落語家は、立て板〔ア．ばん　イ．いた　ウ．はん〕に水のように話した。
　④（　　）　親の言葉を肝〔ア．かん　イ．きも〕に銘じて、一生懸命働いた。

【⑧-9】　次の＜Ａ＞・＜Ｂ＞の各問いに答えなさい。
　＜Ａ＞次の各文の〔　　〕の中から、ことわざ・慣用句の一部として最も適切なものを選び、
　　　その記号を（　　）の中に記入しなさい。
　①（　　）　課長の意〔ア．に　イ．の〕かなった企画を出したので、認められた。
　②（　　）　あの店なら顔〔ア．を　イ．が〕利くから、安く買える。
　＜Ｂ＞次の各文の下線部の読みに最も適切なものを選び、その記号を（　　）の中に記入しなさい。
　③（　　）　馬子〔ア．うまし　イ．まご　ウ．ばし〕にも衣装とはよく言ったものだ。
　④（　　）　この組合せだと、私たちのチームには分〔ア．ふん　イ．ふ　ウ．ぶ〕がいい。

【⑧-10】　次の＜Ａ＞・＜Ｂ＞の各問いに答えなさい。
　＜Ａ＞次の各文の〔　　〕の中から、ことわざ・慣用句の一部として最も適切なものを選び、
　　　その記号を（　　）の中に記入しなさい。
　①（　　）　この資料を短時間で作った彼女は、隅〔ア．に　イ．が〕置けない。
　②（　　）　一時は影〔ア．を　イ．の〕潜めていた病気が、猛威を振るいだした。
　＜Ｂ＞次の各文の下線部の読みに最も適切なものを選び、その記号を（　　）の中に記入しなさい。
　③（　　）　彼は営業から庶務にまわり、やっと所〔ア．しょ　イ．ところ〕を得た感じだ。
　④（　　）　前回もよかったが、今回はさらに輪〔ア．わ　イ．りん〕をかけて素晴らしい。

8 筆記総合問題

第1回　筆記総合問題

解答はすべて別冊の解答用紙に記入しなさい

3級　筆記（制限時間15分）（①〜⑧計50問　各2点　合計100点）

① 次の各文は何について説明したものか、最も適切な用語を解答群の中から選び、記号で答えなさい。

① 入力した文字列などを行の右端でそろえること。

② 磁性体を塗布した円盤を組み込んだ代表的な補助記憶装置のことで、パソコンに内蔵してOSなどシステムに必要なデータを記憶するとともに、作成した文書やデータを保存する。

③ 範囲指定した文字列を任意の長さの中に均等な間隔で配置する機能のこと。

④ 画面での表示や印刷する際の文字のデザインのこと。

⑤ 画面に表示される格子状の点や線のこと。

⑥ 主に日本国内で使われる用紙サイズ（ローカル基準）のこと。

⑦ 端末装置から読み書きできる外部記憶領域を提供するシステムのこと。

⑧ 作業に必要な解説文を検索・表示する機能のこと。

【解答群】

ア．均等割付け　　　　　イ．ヘルプ機能　　　　　ウ．ハードディスク

エ．ファイルサーバー　　オ．グリッド（グリッド線）　カ．右寄せ（右揃え）

キ．フォント　　　　　　ク．Bサイズ（B4・B5）

② 次の各文の下線部について、正しい場合は○を、誤っている場合は最も適切な用語を解答群の中から選び、記号で答えなさい。

① マウスの左ボタンを素早く2度続けてクリックする動作のことを、<u>ドラッグ</u>という。

② <u>インクジェットプリンタ</u>とは、液体のインクを用紙に吹き付けて印刷するタイプのプリンタのことである。

③ 日本語入力システムによるかな漢字変換で、漢字に1文字ずつ変換することを、<u>文節変換</u>という。

④ 文書の上下左右に設けた何も印刷しない部分のことを、<u>書式設定</u>という。

⑤ <u>カット&ペースト</u>とは、文字やオブジェクトを複製し、別の場所に挿入する編集作業のことである。

⑥ マウスを操作することにより、画面上での選択や実行などの入力位置を示すアイコンのことを、<u>カーソル</u>という。

⑦ ファイルの内容やソフトの種類、機能などを小さな絵や記号で表現したものを、<u>アイコン</u>という。

⑧ OHPやプロジェクタの提示画面を投影する幕のことを、<u>ディスプレイ</u>という。

【解答群】

ア．レーザプリンタ　　　イ．余白（マージン）　　ウ．スクリーン

エ．テンプレート　　　　オ．単漢字変換　　　　　カ．コピー&ペースト

キ．ダブルクリック　　　ク．マウスポインタ

3　次の各文の〔　　〕の中から最も適切なものを選び、記号で答えなさい。

① 「まずは、〜のごあいさつまで。」などと、本文を締めくくる一文のことを
〔ア．末文　イ．別記事項　ウ．後付け〕という。

② 〔ア．Shift＋Tab　イ．NumLock　ウ．Delete　〕は、「テンキーの数字キーのON/OFF」を切り替えるキーのことである。

③ ＵＳＢの規格で通信できるケーブルや端子に表示する、ＵＳＢのマークは、〔ア．⓵　イ．☾　ウ．⛗ 〕である。

④ 「全角英数への変換」と「大文字小文字の切り替え」をするキーは、〔ア．F7　イ．F9　ウ．F8 〕である。

⑤ 記号　。　の名称は、〔ア．ピリオド　イ．読点　ウ．句点〕である。

⑥ 業務を行ったり、企業の内外の相手に連絡したりする文書を〔ア．通信文書　イ．帳票〕という。

⑦ 〔ア．前文　イ．後付け　ウ．前付け〕とは、本文の前に付けるという意味で、文書番号・発信日付・受信者名・発信者名などから構成される。

⑧ 〔ア．発信簿　イ．受信簿〕とは、外部へ発送する文書の日時・発信者・受信者・種類などを記帳したものである。

4　次の各問いの答えとして、最も適切なものをそれぞれのア〜ウの中から選び、記号で答えなさい。

① 同封物指示を入力する場所を何というか。
　　　ア．前付け　　　　　　　イ．後付け　　　　　　　ウ．本文

② おめでたい内容の連絡をする場合に用いる頭語はどれか。
　　　ア．謹啓　　　　　　　　イ．追伸（追って書き）　ウ．拝復

③ 発信日付と発信者名の間に入る構成要素はどれか。
　　　ア．文書番号　　　　　　イ．別記事項　　　　　　ウ．受信者名

④ 文書番号を入力するときに必要となる操作を何というか。
　　　ア．センタリング　　　　イ．右寄せ（右揃え）　　ウ．禁則処理

⑤ 「会員」など複数の個人を意味する名称に付ける敬称はどれか。
　　　ア．各位　　　　　　　　イ．様　　　　　　　　　ウ．先生

⑥ 下の点線内の校正結果はどれか。

```
拝啓　貴社ますますご隆盛のこととお喜び申し上げます。⌐さて、
```

　　　ア．拝啓　貴社ますますご隆盛のこととお喜び申し上げます。　　さて、
　　　イ．拝啓　貴社ますますご隆盛のこととお喜び申し上げます。
　　　　　さて、
　　　ウ．拝啓　貴社ますますご隆盛のこととお喜び申し上げます。
　　　　　　さて、

5　次の表の①～⑩の中に入る漢字または読みとして、最も適切なものを解答群の中から選び、記号で答えなさい。ただし、音訓の読みが複数ある場合はその一つを記してある。また、活用語の読みは送り仮名を含む終止形になっている。

番　号	漢　字	音読み	訓読み
例	何	か	なに
1	①	き	すでに
2	枯	②	かれる
3	寂	じゃく	③
4	④	きゅう	うす
5	泥	⑤	どろ
6	乞	－	⑥
7	⑦	しゅう	ける
8	餅	⑧	もち
9	錦	きん	⑨
10	⑩	よう	おどる

【解答群】
ア．こ　　　　　オ．へい　　　　ケ．既
イ．にしき　　　カ．くやむ　　　コ．蹴
ウ．せん　　　　キ．でい　　　　サ．踊
エ．こう　　　　ク．さびしい　　シ．臼

6　次の各文の〔　　〕の中から、現代仮名遣いとして最も適切なものを選び、記号で答えなさい。
①　幼い妹に〔ア．いれじえ　イ．いれぢえ〕する。
②　「六日のあやめ、〔ア．とうか　イ．とおか〕の菊」という成句がある。
③　明日は〔ア．あるいは　イ．あるいわ〕雨かもしれない。

7　次の各文の下線部の読みを、常用漢字表付表に従い、ひらがなで答えなさい。
①　旅行先で泊まったのは、とても景色の良い部屋だった。
②　親が仕事で忙しいので、家事を手伝うように心がけている。
③　風邪がはやっているので、予防を心がけましょう。

8　次の＜Ａ＞・＜Ｂ＞の各問いに答えなさい。
＜Ａ＞次の各文の〔　　〕の中から、ことわざ・慣用句の一部として最も適切なものを選び、
　　記号で答えなさい。
①　腰〔ア．に　イ．を〕入れて環境保全に取り組んでもらいたい。
②　君の熱意には兜〔ア．を　イ．に〕脱ぐよ。
＜Ｂ＞次の各文の下線部の読みに最も適切なものを選び、記号で答えなさい。
③　この時期は、猫も杓子〔ア．ひょうこ　イ．しゃくし〕も花見に繰り出す。
④　あの教授は、現代音楽に造詣〔ア．もう　イ．けい〕が深い。

解答はすべて別冊の解答用紙に記入しなさい

3級　筆記（制限時間15分）（1 ～ 8計50問　各2点　合計100点）

1　次の各文は何について説明したものか。最も適切な用語を解答群の中から選び、記号で答えなさい。

①　画面上で、日本語入力の状態を表示する枠のこと。

②　プリンタを制御するためのソフトウェア（デバイスドライバ）のこと。

③　出力装置の一つで、文字や図形などを表示する装置のこと。

④　ファイルやプログラムなどのデータを保存しておく場所のこと。

⑤　マウスの左ボタンを押す動作のこと。

⑥　ディスプレイ上で、アプリケーションのウィンドウやアイコンを表示する領域のこと。

⑦　文字やオブジェクトを切り取り、別の場所に挿入する編集作業のこと。

⑧　横幅が全角文字の2倍である文字のこと。

【解答群】

ア．デスクトップ　　　　　イ．横倍角文字　　　　　ウ．ディスプレイ

エ．フォルダ　　　　　　　オ．プリンタドライバ　　カ．クリック

キ．言語バー　　　　　　　ク．カット＆ペースト

2　次の各文の下線部について、正しい場合は○を、誤っている場合は最も適切な用語を解答群の中から選び、記号で答えなさい。

①　用紙サイズ・用紙の方向・1行の文字数・1ページの行数など、作成する文書の体裁（スタイル）を定める作業のことを、<u>ワープロ</u>という。

②　半導体で構成された外付け用の補助記憶装置のことで、装置が小さく大容量で、読み書きも速く、取り外しが容易であるものを、<u>ハードディスク</u>という。

③　文字入力の位置と状態を示すアイコンのことを、<u>マウスポインタ</u>という。

④　<u>等幅フォント</u>とは、文字の書体を変えたり、模様を付けたりして、文章の一部を強調する機能のことで、下線、太字（ボールド）、斜体（イタリック）、中抜き、影付きなどがある。

⑤　作業に必要な解説文を検索・表示する機能のことを、<u>ヘルプ機能</u>という。

⑥　印刷前に仕上がり状態をディスプレイ上に表示する機能のことを、<u>互換性</u>という。

⑦　<u>辞書</u>とは、日本語入力システムで、変換処理に必要な読み仮名に対応した漢字などのデータを収めたファイルのことである。

⑧　キーボードを見ないで、すべての指を使いタイピングする技術のことを、<u>デバイスドライバ</u>という。

【解答群】

ア．タッチタイピング　　　イ．無線LAN　　　　　ウ．書式設定

エ．学習機能　　　　　　　オ．印刷プレビュー　　　カ．文字修飾

キ．カーソル　　　　　　　ク．USBメモリ

3 次の各文の〔　〕の中から最も適切なものを選び、記号で答えなさい。

① 締め切りや封緘の印に使用する記号は、〔ア．々　イ．〆　ウ．〃〕である。

② ビジネスでの業務に直接関係のない、折々の挨拶や祝意などを伝える文書を
〔ア．取引文書　イ．社交文書〕という。

③ 〔ア．簡易書留　イ．書留〕とは、引受けと配達時点での記録をし、配達先に手渡しをして確実
な送達を図る郵便物のことである。

④ カーソルの左の文字を消去するキーとは、〔ア．BackSpace　イ．NumLock　ウ．Insert　〕の
ことである。

⑤ 記号　〃　の名称は、〔ア．繰返し記号　イ．長音記号　ウ．同じく記号〕である。

⑥ 〔ア．Shift＋Tab　イ．Esc　ウ．Shift＋CapsLock　〕は、指定された位置に、カーソルを逆戻
りするキーのことである。

⑦ 記号　.　の名称は、〔ア．セミコロン　イ．読点　ウ．ピリオド〕である。

⑧ 「全角カタカナへの変換」をするキーは、〔ア．F10　イ．F7　ウ．F6　〕である。

4 次の各問いの答えとして、最も適切なものをそれぞれのア～ウの中から選び、記号で答えなさい。

① 「営発第１６５号」などの文書番号を入力するときに必要となる操作はどれか。

　　　ア．右寄せ（右揃え）　　　イ．センタリング　　　　ウ．均等割付け

② 返信用の宛先として発信者が自分の氏名に付けることはない敬称はどれか。

　　　ア．様　　　　　　　　　イ．宛　　　　　　　　　ウ．行

③ 「会員」など複数の個人を意味する名称に付ける敬称はどれか。

　　　ア．様　　　　　　　　　イ．御中　　　　　　　　ウ．各位

④ 表示した画面のデータをクリップボードに保有するキーはどれか。

　　　ア．Alt　　　　　　　　イ．PrtSc　　　　　　　　ウ．Ctrl

⑤ ビジネス文書の構成において、別記事項が属するのはどれか。

　　　ア．前付け　　　　　　　イ．本文　　　　　　　　ウ．後付け

⑥ 下の点線内の正しい校正結果はどれか。

　　　ア．部門ビジネス文書１級　イ．ビジネス文書１級部門　ウ．ビジネス文書部門１級

5 次の表の①〜⑩の中に入る漢字または読みとして、最も適切なものを解答群の中から選び、記号で答えなさい。ただし、音訓の読みが複数ある場合はその一つを記してある。また、活用語の読みは送り仮名を含む終止形になっている。

番　号	漢　字	音読み	訓読み
例	慣	かん	なれる
1	穏	おん	①
2	②	ぜつ	した
3	敷	③	しく
4	頬	一	④
5	⑤	ち	いたす
6	袖	⑥	そで
7	厳	げん	⑦
8	⑧	そう	やせる
9	揺	⑨	ゆれる
10	謝	しゃ	⑩

【解答群】
ア．おごそか　　オ．ふ　　　　ケ．鍋
イ．おだやか　　カ．ほお　　　コ．舌
ウ．しゅう　　　キ．あやまる　サ．致
エ．よう　　　　ク．かくれる　シ．痩

6 次の各文の〔　〕の中から、現代仮名遣いとして最も適切なものを選び、記号で答えなさい。
①　どこからか、〔ア．すず　イ．すづ〕の音が聞こえた。
②　あなたの〔ア．おうせ　イ．おおせ〕のとおりです。
③　誕生日には、彼の心〔ア．ずくし　イ．づくし〕の手料理を食べた。

7 次の各文の下線部の読みを、常用漢字表付表に従い、ひらがなで答えなさい。
①　彼は、絵のセンスがあり、上手に似顔絵を描いてくれる。
②　父は、変わった時計を集めている。
③　父親が丹念に手入れをしているので、庭の芝生は絨毯（じゅうたん）のようだ。

8 次の＜A＞・＜B＞の各問いに答えなさい。
＜A＞次の各文の〔　〕の中から、ことわざ・慣用句の一部として最も適切なものを選び、記号で答えなさい。
①　会社が後押し〔ア．に　イ．を〕してくれたので、出場することができた。
②　あの店は資金繰りに目途がつき、道〔ア．が　イ．を〕開けたようだ。
＜B＞次の各文の下線部の読みに最も適切なものを選び、記号で答えなさい。
③　彼は、我〔ア．われ　イ．が　ウ．わ〕が意を得たりというふうに唇をほころばせた。
④　海外生活は、いろいろと勝手〔ア．しょうしゅ　イ．かって〕が違うことが多い。

9 チャレンジ問題

　次の文章を1行30字で入力しなさい。なお、ヘッダーに左寄せでクラス、出席番号、名前を入力すること。

ごまは、タンパク質やミネラルが豊富に含まれており、栄養価の	30
高い食品といえる。また、ごまから採れる油は、健康や美容を気に	60
する多くの人たちにも支持されている。香りが強く独特の風味があ	90
るため、料理の幅を広げる食材だ。	107
一年草であるごまは、成長が早く種まきからわずか１００日ほど	137
で収穫できる。荒れ地や雨の少ない地域でも育つので、アフリカや	167
インドなどで盛んに栽培されている。最近は品不足が続き、高値を	197
心配する消費者も多くいる。	210

9

チャレンジ問題

　1行を30字、1ページを20行に設定し、ヘッダーに左寄せでクラス、出席番号、名前を入力し、次の文書を作成しなさい。

　　　　　　　　　　　　　　　　　　　　　令和4年6月3日

課　長　各　位

　　　　　　　　　　　　　　　　　総　務　課　長

　　　　　　定例課長会議の開催について

　第8回課長会議を下記のとおり開催いたしますので、関係各位はご出席のほどよろしくお願いいたします。今回の議題は、今年度の各課予算の補正並びに、経費の削減案について審議をします。

　つきましては、業務ご多用中のところ恐縮ですが、添付した資料を十分にご検討いただき、ご出席くださいますようお願い申し上げます。

　　　　　　　　　　　　　　記

1．日　時　　6月15日（水）午前9時より
2．場　所　　本社7階　第2会議室
3．その他　　関係資料をご持参ください

　　　　　　　　　　　　　　　　　　　　　　以　上

　次の文章を1行30字で入力しなさい。なお、ヘッダーに左寄せでクラス、出席番号、名前を入力すること。

　日本では、まだ食べられるのに捨てられる商品、いわゆる「食品　　30
ロス」が年間６００万トン以上も発生している。食品ロスの約半分　　60
は、家庭から出されたものである。国民一人あたりに換算すると、　　90
一日に茶碗一杯分もの食べ物を捨てている計算だ。　　114

　捨てた理由としては、食べ残しが全体の６割弱で、次いで商品の　　144
いたみや期限切れとなっている。食品ロスを減らすためには、私た　　174
ち一人ひとりが、買いすぎや作りすぎをやめ、食材を使い切る工夫　　204
に努めたい。　　210

9

チャレンジ問題

　1行を30字、1ページを20行に設定し、ヘッダーに左寄せでクラス、出席番号、名前を入力し、次の文書を作成しなさい。

　　　　　　　　　　　　　　　　令和5年3月15日

社　員　各　位

　　　　　　　　　　　　　総　務　部　長

　　　　　　　駐車場利用許可証について

　駐車場の立体化工事を行い、社員用の駐車スペースを増設しました。マイカー通勤を希望する皆さんは、4月からは6階の駐車場を利用してください。

　つきましては、下記の要領で駐車場の利用許可証を配付いたします。駐車場を利用する際は、ダッシュボードに許可証を提示して、車外から確認できるようにしてください。

　　　　　　　　　　　　記

1．期　　　間　　3月24日（金）から30日（木）まで
2．受付場所　　　福利厚生課窓口
3．担　　当　　　福利係　大笹（内線798）

　　　　　　　　　　　　　　　　　　　以　上

10 模擬試験問題

3級　1回　速度（制限時間10分）

　次の文章を1行30字で入力しなさい。なお、ヘッダーに左寄せでクラス、出席番号、名前を入力すること。

　警察白書によると、全国の拾得物は約三千万点に上り、年々増え　　30
る傾向にある。財布や家の鍵など、生活に欠かせないもののほか、　　60
社員証や各種のカードなど、なくしてしまうと、大切な個人情報が　　90
悪用されかねない。　　100

　大切なものの紛失を防いだり発見し易くしたりするのが、忘れ物　130
防止タグだ。機能は各商品ごとに異なるが、基本的な仕組みは同じ　160
でブルートゥースを使う。　173

　ものにタグを取り付け、スマートフォンに専用のアプリをダウン　203
ロードして、タグを登録する。タグとスマホが一定の距離以上に離　233
れると、最後に通信があった場所をスマホが表示してくれる。アプ　263
リで音を鳴らせるので、音を頼りに探すこともできる。この便利な　293
商品は、今後の必需品になるだろう。　310

　　1行を30字、1ページを29行に設定し、ヘッダーに左寄せでクラス、出席番号、名前を入力し、次の文書を問題の指示や校正記号に従い作成しなさい。

営発第６７号
令和４年４月２５日

アイデーズ株式会社
　　販売部長　　山下　　あかね　　様

富士宮市弓沢町１５－１
　　株式会社　　アイサポート
　　営業部長　　丸山　　克子

<u>新商品のご案内</u>←──フォントは横200％（横倍角）にし、一重下線を引き、センタリングする。
拝啓　貴社ますますご発展のこととお喜び申し上げます。
　　さて、このたび当社では、夏に向けて、カラーコンタクトレンズやＵＶカットの商品を、メーカーとタイアップして、多数ご用意いたしました。特に下記の商品について、低価格での販売を実現することができましたので、ご案内いたします。
　　なお、値引率については、ご注文の数量により　検討いたしますので、よろしくお願い申し上げます。
トルアキ
敬具

記←──センタリングする。

表の行間は2.0とし、センタリングする。

品　　　　番	商　　　　　品	１箱（１０枚入）
Ｃ－１２	カラーコンタクトＲ	９８９円
Ｕ－３４５２	ＵＶカットＳ	１，７８２円

以　上

枠内で均等割付けする。　　枠内で右寄せする。

右寄せし、行末に１文字分スペースを入れる。

解答はすべて別冊の解答用紙に記入しなさい

1　次の各用語に対して、最も適切な説明文を解答群の中から選び、記号で答えなさい。

① レーザプリンタ　　　② ドラッグ　　　③ プルダウンメニュー
④ 余白（マージン）　　⑤ コピー＆ペースト　⑥ 用紙サイズ
⑦ 上書き保存　　　　　⑧ マウスポインタ（マウスカーソル）

【解答群】

ア．マウスを操作することにより、画面上での選択や実行などの入力位置を示すアイコンのこと。

イ．文字やオブジェクトを複製し、別の場所に挿入する編集作業のこと。

ウ．マウスの左ボタンを押したまま、マウスを動かすこと。

エ．読み込んだ文書データを同じファイル名と拡張子で保存すること。

オ．ウィンドウや画面の上段に表示されている項目をクリックして、より詳細なコマンドがすだれ式に表示されるメニューのこと。

カ．プリンタで利用する用紙の大きさのこと。

キ．レーザ光線を用いて、トナーを用紙に定着させて印刷するプリンタのこと。

ク．文書の上下左右に設けた何も印刷しない部分のこと。

2　次の各文の下線部について、正しい場合は○を、誤っている場合は最も適切な用語を解答群の中から選び、記号で答えなさい。

① <u>プロポーショナルフォント</u>とは、文字ピッチを均等にするフォントのことである。

② 行頭や行末にあってはならない句読点や記号などを行末や行頭に強制的に移動する処理のことを、<u>均等割付け</u>という。

③ パソコンやビデオなどからの映像をスクリーンに投影する装置のことを、<u>ディスプレイ</u>という。

④ 記憶媒体をデータの読み書きができる状態にすることを、<u>フォーマット（初期化）</u>という。

⑤ 横幅が全角文字の半分である文字のことを、<u>横倍角文字</u>という。

⑥ 🛜 は、無線LANのマークである。

⑦ インク溶液の発色や吸着に優れた印刷用紙のことを、<u>フォト用紙</u>という。

⑧ かな漢字変換において、ユーザの利用状況をもとにして、同音異義語の表示順位などを変える機能のことを、<u>ヘルプ機能</u>という。

【解答群】

ア．等幅フォント　　　イ．保存　　　　　　ウ．学習機能
エ．禁則処理　　　　　オ．インクジェット用紙　カ．半角文字
キ．プロジェクタ　　　ク．⟜•

3　次の各文の〔　　〕の中から最も適切なものを選び、記号で答えなさい。

① 〔ア．書留　イ．簡易書留　ウ．速達〕とは、通常の郵便物や荷物に優先して、迅速に送達される郵便物のことである。

② 記号　・　の名称は、〔ア．中点　イ．ピリオド　ウ．句点〕である。

③ 〔ア．社内文書　イ．社外文書〕とは、社外の人や取引先などに出す文書のことで、儀礼的な要素を含み、時候の挨拶や末文の挨拶などを加える。

④ 単独では機能せず、ショートカットキーの修飾をするキーであるものは、〔ア．PrtSc　イ．Ctrl　ウ．Alt　〕である。

⑤ 〔ア．Delete　イ．BackSpace　ウ．Shift＋CapsLock　〕は、カーソルの右の文字を消去するキーのことである。

⑥ 記号〔ア．$　イ．&　ウ．¥　〕の名称は、アンパサンドである。

⑦ 〔ア．F 9　イ．F10　ウ．F 6　〕は、「ひらがなへの変換」をするキーのことである。

⑧ 〔ア．ファンクションキー　イ．ショートカットキー〕とは、ＯＳやソフトが特定の操作を登録する、F 1からF12までのキーのことである。

4　次の文書についての各問いの答えとして、最も適切なものをそれぞれのア～ウの中から選び、記号で答えなさい。

① Ａに設定されている機能はどれか。
　　ア．中央揃え　　　　　　　　イ．右寄せ　　　　　　　　ウ．均等割付け

② Ｂの名称はどれか。
　　ア．頭語　　　　　　　　　　イ．件名　　　　　　　　　ウ．発信日付

③ Ｃに入る敬称はどれか。
　　ア．御中　　　　　　　　　　イ．様　　　　　　　　　　ウ．各位

④ Ｄの正しい校正結果はどれか。
　　ア．浦安市猫実１－１　　　イ．浦安市猫実　　１－１　　ウ．浦安市猫実トル１－１

⑤ Ｅに入る件名はどれか。
　　ア．試乗会開催のご案内　　イ．株主総会のご案内　　　ウ．支払条件の変更依頼

⑥ Ｆはビジネス文書の構成の中で何という部分に当たるか。
　　ア．追伸（追って書き）　　イ．別途事項　　　　　　　ウ．末文

5 次の表の①〜⑩の中に入る漢字または読みとして、最も適切なものを解答群の中から選び、記号で答えなさい。ただし、音訓の読みが複数ある場合はその一つを記してある。また、活用語の読みは送り仮名を含む終止形になっている。

番 号	漢 字	音読み	訓読み
例	華	か	はな
1	厚	①	あつい
2	弥	―	②
3	③	そう	くわ
4	僅	④	わずか
5	寿	じゅ	⑤
6	⑥	ほう	はち
7	摘	⑦	つむ
8	羨	せん	⑧
9	⑨	ま	みがく
10	編	⑩	あむ

【解答群】
ア. へん　　オ. うらやむ　　ケ. 蜂
イ. こう　　カ. ことぶき　　コ. 磨
ウ. だます　キ. きん　　　　サ. 荘
エ. や　　　ク. てき　　　　シ. 桑

6 次の各文の〔　〕の中から、現代仮名遣いとして最も適切なものを選び、記号で答えなさい。
① 学校で、〔ア. ずが　イ. づが〕の時間に、桜の絵を描いた。
② 〔ア. しょうじき　イ. しょうぢき〕なところ自信がない。
③ 祖父は〔ア. いまはのきわ　イ. いまわのきわ〕に幸せそうな表情でほほえんだ。

7 次の各文の下線部の読みを、常用漢字表付表に従い、ひらがなで答えなさい。
① 友達と、七夕の日に会う約束をした。
② 今月の二十日に、美術館に行く予定だ。
③ 父の隣に座っている人は、私の伯父です。

8 次の＜A＞・＜B＞の各問いに答えなさい。
＜A＞次の各文の〔　〕の中から、ことわざ・慣用句の一部として最も適切なものを選び、記号で答えなさい。
① 短気〔ア. が　イ. は〕損気だと、後輩にいましめた。
② 立派な息子を持って鼻〔ア. が　イ. に〕高い。
＜B＞次の各文の下線部の読みに最も適切なものを選び、記号で答えなさい。
③ 父は家族のために身を粉〔ア. こな　イ. ふん　ウ. こ〕にして働いた。
④ ピンチ・ヒッターとして、ルーキーに白〔ア. びゃく　イ. しら〕羽の矢が立った。

　次の文章を1行30字で入力しなさい。なお、ヘッダーに左寄せでクラス、出席番号、名前を入力すること。

　犬がチョコレートを食べると、下痢やおう吐などを起こすことが　　30
ある。主な原因は、カカオの苦味成分で、犬はこの物質を分解する　　60
酵素が弱いので、中毒症状が出やすい。　　79

　バレンタインデーの時期は、愛犬家にとって注意が必要だ。2月　109
は、犬が誤ってチョコレートを食べて、中毒を起こし、動物病院で　139
治療を受ける事例が、一年間で最も多い。多くは飼い主の不注意が　169
原因とみられ、専門家らは注意を呼びかけている。　193

　かばんの中に入れていたチョコレートを、犬が深夜にこっそり食　223
べたり、飼い主が食べているのを、横からうばったりした場合が多　253
いという。特に小型犬は、少量でも注意が必要だ。食べてしまった　283
ときは、吐かせて、動物病院に連れて行くことが望ましい。　310

1行を30字、1ページを29行に設定し、ヘッダーに左寄せでクラス、出席番号、名前を入力し、次の文書を問題の指示や校正記号に従い作成しなさい。

営発第６３５号　←──────── 右寄せする。
令和５年２月８日　←────────

熊谷産業株式会社
　　販売部長　高柳　正江　様

　　　　　　　　　館林市城田町７－９－１
　　　　　　　　　　株式会社　つつじ物産
　　　　　　　　　　営業部長　小林　大助

機能付き弁当箱の注文について　←── 一重下線を引き、センタリングする。
拝啓　貴社ますますご隆盛のこととお喜び申し上げます。
　さて、昨日はご丁寧なお見積もりをいただき、誠にありがとうございました。同封の商品サンプルも選考の一助となり、担当者も喜んでおりました。つきましては、貴社へ下記の商品を正式に注文いたします。なお、月末までに注文請書をいただけない場合は、本状が無効となりますので、ご承知おきください。

　　　　　　敬　　具　←── 右寄せし、行末に１文字分スペースを入れる。

記

表の行間は2.0とし、センタリングする。

品　　番	品　　名	数　　量
ＭＢＤ－１４８	メロディ付き弁当箱	８００個
ｈｂ９２５	加温式二段重ね弁当箱	１，９００個

枠内で均等割付けする。　　　　枠内で右寄せする。

　　　　　　　　　　　　　　　　　　　以　上

解答はすべて別冊の解答用紙に記入しなさい

1　次の各用語に対して、最も適切な説明文を解答群の中から選び、記号で答えなさい。

① 等幅フォント　　　　② 禁則処理　　　　③ テンプレート

④ フォーマット（初期化）　⑤ プロジェクタ　　⑥ ＩＭＥ

⑦ ドラッグ　　　　　　⑧ インクジェット用紙

【解答群】

ア．インク溶液の発色や吸着に優れた印刷用紙のこと。

イ．マウスの左ボタンを押したまま、マウスを動かすこと。

ウ．記憶媒体をデータの読み書きができる状態にすること。

エ．文字ピッチを均等にするフォントのこと。

オ．日本語入力のためのアプリケーションソフトのこと。

カ．パソコンやビデオなどからの映像をスクリーンに投影する装置のこと。

キ．行頭や行末にあってはならない句読点や記号などを行末や行頭に強制的に移動する処理のこと。

ク．定型文書を効率よく作成するために用意された文書のひな形のこと。

2　次の各文の下線部について、正しい場合は○を、誤っている場合は最も適切な用語を解答群の中から選び、記号で答えなさい。

① マウスの左ボタンを押す動作のことを、**ダブルクリック**という。

② 日本語を入力するときの標準サイズとなる文字のことを、**全角文字**という。

③ **コピー＆ペースト**とは、文字やオブジェクトを切り取り、別の場所に挿入する編集作業のことである。

④ 出力装置の一つで、文字や図形などを表示する装置のことを、**プリンタ**という。

⑤ 不要になったファイルやフォルダを一時的に保管する場所のことを、**ドライブ**という。

⑥ かな漢字変換において、ユーザの利用状況をもとにして、同音異義語の表示順位などを変える機能のことを、**辞書**という。

⑦ プリンタで利用する用紙の大きさのことを、**印刷プレビュー**という。

⑧ **プルダウンメニュー**とは、ウィンドウや画面の上段に表示されている項目をクリックして、より詳細なコマンドがすだれ式に表示されるメニューのことである。

【解答群】

ア．用紙サイズ　　　　イ．ポップアップメニュー　　ウ．ごみ箱

エ．学習機能　　　　　オ．ディスプレイ　　　　　　カ．カット＆ペースト

キ．クリック　　　　　ク．横倍角文字

3 次の各文の〔　　〕の中から最も適切なものを選び、記号で答えなさい。

① 〔ア. 社内文書　イ. 社外文書の構成　ウ. 取引文書〕とは、ビジネス文書全体の組み立てのことで、「前付け」「本文」「後付け」からなる。

② 必要事項を記入するためのスペースを設け、そのスペースに何を書けばよいのかを説明する最小限の語句が印刷された事務用紙のことを〔ア. 社交文書　イ. 帳票〕という。

③ 記号　、　の名称は、〔ア. 読点　イ. コンマ　ウ. 句点〕である。

④ 外部から受け取った文書の日時・発信者・受信者・種類などを記帳したものを
〔ア. 親展　イ. 受信簿　ウ. 発信簿〕という。

⑤ 郵便法で定められた、特定の受取人に対し、差出人の意思を表示し、または事実を通知する文書のことを〔ア. 書留　イ. 信書　ウ. 速達〕という。

⑥ 同時に打鍵することにより、特定の操作を素早く実行する複数のキーの組み合わせのことを
〔ア. ショートカットキー　イ. ファンクションキー〕という。

⑦ 電源スイッチに表示するマークは、〔ア. ｜　イ. ○　ウ. ⏻〕である。

⑧ 〔ア. F10　イ. F6　ウ. F9〕は、「半角英数への変換」と「大文字小文字の切り替え」をするキーである。

4 次の文書についての各問いの答えとして、最も適切なものをそれぞれのア〜ウの中から選び、記号で答えなさい。

経発第２９５号
A　令和４年４月２０日

株式会社　千代田製菓　B
会計課長　佐藤　功一　御中

金沢市広坂１－１－１
金沢製粉株式会社
経理課長　山村　和郎

C　振込口座変更のご通知
D　貴社ますますご隆盛のこととお喜び申し上げます。平素より格別のお引き立てを賜り、厚く御礼申し上げます。
　さて、このたび弊社と提携している取引銀行の合併に伴い、下記のとおり振込先の銀行名及び支店名が変更となりますので、お知らせいたします。
　つきましては、６月１日の営業日より変更されますので、何卒ご了承いただきますようお願い申し上げます。
E

① Aの名称はどれか。
　　ア. 文書番号　　　　　　イ. 発信者名　　　　　　ウ. 発信日付

② Bに入る敬称はどれか。
　　ア. 先生　　　　　　　　イ. 様　　　　　　　　　ウ. 各位

③ Cに設定されている文字サイズはどれか。
　　ア. 横倍角文字　　　　　イ. 半角文字　　　　　　ウ. 全角文字

④ テンキーで数字が入力できなかった際に、確認すべきランプはどれか。
　　ア. 🔢　　　　　　　　　イ. ↓　　　　　　　　　ウ. Ⓐ

⑤ 構成要素Dを何というか。
　　ア. 受信者名　　　　　　イ. 件名　　　　　　　　ウ. 頭語

⑥ Eに入る結語はどれか。
　　ア. 草々　　　　　　　　イ. 敬具　　　　　　　　ウ. 拝啓

　次の表の①〜⑩の中に入る漢字または読みとして、最も適切なものを解答群の中から選び、記号で答えなさい。ただし、音訓の読みが複数ある場合はその一つを記してある。また、活用語の読みは送り仮名を含む終止形になっている。

番　号	漢　字	音読み	訓読み
例	渦	か	うず
1	耕	こう	①
2	②	そ	はばむ
3	詰	③	つめる
4	潟	―	④
5	⑤	ゆう	わく
6	眉	⑥	まゆ
7	滴	てき	⑦
8	⑧	そう	す
9	癖	⑨	くせ
10	秀	しゅう	⑩

【解答群】
ア．しずく　　オ．きつ　　　ケ．裾
イ．かた　　　カ．ひいでる　コ．阻
ウ．へき　　　キ．たがやす　サ．巣
エ．び　　　　ク．すぐれる　シ．涌

6　次の各文の〔　　〕の中から、現代仮名遣いとして最も適切なものを選び、記号で答えなさい。
①　何をするにも〔ア．はじめ　イ．はぢめ〕が肝心だ。
②　暑い夏になると〔ア．こうり　イ．こおり〕を食べたくなる。
③　彼女は〔ア．みづから　イ．みずから〕の力で優勝した。

7　次の各文の下線部の読みを、常用漢字表付表に従い、ひらがなで答えなさい。
①　数寄屋造りとは、日本の建築様式の一つである。
②　彼の笑顔は、教室の雰囲気を明るくしてくれる。
③　二十歳になったら、成人式で着物を着てみたい。

8　次の＜Ａ＞・＜Ｂ＞の各問いに答えなさい。
＜Ａ＞次の各文の〔　　〕の中から、ことわざ・慣用句の一部として最も適切なものを選び、
　　記号で答えなさい。
①　兄は口〔ア．が　イ．も〕減らない人で、理屈ばかり言う。
②　手〔ア．の　イ．が〕空いたら手伝ってください。
＜Ｂ＞次の各文の下線部の読みに最も適切なものを選び、記号で答えなさい。
③　彼の発言は、いつも歯に衣〔ア．きぬ　イ．ころも〕着せぬ物言いだ。
④　彼女は難しい質問に間髪〔ア．ぱつ　イ．ばつ　ウ．はつ〕を入れずに答えた。

次の文章を1行30字で入力しなさい。なお、ヘッダーに左寄せでクラス、出席番号、名前を入力すること。

　あるドラッグストアに、薬剤師の代わりに薬を処方してくれる、　30
機能別のロボット７種が導入された。病院が出した処方せんデータ　60
を入れると、棚から薬を選んだり、複数の薬を一つの袋にまとめた　90
りする。手足はないが、数分で作業を終える速さと正確さがメリッ　120
トということだ。　129

　現場の薬剤師は、大歓迎だ。高齢の患者には、１０種類以上の薬　159
を処方することもある。その作業は、朝昼晩用に種類も量も変えて　189
小分けして、２か月分なら１８０包にもなる。このロボットを導入　219
すれば、薬剤師の負担が２割ほど減ると期待されている。　246

　薬剤師が担当する処方作業を減らすことで、患者と向き合う時間　276
を増やし、かかりつけ薬局としての機能強化につなげることが期待　306
できる。　310

10

模擬試験問題

　　1行を30字、1ページを28行に設定し、ヘッダーに左寄せでクラス、出席番号、名前を入力し、次の文書を問題の指示や校正記号に従い作成しなさい。

東商発第８７号 ←　　　　　　　右寄せする。
令和４年４月１８日 ←

株式会社　ニホン建機
　　人事部長　三田　勝吉　様

　　　　　　　　　　　　　　秋田市山王１－１－３
　　　　　　　　　　　　　　東洋商業高等学校
　　　　　　　　　　　　　　　校長　富阪　広也

創立３０周年記念式典のご案内について ←── 一重下線を引き、センタリングする。
拝啓　貴社ますますご隆盛のこととお喜び申し上げます。　　　　　　トル
　　さて、本校は、今春をもちまして、創立３０周年を迎えること<s>と</s>になりました。これもひとえに、日頃から皆様方のご指導とご支援の賜物と、深く感謝しております。　　　　　　　　　　　開催
　　つきましては、６月１８日に記念式典を下記のとおりに<s>快哉</s>したいと存じます。ご多用のところ誠に恐縮ですが、ご臨席を賜りますようお願い申し上げます。　　　　　　　　　　　　　　敬　具

　　　　　　　　　　　　　　記
　　　　　　　　　　　　　　　　　表の行間は2.0とし、センタリングする。

内　　　容	受付開始時間	会　　　場
記念式典・音楽会	９時２０分	市民プラザ
祝賀会	１１時５０分	ボラレスホテル

以　上
　　　　　　　　枠内で均等割付けする。
　　　右寄せし、行末に１文字分スペースを入れる。
　　　　　　　　　　枠内で右寄せる。

解答はすべて別冊の解答用紙に記入しなさい

1　　次の各用語に対して、最も適切な説明文を解答群の中から選び、記号で答えなさい。

①　Aサイズ（A3・A4）　　②　センタリング（中央揃え）　　③　スクロール

④　全角文字　　　　　　　　⑤　ドライブ　　　　　　　　　⑥　文節変換

⑦　文字修飾　　　　　　　　⑧　プロポーショナルフォント

【解答群】

ア．ディスプレイの表示内容を上下左右に少しずつ移動させ、隠れて見えなかった部分を表示すること。

イ．文字ごとに最適な幅を設定するフォントのこと。

ウ．ハードディスク、USBメモリ、CD／DVDなどに、データを読み書きする装置のこと。

エ．ビジネス文書の国際的な標準サイズのこと。

オ．日本語入力システムによるかな漢字変換で、文節ごとに変換すること。

カ．日本語を入力するときの標準サイズとなる文字のこと。

キ．文字の書体を変えたり、模様を付けたりして、文章の一部を強調する機能のこと。下線、太字（ボールド）、斜体（イタリック）、中抜き、影付きなどがある。

ク．入力した文字列などを行の中央に位置付けること。

2　　次の各文の下線部について、正しい場合は○を、誤っている場合は最も適切な用語を解答群の中から選び、記号で答えなさい。

①　デスクトップ上のアプリケーションソフトの表示領域および作業領域のことを、<u>余白（マージン）</u>という。

②　レーザ光線を用いて、トナーを用紙に定着させて印刷するプリンタのことを、<u>インクジェットプリンタ</u>という。

③　<u>互換性</u>とは、異なる環境であっても同様に使える性質のことである。

④　画面での表示や印刷する際の文字の大きさのことを、<u>フォント</u>という。

⑤　USBメモリやプリンタなど、パソコンに周辺装置を接続し利用するために必要なソフトウェアのことを、<u>ヘルプ機能</u>という。

⑥　<u>名前を付けて保存</u>とは、文書データに新しいファイル名や拡張子を付けて保存することである。

⑦　画面上のどの位置からでも開くことができるメニューのことを、<u>プルダウンメニュー</u>という。

⑧　範囲指定した文字列を任意の長さの中に均等な間隔で配置する機能のことを、<u>禁則処理</u>という。

【解答群】

ア．フォントサイズ　　　　イ．均等割付け　　　　ウ．レーザプリンタ

エ．フォルダ　　　　　　　オ．デバイスドライバ　　カ．上書き保存

キ．ポップアップメニュー　ク．ウィンドウ

10

模擬試験問題

3　次の各文の〔　　〕の中から最も適切なものを選び、記号で答えなさい。

① ひらがなとカタカナは「半角カタカナへの変換」、英数字は F10 と同じ変換をするキーは、〔ア．F8　イ．F1　ウ．F7　〕である。

② NumLockが有効（テンキーが数字キーの状態）であることを示すNumLockランプは、〔ア．🔒↯　イ．🔒A　ウ．🔒↑　〕である。

③ 記号〔ア．＊　イ．＠　ウ．＆　〕の名称は、アステリスクである。

④ 社外文書のうち、ビジネスでの業務に関する通知を目的とする文書を〔ア．社内文書　イ．取引文書〕という。

⑤ 記号〔ア．＄　イ．€　ウ．￡　〕の名称は、ポンド記号である。

⑥ その文書の中心となる部分で、件名・前文・主文・末文・別記事項から構成されるものを〔ア．本文　イ．前付け　ウ．後付け〕という。

⑦ 〔ア．速達　イ．書留〕とは、引受けから配達に至るまでの全送達経路を記録し、配達先に手渡しをして確実な送達を図る郵便物のことである。

⑧ 〔ア．Esc　イ．Insert　ウ．Shift＋CapsLock　〕は、「英字キーのシフトのON/OFF」を切り替えるショートカットキーである。

4　次の文書についての各問いの答えとして、最も適切なものをそれぞれのア～ウの中から選び、記号で答えなさい。

A　販発第１９７号
　　令和５年８月２４日

（会社株式）みなと出版　　B
営業部長　西田　やよい　様

　　　　　　前橋市大手町一丁目１－３
C　アーク技術株式会社
　　　　販売部長　町田　大成

D　誤配送についてのお詫び
E　平素は格別のお引き立てを賜り、厚くお礼申し上げます。
　さて、先日送付いたしましたタブレットＰＣについて、納品違いとのご連絡をいただき、調査した結果、下記のとおり誤配送が判明いたしました。このたびは、誤った商品をお届けいたしましたことを、心よりお詫び申し上げます。
　なお、商品につきましては、担当がお伺いして納品・回収させていただきますので、よろしくお願い申し上げます。
　　　　　　　　　　　　　　　　　　　　F

（省略）
担当　販売課　上野　弘二

① Aに行われている編集作業はどれか。
　　ア．禁則処理　　　　　　イ．右寄せ（右揃え）　　　ウ．カット＆ペースト

② Bの校正結果はどれか。
　　ア．株式会社　みなと出版　イ．株式会社みなと出版　　ウ．みなと出版株式会社

③ この文書の発信者は誰か。
　　ア．上野　弘二　　　　イ．町田　大成　　　　　ウ．西田　やよい

④ Eに当てはまるものはどれか。
　　ア．前略　　　　　　　イ．敬具　　　　　　　　ウ．拝啓

⑤ 構成要素Fを何というか。
　　ア．結語　　　　　　　イ．頭語　　　　　　　　ウ．別記事項

⑥ 押印が必要なのはどの部分か。
　　ア．F　　　　　　　　イ．C　　　　　　　　　ウ．D

5 次の表の①～⑩の中に入る漢字または読みとして、最も適切なものを解答群の中から選び、記号で答えなさい。ただし、音訓の読みが複数ある場合はその一つを記してある。また、活用語の読みは送り仮名を含む終止形になっている。

番　号	漢　字	音読み	訓読み
例	灰	かい	はい
1	①	こう	つな
2	渋	②	しぶい
3	究	きゅう	③
4	④	そ	ねらう
5	挿	⑤	さす
6	詣	けい	⑥
7	⑦	とう	たおす
8	柳	⑧	やなぎ
9	糧	りょう	⑨
10	⑩	じゅん	―

【解答群】
ア．そう　　オ．じゅう　　ケ．狙
イ．きわめる　カ．う　　　コ．遵
ウ．まいる　　キ．りゅう　サ．綱
エ．かて　　　ク．もうでる　シ．倒

6 次の各文の〔　　〕の中から、現代仮名遣いとして最も適切なものを選び、記号で答えなさい。

① 夜の海で〔ア．とうだい　イ．とおだい〕の光が遠くに見えた。

② 彼は優秀だが、〔ア．おしむらくわ　イ．おしむらくは〕好不調の波が大きい。

③ 人前に出るのが〔ア．はづかしい　イ．はずかしい〕。

7 次の各文の下線部の読みを、常用漢字表付表に従い、ひらがなで答えなさい。

① 気持ちが浮ついて、授業に集中できない。

② 旅先の水田では、早苗を盛んに植えていた。

③ 私の弟の将来の夢は、博士になることだ。

8 次の＜Ａ＞・＜Ｂ＞の各問いに答えなさい。

＜Ａ＞次の各文の〔　　〕の中から、ことわざ・慣用句の一部として最も適切なものを選び、記号で答えなさい。

① 彼女は成績がいいのを鼻〔ア．に　イ．で〕掛ける。

② 私は後ろ髪〔ア．が　イ．を〕引かれる思いでその場を立ち去った。

＜Ｂ＞次の各文の下線部の読みに最も適切なものを選び、記号で答えなさい。

③ 災害時には、否〔ア．ひ　イ．いや〕が応でも安全な場所へ避難すべきだ。

④ 彼の埒〔ア．らち　イ．れつ〕もない話に、笑いころげた。

審査例

問　題

　　内閣府が実施した意識調査によると、生鮮食品の原産地や原産国　　30
の表示について、消費者の６割以上の人が、ほとんど信用できない　　60
と思っている。また、有機や無農薬とともに、消費期限などの表示　　90
も疑いの目で見ている人が増加している。　　110
　　そして、スーパーなどの「特売」についても、元の価格がわから　　140
ないという声もあり、表示などが信用できなくなったという人も多　　170
くなった。さらに、１年前と比べ、遺伝子の組み換え原料を使用し　　200
ている点に注意して、商品を選ぶ人も増加している。　　225
　　食品の偽装事件が起きたことにより、食品の表示における消費者　　255
への信頼が大きく揺らいでいる。各メーカーは、そのことを認識し　　285
て、不信感に対して改善する努力を忘れてはならない。　　310

答案例

　　内閣府が実施した意識調査によると、生鮮食品の原産地や原産国の
　　　　　　　　　　　　　　　　　①書式設定エラー（１エラー）

表示について、消費者の6割以上の人が、ほとんど信用できないと思
　　　　　　　　②半角入力・フォントエラー（１エラー）

っている。又、有機や無農薬とともに、消費ｋｉｇｅｎなどの表示も
　　　　　③誤字エラー（２エラー）〔文字数分エラー〕　③誤字エラー（２エラー）〔文字数分エラー〕

疑いのｍｉめw＠見ている人が増加している。
　　　　　③誤字エラー（２エラー）〔文字数分エラー〕

　　そして、スーパーの「特売」についても、元のＭＯＴＯＮＯ価格が
　　　　　　　　　　④脱字エラー（２エラー）　　　　　⑤余分字エラー（１エラー）

わからないという声もあり，表示などが信用できなくなったという人
　　　　　　　　　　　　　　⑥句読点エラー（１エラー）

も＿＿＿＿＿＿＿多くなった。さらに、１年前と比べ、遺伝子の組み換
　⑦スペースエラー（１エラー）〔スペースが連続していても１エラー〕

え原料を使用している点に注意して、商品を選ぶ人たちも増加してい
　　　　　　　　　　　　　　　　　　　　　　　　⑤余分字エラー（１エラー）

る。食品の偽装事件が起きたことにより、食品の表示における消費者
　　⑧改行エラー・⑦スペースエラー（２エラー）

への信頼が大きく揺らいでいる。＿＿＿
　　　　　　　　　　　　　　　　⑧改行エラー（１エラー）

各メーカーは、そのことを認識して、不信感に対して改善する努力を

忘れてはｎａ。
　　　↑⑤余分字エラー（１エラー）
　　　「は」までを総字数とします。

採　点

３級の速度合格基準は、純字数が300字以上です。

　　　　純字数＝総字数－エラー数

この答案例の審査結果は、総字数が305字、エラー数が18です。
よって純字数は287字（不合格）になります。
※合格するためには、正しく入力することが大切です。

審査例解説

1 審査方法の解説

⑴ 答案に印刷された最後の文字に対応する問題の字数を総字数とします。脱字は総字数に含まれ、余分字は総字数に算入しません。

※答案用紙の最後の文字が問題と違う場合は、問題文に該当する文字までを総字数とします。

⑵ 総字数からエラー数を引いた数を純字数とします。エラーは、1箇所につき1字減点とします。

$$純字数＝総字数－エラー数$$

⑶ 速度採点基準に定めるエラーにより、問題に示した行中の文字列が答案上で前後の行に移動してもエラーとしません。

⑷ 禁則処理の機能のために、問題で指定した1行の文字数と違ってもエラーとしません。

⑸ 答案上の誤りに、速度採点基準に定める数種類のエラーの適用が考えられるときは、受験者の不利にならない種類のエラーとします。

2 エラーの解説

No.	エラーの種類	エラーの内容
①	書式設定エラー	1行の文字数を誤って設定した場合は、全体で1エラーとします。
⇨		1行の文字数が31字入力されているため、全体で1エラー
②	半角入力・フォント･エラー	半角入力や問題で指定された以外のフォントで入力した場合は、全体で1エラーとなります。
⇨		「6」が半角で入力されているので、1エラー
③	誤字エラー	問題文と異なる文字を入力した場合は、その問題文の文字数がエラーとなります。
⇨		いる。「又」の部分が漢字で入力されているので、問題文「また」の2エラー
⇨		「ｋｉｇｅｎ」の部分が漢字に変換されていないので、問題文「期限」の2エラー
⇨		「ｍｉめｗ＠」の部分が誤入力されているので、問題文「目で」の2エラー
④	脱字エラー	問題文にある文字を入力しなかった場合は、その文字数がエラーとなります。また、脱行の場合は、その行の文字数がエラーとなります。
⇨		スーパー「など」の部分が未入力なので、2エラー
⑤	余分字エラー	問題文にない文字を入力した場合は、余分に入力した箇所が1エラーとなります。
⇨		「元の」と問題文のとおりに入力されており、「ＭＯＴＯＮＯ」の部分が余分字なので、1エラー
⇨		選ぶ人「たち」の部分が余分字なので、1エラー
⇨		問題文の最後の文字が違う場合は、問題文が該当する箇所までを総字数とし、問題文と違う文字「ｎａ。」は余分字とし、1エラーとします。
⑥	句読点エラー	句点（。）とピリオド（．）・読点（、）とコンマ（，）を混用した場合は、少ない方の数をエラーとします。
⇨		声もあり「，」の部分がコンマで入力されているので、1エラー
⑦	スペースエラー	問題文にあるスペースが未入力の場合や問題文にはないスペースを入力した場合は、1エラーとなります。なお、連続したスペースはまとめて、1エラーとします。
⇨		人も「□□□□□□」の部分に6スペースが入力されているので、1エラー
⑧	改行エラー	問題文にある改行をしなかった場合や、問題文にはない改行をした場合は、1エラーとなります。
⇨		している。「食品の」の部分が改行されていないことと、スペースが未入力なので、2エラー
⇨		でいる。「各メーカーは、」の部分が、問題文にはない改行がされているので、1エラー
⑨	繰り返し入力エラー	※問題文の最後まで入力した後に、「内閣府が実施した意識調査…」と繰り返し問題文を入力した場合は、全体で1エラーとなります。
⑩	印刷エラー	※逆さ印刷、裏面印刷、採点欄にかかった印刷、複数ページにまたがった印刷、破れ印刷など、明らかに本人の印刷ミスの場合は、全体で1エラーとなります。

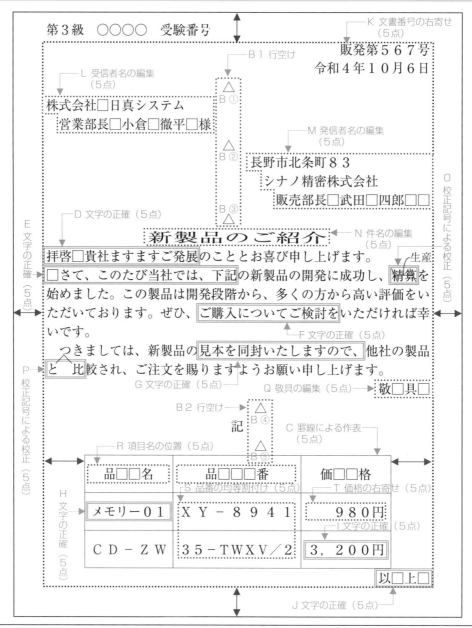

◎実技の合格基準は、70点以上が合格です。

⑴３級の審査は、模範解答と審査基準、審査表をもとに審査箇所方式で行います。

⑵審査基準では、文字の正確エラーと編集エラーの両面からの審査でエラーとします。

⑶文字の正確エラーは速度採点方法に準じます。

⑷編集エラー

A 文書の余白／フォントの種類・サイズ／空白行・１行の文字数／文書の印刷（全体で５点）

＊余白が上下左右それぞれ20mm以上30mm以下となっていない場合はエラーとします。なお、文字や枠線が制限時間以内に入力できないことにより、余白が30mmを超えた場合は、エラーとはしません。

＊指示のない文字は、フォントの種類が明朝体の全角で、サイズは14ポイントに統一されていない場合はエラーとします。

＊問題文にない空白行がある場合はエラーとします。また、１行の文字数が30字で設定されていない場合もエラーとします。

＊逆さ印刷、裏面印刷、採点欄にかかった印刷、複数ページにまたがった印刷、破れ印刷など、明らかに本人による印刷ミスはエラーとします。

B 行空け、B１・B２の２か所を採点（全体で５点）

C 罫線による作表（５点）

＊模範解答のように行間２で３行３列、同じ太さの実線で作表され、表の両側に３文字分空けて配置されていること、表内の文字は１行で入力され、上下のスペースが同じ。

①文字位置の編集

＊文書番号の右寄せ、発信日付の右寄せ、受信者名の編集、発信者名の編集、件名の編集、敬具の編集、記のセンタリング、項目名の位置、均等割付け、右寄せ、以上の編集。

②校正記号による校正

第３級実技問題審査例解説

1 審査方法の解説

※審査は、３級審査基準、審査表をもとに採点箇所方式となっています。
　＊本書では審査基準、審査表を載せていませんので、指示事項が採点の対象となります。

2 審査項目の解説

<table>
<tr><th colspan="2">審査項目</th><th colspan="2">審　査　基　準</th><th>点数</th><th>採点</th></tr>
<tr><td rowspan="4">A</td><td>文書の余白</td><td colspan="2">余白が上下左右それぞれ20㎜以上30㎜以下となっていない場合はエラーとする。</td><td rowspan="4">全体で
5点</td><td></td></tr>
<tr><td colspan="2">※なお、文字や線などが制限時間内に入力できないことにより、余白が30㎜を超えた場合はエラーとしない。</td></tr>
<tr><td>フォントの種類・
サイズ</td><td colspan="2">審査箇所の文字は、フォントの種類が明朝体の全角で、サイズが14ポイントに統一されていること。</td></tr>
<tr><td>空白行・１行の文字数</td><td colspan="2">問題文にない空白行がある場合はエラーとする。また、１行の文字数は30字で設定されていること。</td></tr>
<tr><td>A</td><td>文書の印刷</td><td colspan="2">逆さ印刷、裏面印刷、審査欄にかかった印刷、複数ページにまたがった印刷、破れ印刷など、明らかに本人による印刷ミスはエラーとします。</td><td></td><td></td></tr>
<tr><td rowspan="2">B</td><td rowspan="2">行空け</td><td>模範解答のように空白行が挿入されていること。</td><td>前付け（B①・B②・B③）　（B１）</td><td rowspan="2">全体で
5点</td><td></td></tr>
<tr><td>※問題文にない空白行がある場合は、審査項目Aで審査する。</td><td>「記」の上下（B④・B⑤）　（B２）</td></tr>
<tr><td>C</td><td>罫線による作表</td><td colspan="2">模範解答のように行間2で3行3列、同じ太さの実線で作表され、表の両側に3文字分空けて配置されていること。表内の文字は１行で入力され、上下のスペースが同じであること。</td><td>5点</td><td></td></tr>
<tr><td>D</td><td rowspan="7">文字の正確</td><td rowspan="7">　　　　　　内の文字が、正しく入力されていること。

※フォントの種類が異なる場合や半角で入力した場合は、審査項目Aで審査する。
※文字の配置（均等割付け・左寄せ・センタリング・右寄せなど）は問わない。</td><td>「拝啓□貴社ますますご発展」　（D）</td><td>5点</td><td></td></tr>
<tr><td>E</td><td>「□さて、このたび当社では、下記」　（E）</td><td>5点</td><td></td></tr>
<tr><td>F</td><td>「ご購入についてご検討を」　（F）</td><td>5点</td><td></td></tr>
<tr><td>G</td><td>「見本を同封いたしますので、」　（G）</td><td>5点</td><td></td></tr>
<tr><td>H</td><td>「メモリー０１」　（H）</td><td>5点</td><td></td></tr>
<tr><td>I</td><td>「３，２００円」　（I）</td><td>5点</td><td></td></tr>
<tr><td>J</td><td>「以□上□」　（J）</td><td>5点</td><td></td></tr>
<tr><td colspan="6">以下の項目については、<u>審査箇所に未入力文字および誤字・脱字・余分字などのエラーが一つでもあれば、当該項目は不正</u>解とする。</td></tr>
<tr><td>K</td><td>文書番号の右寄せ</td><td colspan="2">「販発第５６７号」が右寄せされていること。</td><td>5点</td><td></td></tr>
<tr><td>L</td><td>受信者名の編集</td><td colspan="2">模範解答のように受信企業名・受信者名・敬称が入力され、編集されていること。</td><td>5点</td><td></td></tr>
<tr><td>M</td><td>発信者名の編集</td><td colspan="2">模範解答のように発信者住所・発信企業名・発信者名が入力され、編集されていること。</td><td>5点</td><td></td></tr>
<tr><td>N</td><td>件名の編集</td><td colspan="2">「新製品のご紹介」の文字が横200％に編集され、センタリングされていること。</td><td>5点</td><td></td></tr>
<tr><td>O</td><td rowspan="2">校正記号による校正</td><td colspan="2">「精算」が「生産」に校正されていること。</td><td>5点</td><td></td></tr>
<tr><td>P</td><td colspan="2">「と　比」が「と比」に校正されていること。</td><td>5点</td><td></td></tr>
<tr><td>Q</td><td>敬具の編集</td><td colspan="2">模範解答のように「敬□具□」に編集され、右寄せされていること。</td><td>5点</td><td></td></tr>
<tr><td>R</td><td>項目名の位置</td><td colspan="2">模範解答のように「品□□名」「品□□□番」「価□□格」に編集され、配置されていること。</td><td>5点</td><td></td></tr>
<tr><td>S</td><td>品番の均等割付け</td><td colspan="2">「ＸＹ－８９４１」「３５－ＴＷＸＶ／２」が枠内で均等割付けされていること。</td><td>5点</td><td></td></tr>
<tr><td>T</td><td>価格の右寄せ</td><td colspan="2">模範解答のように「９８０円」に編集され、枠内で右寄せされていること。</td><td>5点</td><td></td></tr>
</table>

　＊　「□」は審査箇所であり、スペース１文字分とする。
　＊　縦罫線のずれは、左右半角１文字分まで許容とする。

学びの記録シート

※学習内容を振り返りながら, しっかり学んでいきましょう。シートは Web からダウンロードできます。

【記入例】 4月12日 金曜日

速度練習	総字数	エラー数	純字数	練習の振り返り
3－4	306	2	304	「模倣」が読めなかった。
3－5	310	8	302	脱字エラーが多かった。

文書練習	得 点	練習の振り返り	まとめ(授業での気付き)
3級－6	92	校正記号を見落とした。	筆記編では、機械・機械操作を学習した。用語の意味をしっかり覚えようと思った。

月　　日　　曜日

速度練習	総字数	エラー数	純字数	練習の振り返り

文書練習	得 点	練習の振り返り	まとめ(授業での気付き)

月　　日　　曜日

速度練習	総字数	エラー数	純字数	練習の振り返り

文書練習	得 点	練習の振り返り	まとめ(授業での気付き)

全商ビジネス文書実務検定 模擬試験問題集

基礎から3級別冊

目次

年	組	番	名前

実教出版

【基本形式問題－2】(本冊p.85) 1回目 ／100点　2回目 ／100点

※　Ａ 文書の余白／フォントの種類・サイズ／空白行／文書の印刷（全体で５点）
※　Ｂ 行空け、Ⅰ・Ⅱの２か所を採点（全体で５点）
※　この問題では、校正記号の審査か所を［文字の正確］に変更しています。

総発第２５６号
令和４年８月１０日

高崎市立商業高等学校
１学年主任　鈴木　智子　様

株式会社　コクヨと飲料
総務部長　新井　隆喜
伊勢崎市今泉町２－９３

職場見学のお問合せに対する回答

拝復　貴校ますますご発展のこととお慶び申し上げます。
　さて、７月１２日付の文書でご連絡いただきました職場見学について、弊社では下記の工場で受入可能です。どちらも、２００名の生徒様が、一斉に見学できるルートを用意しております。
　つきましては、弊社施設を見学候補先の一つとして、ご勘案いただきたいと存じます。予約の受付は、見学日の１か月前から先着順となっております。お早めにお申し込みください。

敬具

記

施　設	住　所	申込方法
本社センター	伊勢崎市今泉町２－４３	Ｗｅｂのみ
太田工場	太田市金山町１－８	電話かＷｅｂ

以上

（審査基準 欄外表示）
文書番号の右寄せ（5点）／文字の正確（5点）／発信者の編集（5点）／件名の編集（5点）／文字の正確（5点）／文字の正確（5点）／文字の正確（5点）／Ｂ２行空け（Ⅱ）／罫線による作表（5点）／申込方法の右寄せ（5点）／文字の正確（5点）／以上の編集（5点）／文字の正確（5点）／文字の正確（5点）／文字の正確（5点）／項目名の位置（5点）／施設の均等割付け（5点）／受信者の編集（5点）

Ｂ１行空け（Ⅰ）

【基本形式問題－1】(本冊p.84) 1回目 ／100点　2回目 ／100点

※　Ａ 文書の余白／フォントの種類・サイズ／空白行／文書の印刷（全体で５点）
※　Ｂ 行空け、Ⅰ・Ⅱの２か所を採点（全体で５点）
※　この問題では、校正記号の審査か所を［文字の正確］に変更しています。

仕発第４５９号
令和４年６月１３日

大宮市本郷町２－５１
フロラ商事株式会社
仕入部長　池田　正弘

株式会社　湘南鎌倉産業
販売部長　永田　治正　様

注文品未着のご照会

拝啓　貴社ますますご隆盛のこととお慶び申し上げます。
　さて、５月９日付けで注文いたしました下記の商品ですが、本日６月１３日現在、いまだ到着しておりません。本品は７月５日までに納品しなければならないため、大変困っております。
　何かの手違いかとは存じますが、商品の発送について至急お調べのうえ、ご連絡くださいますようお願い申し上げます。

記

商　品　名	品　番	数　量
セレクションセット	ＳＧＨ－４８	５００個
フレーバーギフトセット	ＦＧ－１	１，２００個

以上

（審査基準 欄外表示）
文書番号の右寄せ（5点）／発信者の編集（5点）／件名の編集（5点）／文字の正確（5点）／文字の正確（5点）／敬具の編集（5点）／Ｂ２行空け（Ⅱ）／罫線による作表（5点）／数量の右寄せ（5点）／文字の正確（5点）／品番の均等割付け（5点）／文字の正確（5点）／文字の正確（5点）／文字の正確（5点）／記のセンタリング（5点）／項目名の位置（5点）／文字の正確（5点）／受信企業の左寄せ（5点）

Ｂ１行空け（Ⅰ）

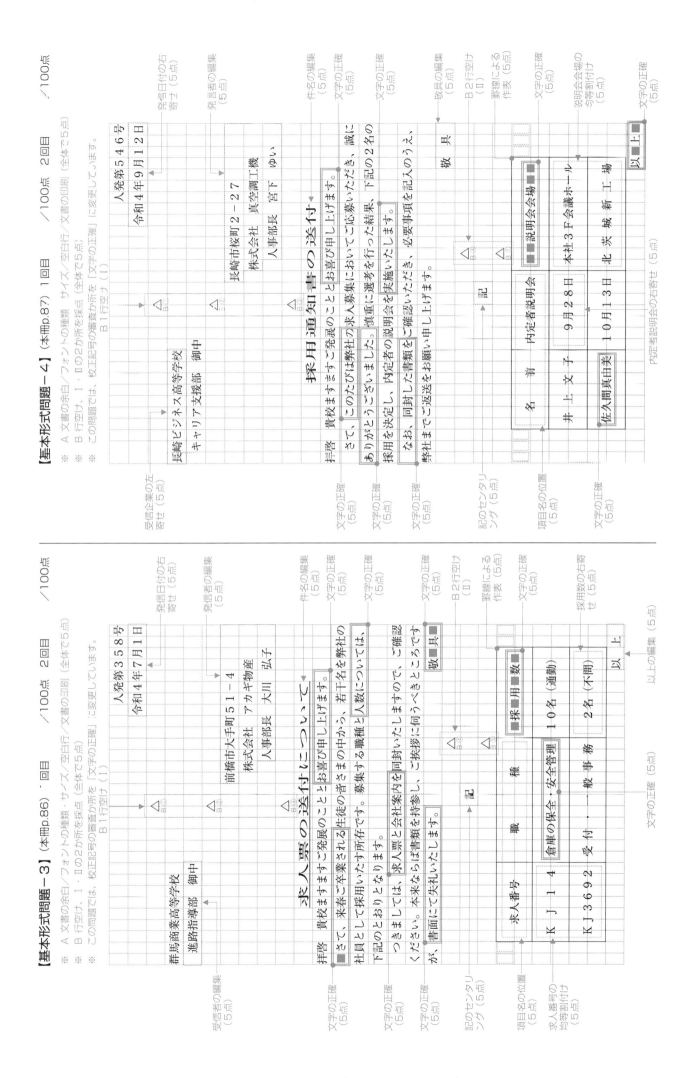

【基本形式問題－4】（本冊p.87）1回目　／100点　2回目　／100点　／100点

※　A 文書の余白／フォントの種類　サイズ／空白行／文書の印刷（全体で5点）
※　B 行空け、I・IIの2か所を採点（全体で5点）
※　この問題では、校正記号の審査か所を［文字の正確］に変更しています。

長崎ビジネス高等学校
キャリア支援部　御中

人発第５４６号
令和４年９月１２日

長崎市桜町２－２７
株式会社　真空調工機
人事部長　宮下　ゆい

採用通知書の送付

拝啓　貴校ますますご発展のこととお喜び申し上げます。
　さて、このたびは弊社の求人募集においてご応募いただき、誠にありがとうございました。慎重に選考を行った結果、下記の２名の採用を決定し、内定者の説明会を実施いたします。
　なお、同封した書類をご確認いただき、必要事項を記入のうえ、弊社までご返送をお願い申し上げます。

敬　具

記

名　前	内定者説明会	説明会会場
井　上　文　子	９月２８日	本社３Ｆ会議ホール
佐久間真由美	１０月１３日	北茨城新工場

以　上

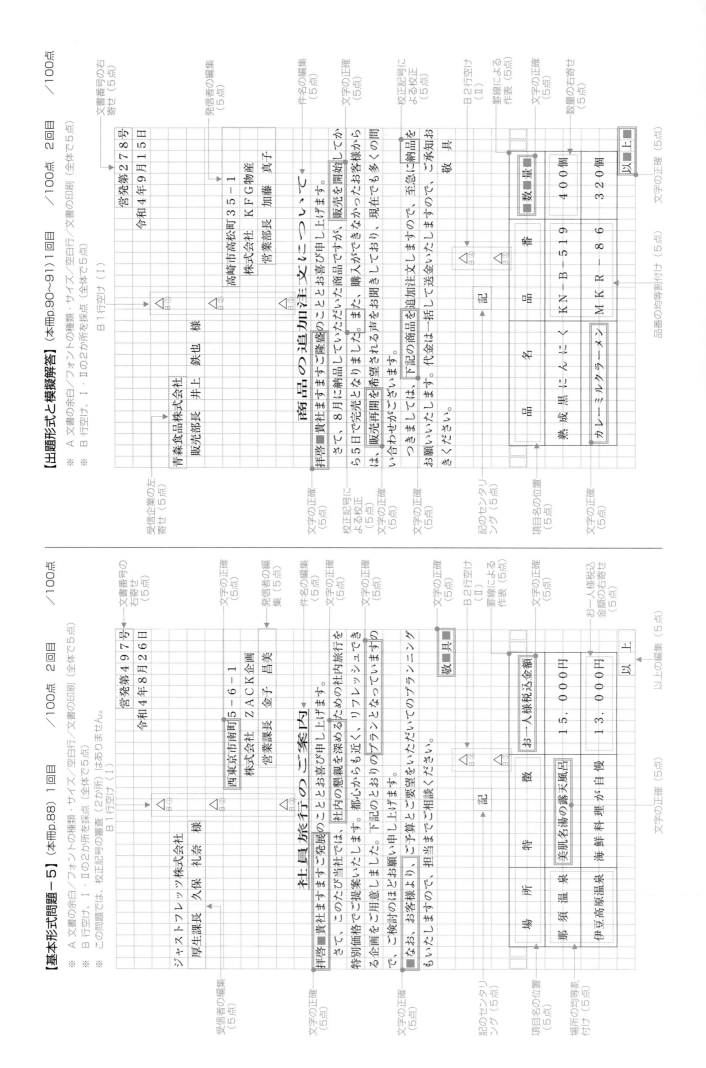

【出題形式と模擬解答】(本冊p.90〜91) 1回目 /100点 2回目 /100点

※ A 文書の余白/フォントの種類・サイズ/空白行/文書の印刷 (全体で5点)
※ B 行空け、I・Ⅱの2か所を採点 (全体で5点)

営発第278号
令和4年9月15日

青森食品株式会社
販売部長 井上 鉄也 様

株式会社 KFG物産
営業部長 加藤 真子

商品の追加注文について

拝啓 貴社ますますご隆盛のこととお喜び申し上げます。
さて、8月で完売していた商品ですが、販売を開始してか
ら5日で完売となりました。また、購入ができたお客様から
は、販売再開を希望される声をお聞きしており、現在でも多くの問
い合わせがございます。
つきましては、下記の商品を追加注文いたしますので、至急に納品を
お願いいたします。代金は一括して送金いたしますので、ご承知お
きください。

敬具

記

品名	品番	数量
熟成黒にんにく	KN-B-519	400個
カレーミルクラーメン	MKR-86	320個

以上

【基本形式問題-5】(本冊p.88) 1回目 /100点 2回目 /100点

※ A 文書の余白/フォントの種類・サイズ/空白行/文書の印刷 (全体で5点)
※ B 行空け、I・Ⅱの2か所を採点 (全体で5点)
※ この問題では、校正記号の審査 (2か所) はありません。

営発第497号
令和4年8月26日

ジャストフレッツ株式会社
厚生課長 久保 礼奈 様

西東京市南町5-6-1
株式会社 ZACK企画
営業課長 金子 昌美

社員旅行のご案内

拝啓 貴社ますますご発展のこととお喜び申し上げます。
さて、このたび当社では、社内の懇親を深めるための社内旅行を
特別価格でご提案いたします。都心からも近く、リフレッシュできる
企画をご用意しました。下記のとおりのプランとなっていますの
で、ご検討のほどお願い申し上げます。
なお、お客様より、ご予算とご要望をいただいてのプランニング
もいたしますので、担当まで気軽にご相談ください。

敬具

記

場所	特徴	お一人様税込金額
那須温泉	美肌名湯の露天風呂	15,000円
伊豆高原温泉	海鮮料理が自慢	13,000円

以上

— 4 —

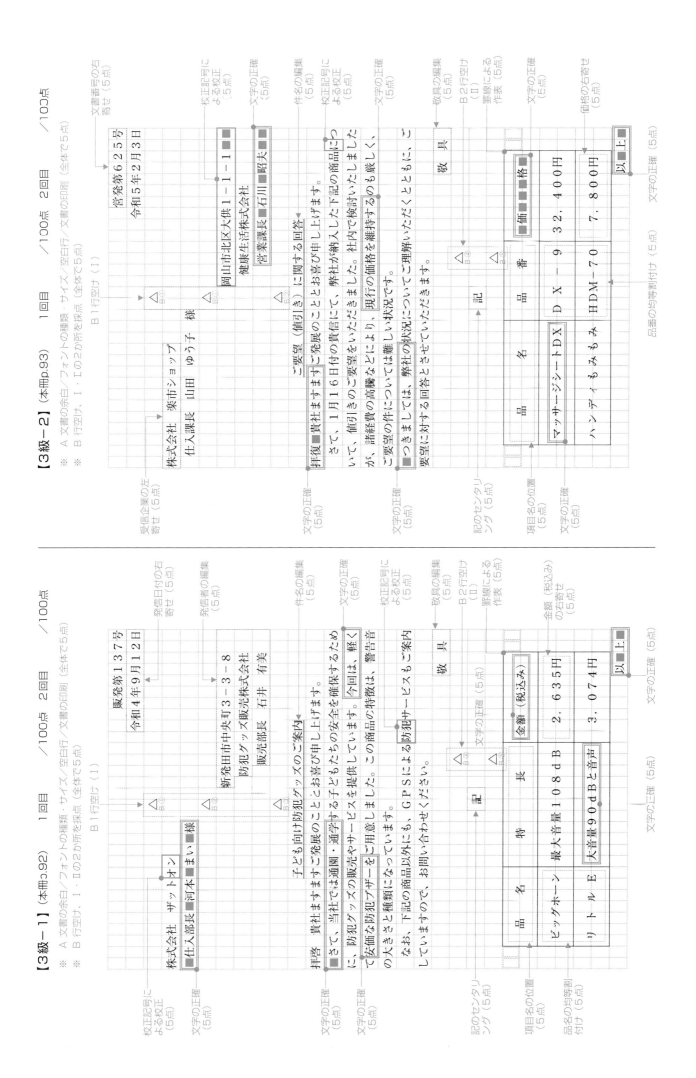

※ A 文書の余白／フォントの種類・サイズ／空白行／文書の印刷（全体で5点）
※ B 行空け、Ⅰ・Ⅱの2か所を採点（全体で5点）

営業発第625号
令和5年2月3日

株式会社　楽市ショップ
　仕入課長　山田　ゆう子　様

健康生活株式会社
　営業課長　石川　昭夫
岡山市北区大供1－1－1

拝復　貴社ますますご発展のこととお喜び申し上げます。

さて、1月16日付の貴信にて、弊社が納入した下記の商品について、値引きのご要望をいただきました。社内で検討いたしましたが、諸経費の高騰などにより、現行の価格を維持するのも厳しく、ご要望の件については難しい状況です。

つきましては、弊社の状況についてご理解いただくとともに、ご要望に対する回答とさせていただきます。

敬具

記

品名	品番	価格
マッサージシートDX	DX－9	32,400円
ハンディもみもみ	HDM－70	7,800円

以上

（注記：文書番号の右寄せ／校正記号による校正／文字の正確／件名の編集／校正記号による校正／文字の正確／敬具の編集／B2行空け（Ⅱ）／罫線による作表／文字の正確／価格の均等割付け／文字の正確／受信企業の左寄せ／文字の正確／記のセンタリング／項目名の位置／文字の正確／品番の均等割付け　各5点）

※ A 文書の余白／フォントの種類・サイズ／空白行／文書の印刷（全体で5点）
※ B 行空け、Ⅰ・Ⅱの2か所を採点（全体で5点）

販発第137号
令和4年9月12日

株式会社　ザットオン
　仕入部長　河本　まい　様

新発田市中央町3－3－8
防犯グッズ販売株式会社
　販売部長　石井　有美

拝啓　貴社ますますご発展のこととお喜び申し上げます。

さて、当社では通園・通学する子どもたちの安全を確保するために、防犯グッズの販売やサービスを提供しています。今回は、軽くて安価な防犯ブザーをご用意しました。この商品の特徴は、警告音の大きさと種類の多さと信頼になっています。

子ども向け防犯グッズのご案内

なお、下記の商品以外にも、GPSによる防犯サービスもご案内していますので、お問い合わせください。

記

品名	特長	金額（税込み）
ビッグホーン	最大音量108dB	2,635円
リトルE	大音量90dBと音声	3,074円

以上

（注記：校正記号による校正／文字の正確／発信日付の右寄せ／発信者の編集／件名の編集／文字の正確／校正記号による校正／敬具の編集／B2行空け（Ⅱ）／罫線による作表／金額（税込み）の右寄せ／文字の正確／項目名の位置／品名の均等割付け／文字の正確　各5点）

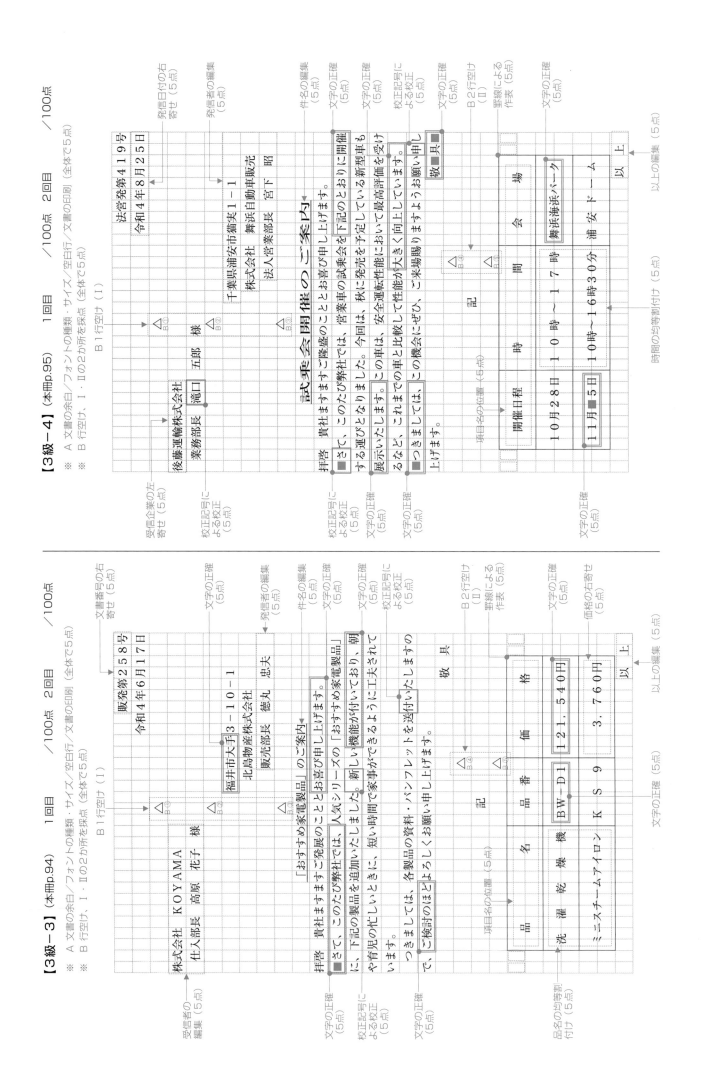

【3級-4】(本冊p.95)

※ A 文書の余白／フォントの種類・サイズ／空白行／文書の印刷（全体で5点）
※ B 行空け、I・Ⅱの2か所を採点（全体で5点）

B 1行空け（I）

法営発第419号
令和4年8月25日

発信日付の右寄せ（5点）

後藤運輸株式会社
　　業務部長　滝口　五郎　様

受信企業の左寄せ（5点）
校正記号による校正（5点）

千葉県浦安市猫実1-1
株式会社　舞浜自動車販売
法人営業部長　宮下　昭

発信者の編集（5点）

試乗会開催のご案内

件名の編集（5点）

拝啓　貴社ますますご隆盛のこととお喜び申し上げます。
　さて、このたび弊社では、営業車の試乗会を下記のとおりに開催
する運びとなりました。今回は、秋に発売を予定している新型車も
展示いたします。この車は、安全運転性能において最高評価を受け
るなど、これまでの車と比較して性能が大きく向上しています。
　つきましては、この機会にぜひ、ご来場賜りますようお願い申し
上げます。

文字の正確（5点）
文字の正確（5点）
校正記号による校正（5点）
文字の正確（5点）
文字の正確（5点）

敬具

校正記号による校正（5点）

記

項目名の位置（6点）

開催日程	時　間	会　場
10月28日	10時～17時	舞浜海浜パーク
11月5日	10時～16時30分	浦安ドーム

B 2行空け（Ⅱ）
罫線による各作表（5点）
時間の均等割付け（5点）

文字の正確（5点）
文字の正確（5点）

以上

以上の編集（5点）

文字の正確（5点）
文字の正確（5点）

【3級-3】(本冊p.94)

※ A 文書の余白／フォントの種類・サイズ／空白行／文書の印刷（全体で5点）
※ B 行空け、I・Ⅱの2か所を採点（全体で5点）

B 1行空け（I）

販発第258号
令和4年6月17日

文書番号の右寄せ（5点）

株式会社　KOYAMA
　仕入部長　高原　花子　様

受信者の編集（5点）

文字の正確（5点）

福井市大手3-10-1
北鳥物産株式会社
販売部長　德丸　忠夫

発信者の編集（5点）

「おすすめ家電製品」のご案内

件名の編集（5点）

拝啓　貴社ますますご発展のこととお喜び申し上げます。
　さて、このたび弊社では、人気シリーズの「おすすめ家電製品」
に、下記の製品を追加いたしました。新しい機能が付いており、朝
やお育児の忙しいときに、短い時間で家事ができるように工夫されて
います。
　つきましては、各製品の資料・パンフレットを送付いたしますの
で、ご検討のほどよろしくお願い申し上げます。

文字の正確（5点）
文字の正確（5点）
校正記号による校正（5点）
文字の正確（5点）
文字の正確（5点）

敬具

記

項目名の位置（5点）

品　名	品　番	価　格
洗濯乾燥機	BW-D1	121,540円
ミニスチームアイロン	KS9	3,760円

B 2行空け（Ⅱ）
罫線による各作表（5点）
文字の正確（5点）
文字の正確（5点）
価格の右寄せ（5点）

以上

以上の編集（5点）

品名の均等割付け（5点）
文字の正確（5点）

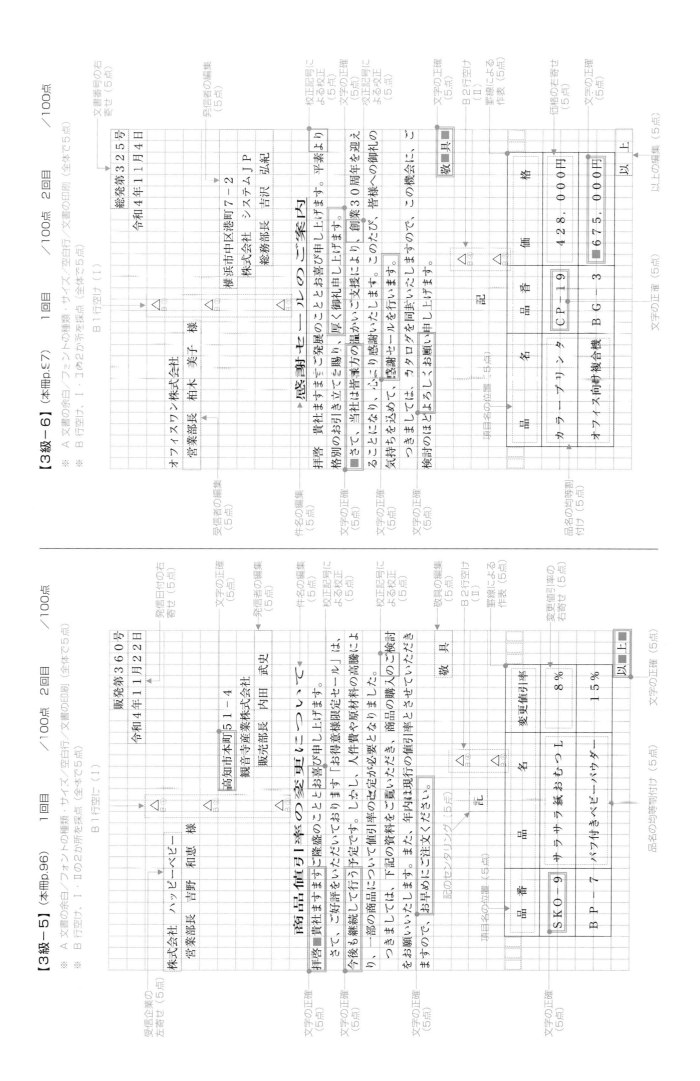

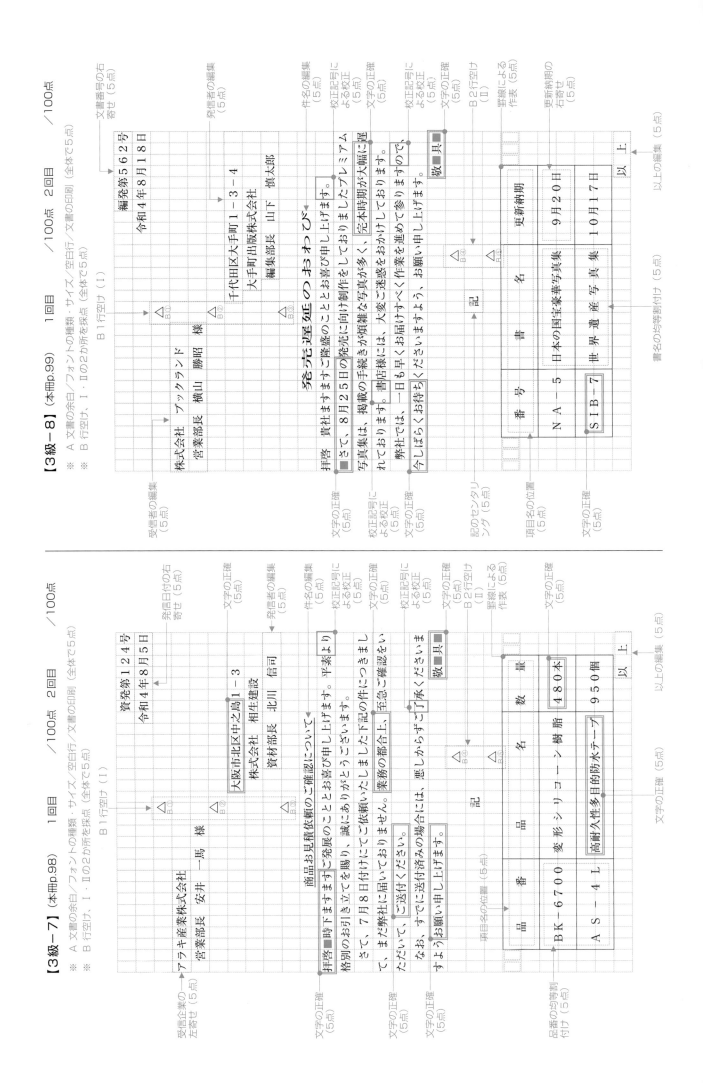

※ A 文書の余白／フォントの種類・サイズ／空白行／文書の印刷 (全体で5点)
※ B 行空け、I・Ⅱの2か所を採点 (全体で5点)
B 1行空け (I)

編発第562号
令和4年8月18日

株式会社 ブックランド
営業部長 横山 勝昭 様

千代田区大手町1-3-4
大手町出版株式会社
編集部長 山下 慎太郎

発売遅延のおわび

拝啓 貴社ますますご隆盛のこととお喜び申し上げます。
さて、8月25日の発売に向け制作をしておりましたプレミアム写真集は、掲載の手続きが煩雑な写真が多く、完本時期が大幅に遅れております。書店様には、大変ご迷惑をおかけしております。
弊社では、一日も早くお届けすべく作業を進めておりますので、今しばらくお待ちくださいますよう、お願い申し上げます。
敬具

記

番 号	書 名	更新納期
N A - 5	日本の国宝豪華写真集	9月20日
S I B - 7	世界遺産写真集	10月17日

以 上

※ A 文書の余白／フォントの種類・サイズ／空白行／文書の印刷 (全体で5点)
※ B 行空け、I・Ⅱの2か所を採点 (全体で5点)
B 1行空け (I)

資発第124号
令和4年8月5日

アラキ産業株式会社
営業部長 安井 一馬 様

大阪市北区中之島1-3
株式会社 相生建設
資材部長 北川 信司

商品お見積依頼のご確認について

拝啓 時下ますますご発展のこととお喜び申し上げます。平素より格別のお引き立てを賜り、誠にありがとうございます。
さて、7月8日付けにてご依頼いたしました下記の件につきまして、まだ弊社に届いておりません。業務の都合上、至急ご確認をいただいて、ご送付ください。
なお、すでに送付済みの場合には、悪しからずご容赦くださいますようお願い申し上げます。
敬具

記

品 番	品 名	数 量
B K - 6 7 0 0	変形シリコーン樹脂	4 8 0本
A S - 4 L	高耐久性多目的防水テープ	9 5 0個

以 上

【3級-9】 (本冊p.100)

※ 1回目 ／100点　2回目 ／100点
※ A 文書の余白／フォントの種類・サイズ／空白行／文書の印刷 (全体で5点)
※ B 行空け、I・IIの2か所を採点 (全体で5点)

剣商発第253号
令和4年9月8日

株式会社 千葉中央銀行
人事部長 藤木 康志 様

成田市花崎町760-1
千葉県立剣菱高等学校
校長 野辺山 真之介

応募関係書類の送付について

拝啓 貴行ますますご発展のこととお喜び申し上げます。日頃より
本校の教育活動につきまして、ご理解・ご支援をいただき、誠にあ
りがとうございます。
　このたび、貴行の求人募集に応募するにあたり、ご指示のありま
した応募書類を送付いたしますので、ご確認ください。
　つきましては、後日、採用試験の詳細について、お知らせいただ
きたく、よろしくお願い申し上げます。

敬具

記

応募者	学科	職種
内川 光	会計ビジネス科	経理一般事務
森口 幸太郎	情報ICT科	情報・サーバー管理

以上

【3級-10】 (本冊p.101)

※ 1回目 ／100点　2回目 ／100点
※ A 文書の余白／フォントの種類・サイズ／空白行／文書の印刷 (全体で5点)
※ B 行空け、I・IIの2か所を採点 (全体で5点)

販発第165号
令和4年9月26日

臨海物産株式会社
営業部長 大森 広美 様

千代田区飯田橋8-3
株式会社 南関東産業
販売部長 鳥羽 正雄

展示会開催のご案内

拝啓 格別のご高配を賜り、厚く御礼申し上げます。平素より
貴社ますますご隆盛のこととお喜び申し上げます。日頃から
　さて、毎年恒例として開催しております秋の展示会を、
ご愛顧をいただいております皆様をお招きし、今年度も下記の要領
にて催します。この特別展示会にお越しいただきますよう、ぜひとも
ご注文を賜りますようよろしくお願い申し上げます。

敬具

記

日時	商品	会場
10月17日	婦人用衣料品	国際モール東館
10月18日	装飾小物	国際モール中央館／新館

以上

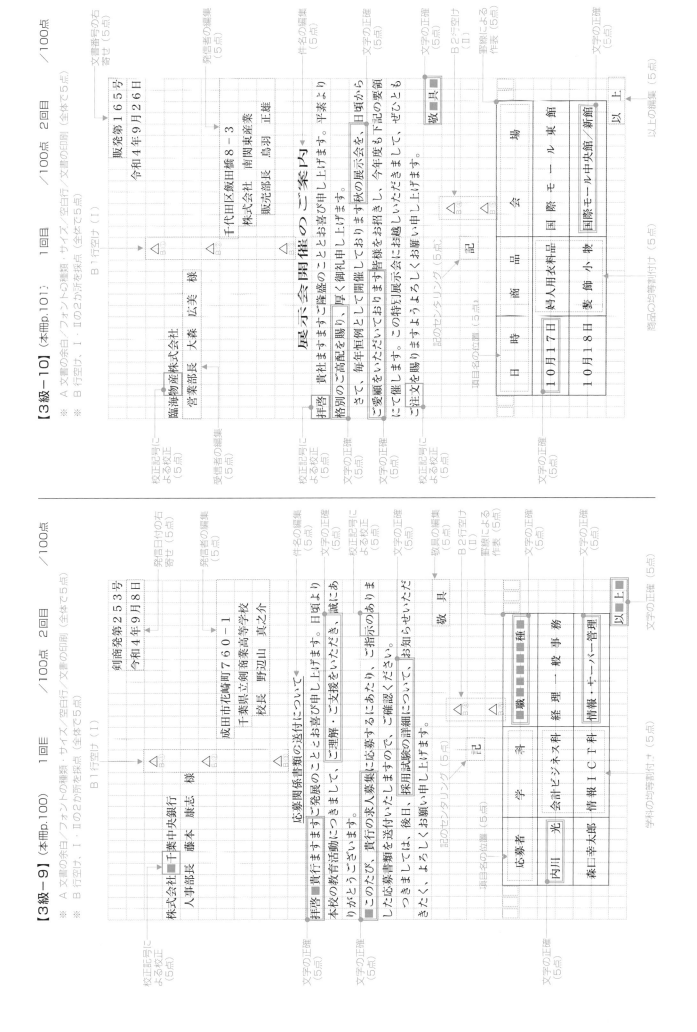

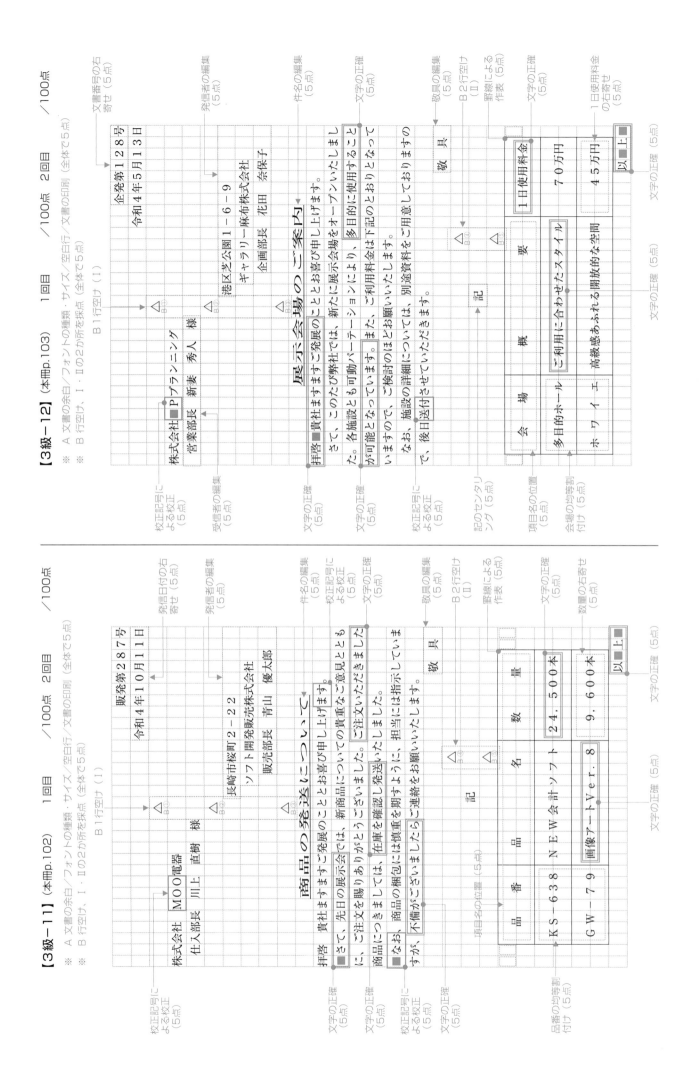

【3級－12】(本冊p.103)　1回目　／100点　2回目　／100点

※ A 文書の余白／フォントの種類・サイズ／空白行／文書の印刷（全体で5点）
※ B 行空け、Ⅰ・Ⅱの2か所を採点（全体で5点）
※ B 行空け、Ⅰ・Ⅱの2か所を採点（Ⅰ）

企発第128号
令和4年5月13日

株式会社■Pプランニング
営業部長　新妻　秀人　様

港区芝公園1－6－9
ギャラリー麻布株式会社
企画部長　花田　奈保子

展示会場のご案内

拝啓■貴社ますますご発展のこととお喜び申し上げます。
　さて、このたび弊社では、新たに展示会場をオープンいたしました。各施設とも可動パーテーションにより、多目的に使用すること
が可能となっています。また、ご利用用料金は下記のとおりとなって
いますので、ご検討のほどよろしくお願いいたします。
　なお、施設の詳細については、別途資料をご用意しておりますの
で、後日送付させていただきます。

敬　具

記

会　場	概　要	1日使用料金
多目的ホール	ご利用に合わせたスタイル	70万円
ホワイエ	高級感あふれる開放的な空間	45万円

以■■上

文書番号の右寄せ（5点）
発信者の編集（5点）
件名の編集（5点）
文字の正確（5点）
敬具の編集（5点）
B 2行空け（Ⅱ）
罫線による作表（5点）
文字の正確（5点）
1日使用料金の右寄せ（5点）
文字の正確（5点）

校正記号による校正（5点）
受信者の編集（5点）
文字の正確（5点）
文字の正確（5点）
校正記号による校正（5点）
記のセンタリング（5点）
項目名の位置（5点）
会場の均等割付け（5点）

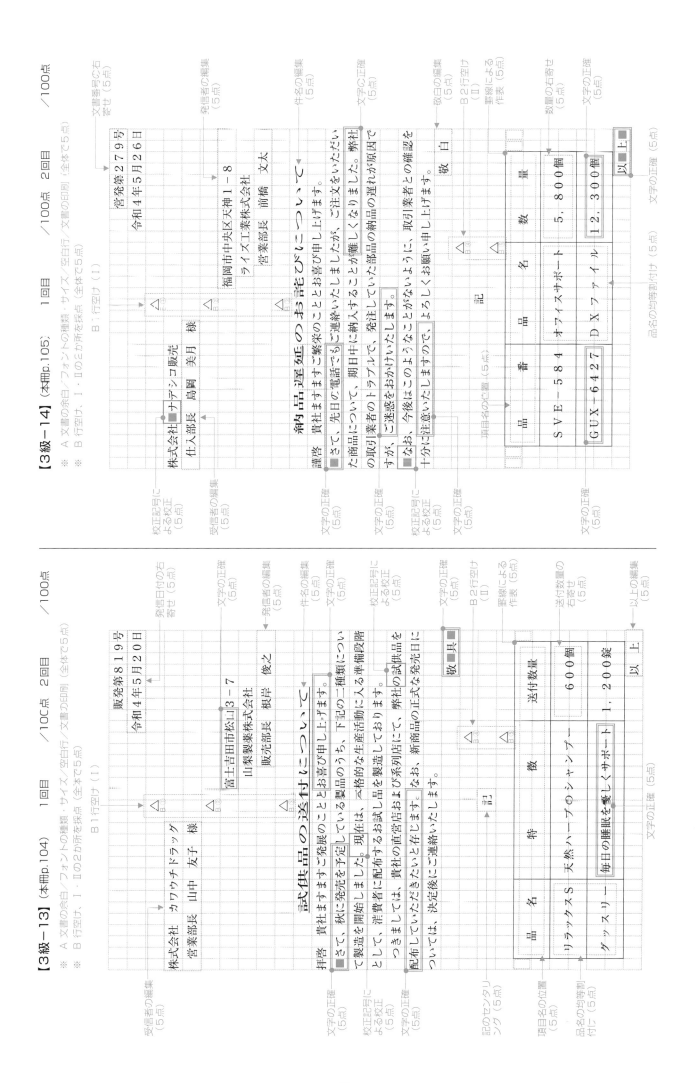

【3級-14】（本冊p.105）　1回目　／100点　2回目　／100点

※ Ａ 文書の余白／フォントの種類・サイズ／空白行／文書の印刷（全体で5点）
※ Ｂ 行空け、Ⅰ・Ⅱのうち2か所を採点（全体で5点）

営発第279号
令和4年5月26日

株式会社　ナデシコ販売
仕入部長　島岡　美月　様

福岡市中央区天神1-8
ライズ工業株式会社
営業部長　前橋　文太

納品遅延のお詫びについて

謹啓　貴社ますますご繁栄のこととお慶び申し上げます。
　さて、先日の電話でもご連絡いたしましたが、ご注文をいただいた商品について、期日中に納入することが難しくなりました。弊社の取引業者のトラブルで、発注していた部品の納品の遅れが原因ですが、ご迷惑をおかけいたします。
　なお、今後はこのようなことがないように、取引業者との確認を十分に注意いたしますので、よろしくお願い申し上げます。

敬　白

記

品番	品名	数量
SVE-584	オフィスサポート	5,800個
GUX-6427	DXファイル	12,300個

以上

【3級-13】（本冊p.104）　1回目　／100点　2回目　／100点

※ Ａ 文書の余白／フォントの種類・サイズ／空白行／文書の印刷（全体で5点）
※ Ｂ 行空け、Ⅰ・Ⅱのうち2か所を採点（全体で5点）

販発第819号
令和4年5月20日

株式会社　カワウチドラッグ
営業部長　山中　友子　様

富士吉田市松山3-7
山梨製薬株式会社
販売部長　根岸　俊之

試供品の送付について

拝啓　貴社ますますご発展のこととお慶び申し上げます。
　さて、秋に発売を予定している製品のうち、下記の二種類について製造を開始しました。現在は、本格的な生産活動に入る準備段階として、消費者に配布するお試し品を製造しております。
　つきましては、貴社の直営店および系列店にて、弊社の試供品を配布していただきたいと存じます。なお、新商品の正式な発売日について、決定後にご連絡いたします。

敬具

記

品名	特徴	送付数量
リラックスS	天然ハーブのシャンプー	600個
ゲッスリー	毎日の睡眠を愛しくサポート	1,200錠

以上

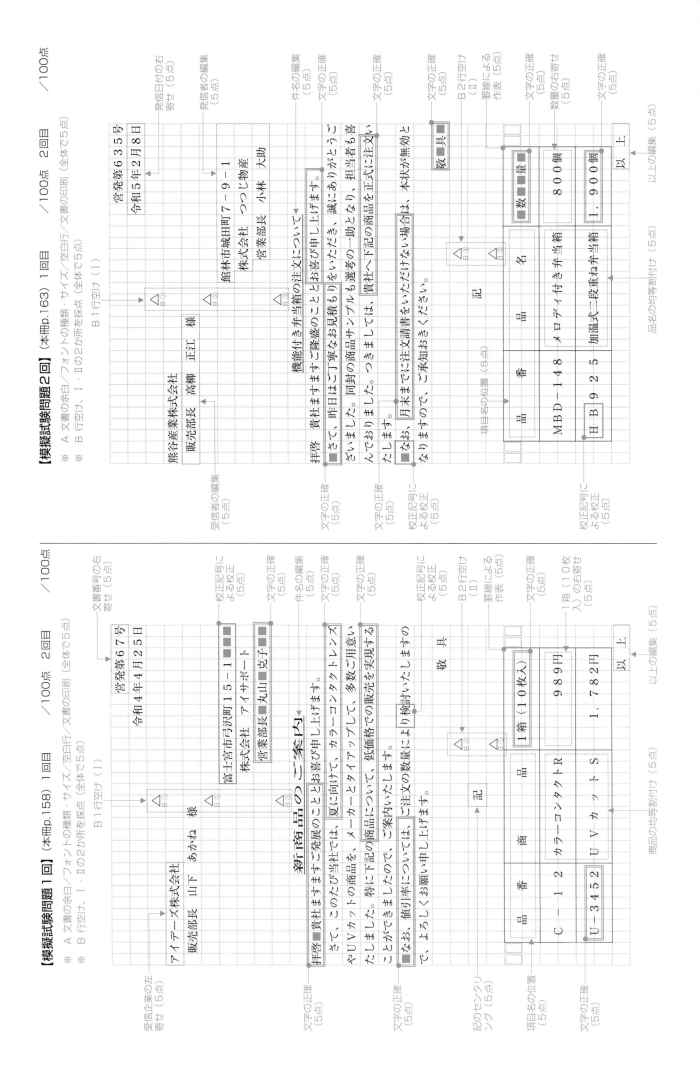

【模擬試験問題2回】（本冊p.163）　1回目　／100点　2回目　／100点　／100点

※ A 文書の余白／フォントの種類・サイズ／空白行／文書の印刷（全体で5点）
※ B 1行空け、Ⅰ・Ⅱの2か所を採点（全体で5点）

営発第635号
令和5年2月8日

熊合産業株式会社
販売部長　高柳　正江　様

株式会社　つつじ物産
営業部長　小林　大助

機能付き弁当箱の注文について

拝啓　貴社ますますご隆盛のこととお喜び申し上げます。
　さて、昨日はご丁寧なお見積もりをいただき、誠にありがとうございました。同封の商品サンプルも選考の一助となり、担当者も喜んでおりました。つきましては、貴社へ下記の商品を正式に注文いたします。
　なお、月末までに注文請書をいただけない場合は、本状が無効となりますので、ご承知おきください。

敬具

記

品　番	品　名	数　量
MBD-148	メロディ付き弁当箱	800個
HB925	加温式三段重ね弁当箱	1,900個

以　上

【模擬試験問題1回】（本冊p.158）　1回目　／100点　2回目　／100点　／100点

※ A 文書の余白／フォントの種類・サイズ／空白行／文書の印刷（全体で5点）
※ B 1行空け、Ⅰ・Ⅱの2か所を採点（全体で5点）

営発第67号
令和4年4月25日

アイデーズ株式会社
販売部長　山下　あかね　様

株式会社　アイサポート
営業部長　丸山　克子

新商品のご案内

拝啓　貴社ますますご発展のこととお喜び申し上げます。
　さて、このたび当社では、夏に向けて、カラーコンタクトレンズやUVカットの商品を、メーカーとタイアップして、多数ご用意いたしました。特に下記の商品について、低価格での販売を実現することができましたので、ご案内いたします。
　なお、値引き率については、ご注文の数量により検討いたしますので、よろしくお願い申し上げます。

敬具

記

品　番	商　品	1箱（10枚入）
C-12	カラーコンタクトR	989円
U-3452	UVカットS	1,782円

以　上

— 12 —

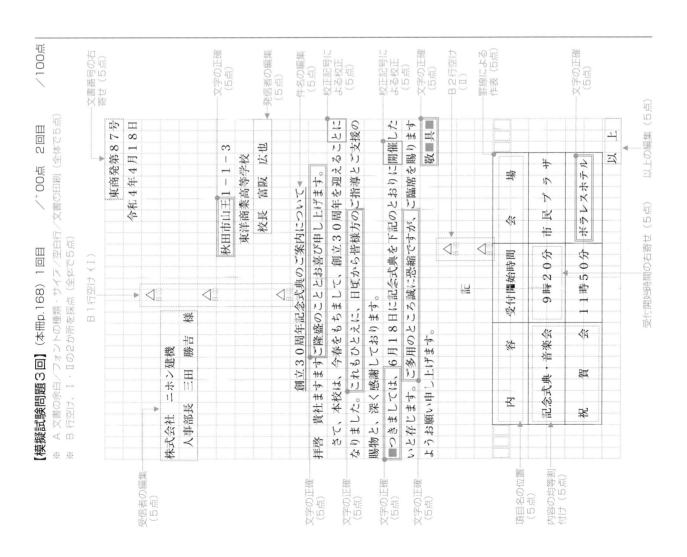

受信者の編集
（5点）

文書番号の右
寄せ（5点）

東商発第８７号

令和４年４月１８日

株式会社　ニホン建機
　　人事部長　三田　勝吉　様

文字の正確
（5点）

秋田市山王１－１－３
東洋商業高等学校
校長　富阪　広也

文字の正確
（5点）

発信者の編集
（5点）

件名の編集
（5点）

創立３０周年記念式典のご案内について

拝啓　貴社ますますご隆盛のこととお喜び申し上げます。

さて、本校は、今春をもちまして、創立３０周年を迎えることに
なりました。これもひとえに、日ごろから皆様方のご指導とご支援の
賜物と、深く感謝しております。

つきましては、６月１８日に記念式典を下記のとおりに開催した
いと存じます。ご多用のところ誠に恐縮ですが、ご臨席を賜ります
ようお願い申し上げます。

敬具

文字の正確
（5点）

文字の正確
（5点）

文字の正確
（5点）

文字の正確
（5点）

校正記号に
よる校正
（5点）

校正記号に
よる校正
（5点）

文字の正確
（5点）

B 2行空け（Ⅱ）

記

罫線による
作表（5点）

内　　　容	受付開始時間	会　　　場
記念式典・音楽会	９時２０分	市　民　プ　ラ　ザ
祝　　賀　　会	１１時５０分	ボ テ ラ ス ホ テ ル

文字の正確
（5点）

項目名の位置
（5点）

内容の均等割
付け（5点）

以　上

受付開始時間の右寄せ（5点）　　以上の編集（5点）

― 13 ―

3級ビジネス文書部門筆記編　解答

筆記編①対策問題(本冊 p.113〜116)

【①−1】 ①オ ②ク ③ア ④カ ⑤ウ ⑥キ ⑦エ ⑧イ
【①−2】 ①ウ ②カ ③ア ④オ ⑤ク ⑥イ ⑦キ ⑧エ
【①−3】 ①エ ②ク ③ア ④カ ⑤キ ⑥イ ⑦オ ⑧ウ
【①−4】 ①エ ②カ ③イ ④ク ⑤ウ ⑥オ ⑦キ ⑧ア
【①−5】 ①カ ②ウ ③ア ④ク ⑤エ ⑥イ ⑦キ ⑧オ
【①−6】 ①オ ②イ ③ク ④エ ⑤カ ⑥ア ⑦キ ⑧ウ
【①−7】 ①オ ②ク ③イ ④ア ⑤キ ⑥ウ ⑦カ ⑧エ

筆記編②対策問題(本冊 p.116〜119)

【②−1】 ①○ ②エ ③イ ④ク ⑤○ ⑥オ ⑦ア ⑧カ
【②−2】 ①エ ②○ ③ク ④オ ⑤イ ⑥○ ⑦ウ ⑧カ
【②−3】 ①ア ②オ ③○ ④ウ ⑤カ ⑥ク ⑦○ ⑧エ
【②−4】 ①ウ ②カ ③イ ④○ ⑤エ ⑥キ ⑦ア ⑧オ
【②−5】 ①オ ②○ ③キ ④ア ⑤エ ⑥○ ⑦イ ⑧ク
【②−6】 ①○ ②カ ③ア ④○ ⑤ウ ⑥キ ⑦イ ⑧オ
【②−7】 ①ウ ②オ ③○ ④ア ⑤カ ⑥エ ⑦ク ⑧○

筆記編③対策問題(本冊 p.124〜127)

【③−1】 ①イ ②ア ③イ ④ア ⑤ウ ⑥イ ⑦ウ ⑧ア
【③−2】 ①イ ②ア ③イ ④ウ ⑤ウ ⑥ア ⑦ア ⑧イ
【③−3】 ①ウ ②イ ③ウ ④ウ ⑤ア ⑥ウ ⑦ア ⑧イ
【③−4】 ①ア ②ア ③イ ④ア ⑤イ ⑥ア ⑦イ ⑧ウ
【③−5】 ①ウ ②イ ③ア ④ウ ⑤ウ ⑥イ ⑦ウ ⑧ア
【③−6】 ①イ ②ウ ③ウ ④ア ⑤イ ⑥ウ ⑦ア ⑧ウ
【③−7】 ①イ ②ア ③ウ ④ア ⑤ウ ⑥イ ⑦ア ⑧イ

筆記編④対策問題(本冊 p.127〜130)

【④−1】 ①ア ②ウ ③イ ④イ ⑤ア ⑥ウ
【④−2】 ①ウ ②イ ③ウ ④ア ⑤イ ⑥ア
【④−3】 ①ア ②イ ③ア ④ア ⑤ウ ⑥ウ
【④−4】 ①ウ ②ア ③イ ④ア ⑤ウ ⑥イ
【④−5】 ①イ ②ア ③ア ④ウ ⑤イ ⑥ウ
【④−6】 ①ア ②ウ ③イ ④ウ ⑤ア ⑥イ
【④−7】 ①イ ②ア ③ウ ④イ ⑤ウ ⑥ア

筆記編⑤対策問題(本冊 p.139〜140)

【⑤−1】

番号	漢字	音読み	訓読み
例	隠	いん	かくす
①	治	イ	なおす
②	冠	かん	カ
③	シ	一	うね
④	瓦	ア	かわら
⑤	掲	けい	オ
⑥	ケ	どう	ひとみ
⑦	侵	ク	おかす
⑧	斬	ざん	エ
⑨	コ	もう	あみ
⑩	弾	キ	ひく

【⑤−2】

番号	漢字	音読み	訓読み
例	詠	えい	よむ
①	陥	かん	カ
②	サ	けい	ほたる
③	浸	ウ	ひたす
④	潰	かい	イ
⑤	コ	へい	やむ
⑥	沃	オ	一
⑦	字	じ	ア
⑧	シ	ゆう	いさむ
⑨	亀	エ	かめ
⑩	蓄	ちく	キ

【⑤−3】

番号	漢字	音読み	訓読み
例	似	じ	にる
①	コ	ちゅう	いる
②	酔	キ	よう
③	患	かん	エ
④	サ	えん	なまり
⑤	苗	ア	なえ
⑥	叱	しつ	ク
⑦	ケ	ひ	一
⑧	崖	オ	がけ
⑨	軒	けん	イ
⑩	シ	れつ	さく

【⑤−4】

番号	漢字	音読み	訓読み
例	炎	えん	ほのお
①	遣	キ	つかう
②	貫	かん	エ
③	サ	しつ	とる
④	蓋	オ	ふた
⑤	釜	一	ク
⑥	ケ	しゅ	はれる
⑦	釣	ア	つる
⑧	粒	りゅう	イ
⑨	コ	ふ	こわい
⑩	腰	ウ	こし

【⑤−5】

番号	漢字	音読み	訓読み
例	桜	おう	さくら
①	煮	ク	にる
②	勧	かん	カ
③	シ	ちょう	はねる
④	遥	ア	一
⑤	幻	げん	エ
⑥	コ	じゅ	のろう
⑦	吹	イ	ふく
⑧	剝	はく	オ
⑨	ケ	よう	あげる
⑩	舞	キ	まう

【⑤−6】

番号	漢字	音読み	訓読み
例	価	か	あたい
①	誇	オ	ほこる
②	紛	ふん	ク
③	ケ	しゅ	たね
④	嗅	キ	かぐ
⑤	繕	ぜん	エ
⑥	サ	しょく	ふく
⑦	笛	ウ	ふえ
⑧	裾	一	イ
⑨	コ	よう	うたう
⑩	幅	ア	はば

筆記編⑥対策問題(本冊 p.141〜142)

【⑥−1】 ①イ ②ア ③ア
【⑥−2】 ①イ ②ア ③イ
【⑥−3】 ①イ ②ア ③イ
【⑥−4】 ①イ ②イ ③イ
【⑥−5】 ①イ ②ア ③イ
【⑥−6】 ①ア ②イ ③ア
【⑥−7】 ①ア ②ア ③イ
【⑥−8】 ①ア ②イ ③ア
【⑥−9】 ①ア ②ア ③イ
【⑥−10】 ①イ ②イ ③イ
【⑥−11】 ①ア ②ア ③ア
【⑥−12】 ①ア ②イ ③ア
【⑥−13】 ①ア ②イ ③ア
【⑥−14】 ①ア ②イ ③イ
【⑥−15】 ①ア ②イ ③ア
【⑥−16】 ①イ ②ア ③イ
【⑥−17】 ①ア ②イ ③ア
【⑥−18】 ①イ ②ア ③ア
【⑥−19】 ①ア ②イ ③ア
【⑥−20】 ①ア ②ア ③イ
【⑥−21】 ①ア ②イ ③ア

【⑦-1】①いおう ②さおとめ ③なこうど
【⑦-2】①しわす（しはす）②かたず ③うなばら
【⑦-3】①こじ ②どきょう ③わこうど
【⑦-4】①むすこ ②しゃみせん ③つゆ
【⑦-5】①ゆくえ ②あずき ③かわら
【⑦-6】①おとめ ②じゃり ③はとば
【⑦-7】①もみじ ②いくじ ③ぞうり
【⑦-8】①かな ②まいご ③けしき
【⑦-9】①かや ②ちご ③もめん
【⑦-10】①まじめ ②ふぶき ③あま
【⑦-11】①まわ ②やおや ③あす
【⑦-12】①くだもの ②ひより ③ゆかた
【⑦-13】①ざこ ②なごり ③しぐれ
【⑦-14】①さじき ②くろうと ③かわせ
【⑦-15】①だし ②やよい ③しっぽ
【⑦-16】①へた ②しらが ③みやげ
【⑦-17】①さつき ②なだれ ③しろうと
【⑦-18】①たび ②いなか ③いぶき
【⑦-19】①のら ②しない ③もさ
【⑦-20】①かじ ②ここち ③しにせ
【⑦-21】①たち ②つきやま ③とえはたえ

【⑧-1】①ア ②イ ③イ ④ア
【⑧-2】①ア ②イ ③イ ④イ
【⑧-3】①イ ②イ ③ア ④ア
【⑧-4】①ア ②ア ③ウ ④イ
【⑧-5】①イ ②イ ③ア ④イ
【⑧-6】①ア ②イ ③ア ④イ
【⑧-7】①イ ②ア ③ア ④ア
【⑧-8】①イ ②ア ③イ ④イ
【⑧-9】①ア ②イ ③イ ④ウ
【⑧-10】①ア ②ア ③イ ④ア

8　筆記総合問題第1回(本冊 p.147〜149)
1 ①カ ②ウ ③ア ④キ ⑤オ ⑥ク ⑦エ ⑧イ
2 ①キ ②○ ③オ ④イ ⑤カ ⑥ク ⑦○ ⑧ウ
3 ①ア ②イ ③ウ ④イ ⑤ウ ⑥ア ⑦ウ ⑧ア
4 ①イ ②ア ③ウ ④イ ⑤ア ⑥ウ
5 ①ケ ②ア ③ク ④シ ⑤キ ⑥エ ⑦コ ⑧オ ⑨イ ⑩サ
6 ①イ ②イ ③ア
7 ①へや ②てつだう ③かぜ
8 ①イ ②ア ③イ ④イ

筆記総合問題第2回(本冊 p.150〜152)
1 ①キ ②オ ③ウ ④エ ⑤カ ⑥ア ⑦ク ⑧イ
2 ①ウ ②ク ③キ ④カ ⑤○ ⑥オ ⑦○ ⑧ア
3 ①イ ②イ ③ア ④ア ⑤ウ ⑥ア ⑦ウ ⑧イ
4 ①ア ②ア ③ウ ④イ ⑤イ ⑥ウ
5 ①イ ②コ ③オ ④カ ⑤サ ⑥ウ ⑦ア ⑧シ ⑨エ ⑩キ
6 ①ア ②イ ③イ
7 ①じょうず ②とけい ③しばふ
8 ①イ ②ア ③ウ ④イ

模擬試験問題1回(本冊 p.159〜161)
1 ①キ ②ウ ③オ ④ク ⑤イ ⑥カ ⑦エ ⑧ア
2 ①ア ②エ ③キ ④○ ⑤カ ⑥○ ⑦オ ⑧ウ
3 ①ウ ②ア ③イ ④イ ⑤ア ⑥イ ⑦ウ ⑧ア
4 ①イ ②ウ ③イ ④ア ⑤ア ⑥ウ
5 ①イ ②エ ③シ ④キ ⑤カ ⑥ケ ⑦ク ⑧オ ⑨コ ⑩ア
6 ①ア ②ア ③イ
7 ①たなばた ②はつか ③おじ
8 ①イ ②ア ③ウ ④イ

模擬試験問題2回(本冊 p.164〜166)
1 ①エ ②キ ③ク ④ウ ⑤カ ⑥オ ⑦イ ⑧ア
2 ①キ ②○ ③カ ④オ ⑤ウ ⑥エ ⑦ア ⑧○
3 ①イ ②イ ③ア ④イ ⑤イ ⑥ア ⑦ウ ⑧ア
4 ①ウ ②イ ③ア ④ア ⑤ウ ⑥イ
5 ①キ ②コ ③オ ④イ ⑤シ ⑥エ ⑦ア ⑧サ ⑨ウ ⑩カ
6 ①ア ②イ ③イ
7 ①すきや ②えがお ③はたち
8 ①ア ②イ ③ア ④ウ

模擬試験問題3回(本冊 p.169〜171)
1 ①エ ②ク ③ア ④カ ⑤ウ ⑥オ ⑦キ ⑧イ
2 ①ク ②ウ ③○ ④ア ⑤オ ⑥○ ⑦キ ⑧イ
3 ①ア ②ウ ③ア ④イ ⑤ウ ⑥ア ⑦イ ⑧ウ
4 ①イ ②ア ③イ ④ウ ⑤ア ⑥イ
5 ①サ ②オ ③イ ④ケ ⑤ア ⑥ク ⑦シ ⑧キ ⑨エ ⑩コ
6 ①ア ②イ ③イ
7 ①うわついて ②さなえ ③はかせ
8 ①ア ②イ ③イ ④ア

初期設定

Word2019で文字ずれをしない書式設定

1．ページ設定
   A　用　紙　サ　イ　ズ　　　　　………A4
   B　余　　　　　　白　　　　　　………上下左右とも25mm
   C　フォントの設定　　　　　　　………【解説1】参照
   D　グリッド線の設定　　　　　　………【解説2】参照
   E　文字数と行数の設定　　　　　………文字数30字・行数30行
                        （文字数・行数は問題により異なる）

2．文字ずれをしないための設定
   A　日本語と半角英数字との間隔の調整………【解説3】参照
   B　区切り文字のカーニング解除………【解説4】参照
   C　禁則処理の繰り上げによる文字詰めを解除………【解説4】参照
   D　画面上のグリッド線との文字ずれを解除………【解説4】参照

3．オートコレクト（段落番号）機能の解除
   A　箇条書きの設定を解除　　　　………【解説5】参照

【解説1】　［1．ページ設定　　C　フォントの設定］

　文字の書体をフォントといいます。文字ずれは、半角英数字や記号などを入力するときに発生します。それは［英数字用のフォント］の既定値（デフォルトといいます）が Century（センチュリー）という自動的に文字の幅が調整される（カーニングといいます）フォントになっているためです。

　句読点やかっこ以外の全角文字は、フォントが「ＭＳ明朝」だとずれません。次の手順により、［日本語用のフォント］を「ＭＳ明朝」に、［英数字用のフォント］を「（日本語用と同じフォント）」に設定します。

① リボンから［レイアウト］タブをクリックします。［ページ設定］グループの右下にある［ページ設定ダイアログボックス起動ツールボタン］をクリックすると、［ページ設定］ダイアログボックスが表示されます。

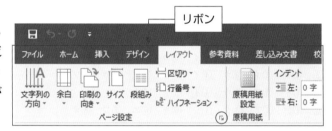

② ［用紙］タブで［用紙サイズ］を「A4」にします。［余白］タブで［余白］は［上］［下］［左］［右］とも「25mm」にします。

③ ［文字数と行数］タブで［フォントの設定］をクリックし、［フォント］ダイアログボックスを表示します。

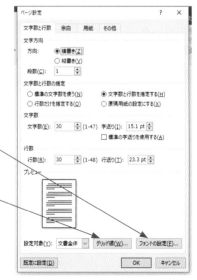

> 【解説1】（参考）［フォントの設定］をクリックすると、
> 　　　　　　　［フォント］ダイアログボックスが表示される。

> 【解説2】（参考）［グリッド線］をクリックすると、
> 　　　　　　　［グリッドとガイド］ダイアログボックスが表示される。

> ＊最後に文字数・行数を指定する。

［フォントダイアログボックスの設定］

④ ［フォント］ダイアログボックスの［フォント］タブで、［日本語用のフォント］を「ＭＳ明朝」に設定します。

⑤ ［英数字用のフォント］を「（日本語用と同じフォント）」に設定します。

⑥ ［サイズ］を「14」にします。

⑦ ［フォント］ダイアログボックスの［詳細設定］タブをクリックします。

⑧ ［文字幅と間隔］の［カーニングを行う］のチェックをはずします。

⑨ ［フォント］ダイアログボックスの［ＯＫ］をクリックします。

⑩ 最後に、［ページ設定］ダイアログボックス（前ページ）の［文字数と行数］タブで［文字数と行数を指定する］を選択して、［文字数］を「30」、［行数］を「30」にします（文字数・行数は問題により異なります）。

注）続けて【解説２】のグリッド線の設定を行います。

【解説２】 ［1．ページ設定 Ｄ グリッド線の設定］
　グリッド線を表示すると、文字ずれの部分を確認できます。また、罫線も引きやすくなります。
　グリッド線を１文字に１本、１行に１本となるように設定します。

① ［ページ設定］ダイアログボックスの［グリッド線］をクリックすると、［グリッドとガイド］ダイアログボックスが表示されます。

② ［文字グリッド線の間隔］を「１字」、［行グリッド線の間隔］を「１行」とし、［グリッド線を表示する］と［文字グリッド線を表示する間隔（本）］にチェックを付け、［文字グリッド線を表示する間隔（本)］を「１」、［行グリッド線を表示する間隔（本)］を「１」にします。

③ ［グリッドとガイド］ダイアログボックスの［ＯＫ］をクリックします。

④ 最後に、［ページ設定］ダイアログボックスの［ＯＫ］をクリックします。

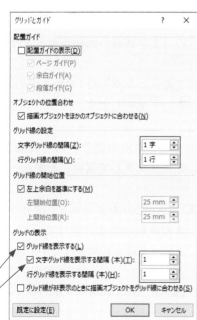

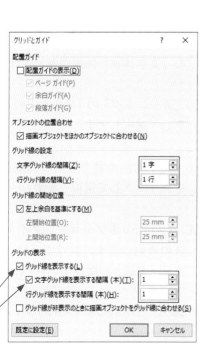

【解説3】　［2．文字ずれをしないための設定　A　日本語と半角英数字との間隔の調整］
　日本語と半角英数字の余分な間隔が空かないように設定します。

① リボンから［レイアウト］タブをクリックします。［段落］
　グループの右下にある［段落ダイアログボックス起動ツール
　ボタン］をクリックすると、［段落］ダイアログボックスが
　表示されます。

② ［段落］ダイアログボックスの［体裁］タブをクリックして
　表示します。

③ ［禁則処理を行う］と［句読点のぶら下げを行う］、さらに、
　［日本語と英字の間隔を自動調整する］と［日本語と数字の
　間隔を自動調整する］の計4か所のチェックをはずします。

④ ［英単語の途中で改行する］にチェックを付けます。
＊この「日本語と半角英数字との間隔の調整」は、「すべての
　書式をクリア」あるいは「ダブルクリック」による改行をす
　ると、設定が解除されます。必要な場合に応じて再設定しな
　おしてください。
注）続けて【解説4】の設定を行います。

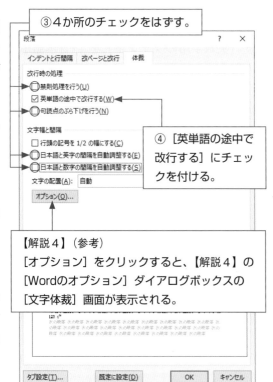

③4か所のチェックをはずす。

④ ［英単語の途中で
改行する］にチェッ
クを付ける。

【解説4】（参考）
［オプション］をクリックすると、【解説4】の
［Wordのオプション］ダイアログボックスの
［文字体裁］画面が表示される。

【解説4】　［2．文字ずれをしないための設定
　　　　　　　　B　区切り文字のカーニング解除、C　禁則処理の繰り上げによる文字詰めを解除、
　　　　　　　　D　画面上のグリッド線との文字ずれを解除］
　区切り文字（句読点やかっこなど）が二つ以上重なると間隔が詰められるので、この設定を解除します（B）。
次に、禁則処理などで繰り上げが行われると、区切り文字部分の文字詰めが行われるので、この設定も解除
します（C）。また、画面上のグリッド線との微妙な文字ずれを解除します（D）。

① ［段落］ダイアログボックスの［体裁］タ
　ブにある［オプション］をクリックすると、
　［Wordのオプション］ダイアログボックス
　の［文字体裁］画面が表示されます。

② ［カーニング］の［半角英字のみ］をクリッ
　クして選択します。

③ ［文字間隔の調整］の［間隔を詰めない］
　をクリックして選択します。

注）［Wordのオプション］ダイアログボック
　スの画面のまま、続けて（D）の画面上の
　グリッド線との微妙な文字ずれを解除します。

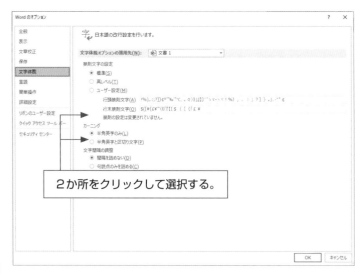

2か所をクリックして選択する。

【参考】　［Wordのオプション］ダイアログボックスは、［ファイル］タブの［オプション］をクリックしても表示されます。

④［Wordのオプション］ダイアログボックスの左にある［詳細設定］をクリックします。

⑤［詳細設定］画面の［表示］にある、［読みやすさよりもレイアウトを優先して、文字の配置を最適化する］にチェックを入れます。

注）「Wordのオプション」ダイアログボックスの画面のまま、続けて【解説5】の設定を行います。

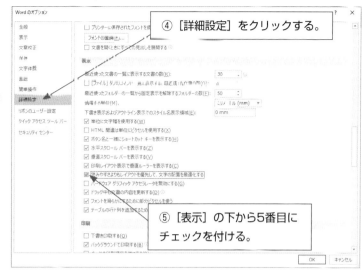
④［詳細設定］をクリックする。

⑤［表示］の下から5番目にチェックを付ける。

【解説5】 ［3．オートコレクト（段落番号）機能の解除
　　　　　A　箇条書きの設定を解除］
「1．」と入力して改行すると、次の行に自動的に「2．」と表示されることがあります。この機能は文字ずれを起こすので、設定を解除します。

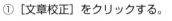
①［文章校正］をクリックする。

①［Wordのオプション］ダイアログボックスの左にある［文章校正］をクリックします。

②［文章校正］画面から［オートコレクトのオプション］をクリックして、［オートコレクト］ダイアログボックスを表示します。

②［オートコレクトのオプション］をクリックする。

③［オートコレクト］ダイアログボックスにある［入力オートフォーマット］タブの［箇条書き（行頭文字）］と［箇条書き（段落番号）］の2か所のチェックをはずします。

④［オートコレクト］ダイアログボックスの［OK］をクリックし、［Wordのオプション］ダイアログボックスの［OK］と、［段落］ダイアログボックスの［OK］をクリックします。

＊以上の【解説1】から【解説5】までの設定を行うことにより、文字ずれが解消されます。

③2か所のチェックをはずす。

Word2019の「リボン」について

　Word2019は、Word2010・2013・2016と同様に、メニュータブとグループから構成されている「リボン」により、アイコンをグループ化して表示しています。操作方法・アイコンの場所などを確認してから操作することが必要です。

◆それぞれの「タブ」と「リボン」の機能
　①［ファイル］タブは、ファイルを「開く」「保存」「印刷」などの操作を選択します。

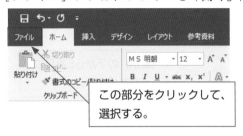
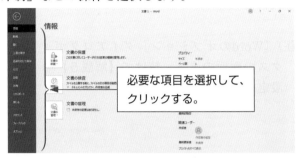

　②［ホーム］タブは、編集機能のアイコンが中心になっています。

　③［挿入］タブは、表・図形などのアイコンとなっています。

　④［レイアウト］タブは、ページ設定や段落の操作ができます。

　⑤［表示］タブでは、レイアウトやグリッド線などが操作できます。

　⑥文章中の「表」内を選択（クリック）すると、リボンに表ツールの［デザイン］タブと表ツールの［レイアウト］タブが追加表示されます。

　⑦文章中の「図形・オブジェクト」のデータを選択（クリック）すると、リボンに描画ツールの［書式］タブが追加表示されます。

Word2019によるヘッダーの設定方法

① [挿入]タブ→[ヘッダーとフッター］グループにある［ヘッダー］アイコンをクリックして、[ヘッダーの編集］をクリックします。

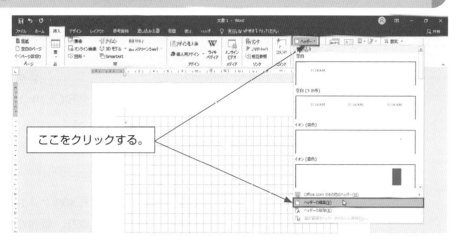

ここをクリックする。

② ヘッダー部分が編集可能な状態となるので、必要事項を入力します。

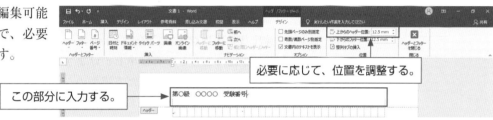

必要に応じて、位置を調整する。

この部分に入力する。

第○級　○○○○　受験番号

③ 入力が終了したら右端の［ヘッダーとフッターを閉じる］をクリックします。

入力後、ここをクリックする。

第○級　○○○○

簡単なヘッダー入力

※　Word2007～2019では、上余白をダブルクリックするだけでヘッダーを入力できます。また、編集の終了は、本人の入力画面をダブルクリックするか、Esc キーでも可能です。

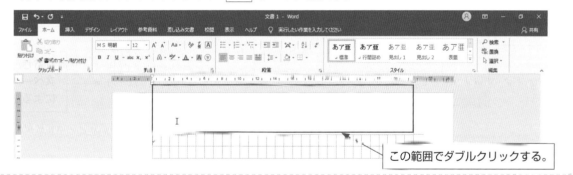

この範囲でダブルクリックする。

Word2019による３級ビジネス文書の完成例

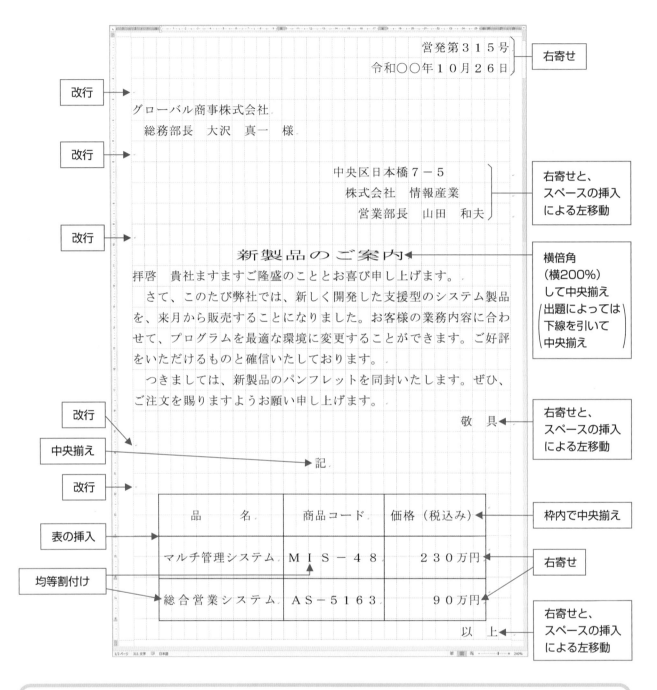

入力前の設定確認事項

１．文字ずれの確認
初めに、文字ずれをしないための書式設定を行います。（「文字ずれをしない書式設定」を参照してください。）

２．ページ設定
以下のようにページ設定してください。

[用紙サイズ]………Ａ４縦　　　[余白]………上下左右２５ｍｍ　　　[フォントサイズ]………１４ポイント
[文字数]…………３０字　　　[行数]………２９行　　　　（行数は、問題により異なります。）

３．グリッド線の表示
文字位置や、罫線位置の確認のために必要です。

Word2019による3級ビジネス文書基本形式問題の作成プロセス

1 前付けの作成

本文よりも前にある部分を、前付けと呼びます。文字を先に入力してから、編集を行います。

①文書番号・発信日付・受信者名・発信者名を右のように入力します。

【文書番号と発信日付（右寄せ）】
②文書番号と発信日付をドラッグして範囲指定し、リボンから［ホーム］タブ⇒［段落］グループにある［右揃え］アイコンをクリックします。

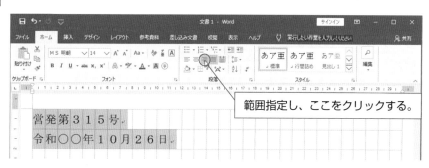

範囲指定し、ここをクリックする。

【発信者名の右寄せ】
③「氏名」「会社名」「住所」を②と同じように右寄せします。

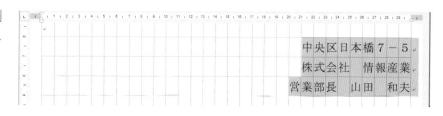

【発信者名の位置決め】
④「氏名」「会社名」「住所」の順に下から設定すると、編集がしやすくなります。
　右寄せした発信者名（山田和夫）の右側にカーソルを置き、スペースを挿入して、文字列を左移動します。

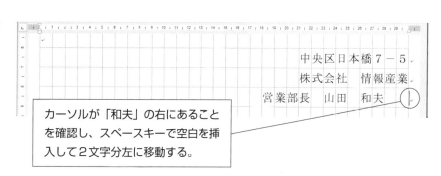

カーソルが「和夫」の右にあることを確認し、スペースキーで空白を挿入して2文字分左に移動する。

【「会社名」「住所」の左移動】

⑤続けて「会社名」「住所」の順に下から、スペースの挿入を使ってそれぞれ正しい位置に移動します。

氏名の右側は2字分あけ、行頭を階段状に配置する。

中央区日本橋7－5
株式会社　情報産業
営業部長　山田　和夫

② 件名の作成

　入力する位置をダブルクリックしてカーソル移動し、件名を入力します。（※ダブルクリックして改行すると、前の行の右寄せの編集内容を引き継ぎません。）２００％に横拡大してから、中央揃えにします。

①件名を入力し、範囲指定して［ホーム］タブ⇒［段落］グループにある［拡張書式］アイコンの▼をクリックして、［文字の拡大／縮小］から「２００％」をクリックします。

拡張書式

範囲指定して「200%」をクリックする。

②続けて［ホーム］タブ⇒［段落］グループにある［中央揃え］アイコンをクリックすると、中央揃えされます。

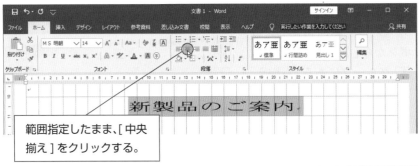

範囲指定したまま、[中央揃え]をクリックする。

③エンターキーで改行せずに、マウスをダブルクリックしてカーソルを移動し、改行します。

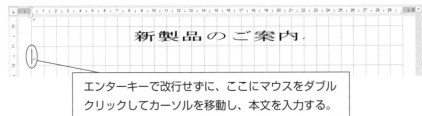

エンターキーで改行せずに、ここにマウスをダブルクリックしてカーソルを移動し、本文を入力する。

参考 書式のクリア

エンターキーで改行すると、「２００％」「中央揃え」を引き継ぎますので、書式を元に戻します。

①［ホーム］タブ⇒［フォント］グループにある［すべての書式をクリア］アイコンをクリックすると、先に指示した編集内容（「２００％」「中央揃え」）をクリアすることができ、左端からはじめの設定の大きさで本文の入力ができます。

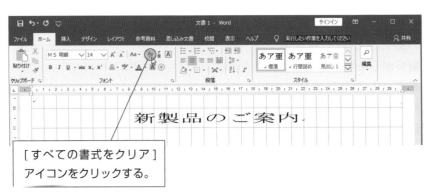

[すべての書式をクリア]アイコンをクリックする。

3 本文の入力

①文字を入力します。

※入力オートフォーマット機能
により、「拝啓」と入力すると
「敬具」が自動的に入力される
場合があります。

②「敬具」は右寄せし、字間
に1字分の空白を挿入しま
す。
また、右側にスペースを挿
入して1字分左に移動しま
す。

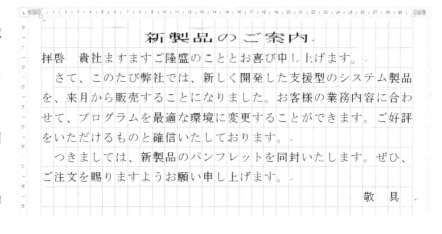

4 別記の作成 （「敬具」と「記」の間は、1行空けます。）

①「記」と入力してエンター
キーを押すと、自動的に中
央揃えされ、「以上」も右寄
せで入力されます。

②「記」と「以上」の間を改行
して、もう1行増やします。

もう1行増やす。

5 表の作成

①カーソルを「記」から1行
空けた位置に移動し、縦3
×横3の表を作成します。

カーソルをこの場所に合わせ
てから、表の作成を行う。

②［挿入］タブ⇒［表］グルー
プにある［表］アイコンを
クリックし、縦3×横3の
範囲をドラッグして指を離
します。

③縦3×横3の表が挿入され
　ました。

④表と「以上」の間の行間は、
　削除します。

＊Wordでは、改行マークのこ
　とを「段落記号」と呼びます。

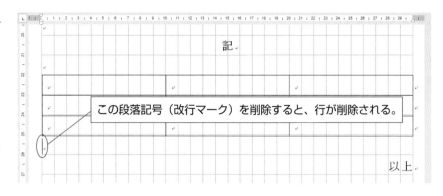

この段落記号（改行マーク）を削除すると、行が削除される。

6 縦罫線の調整

①左側の縦罫線にマウスポイ
　ンタを合わせて、クリック
　します。

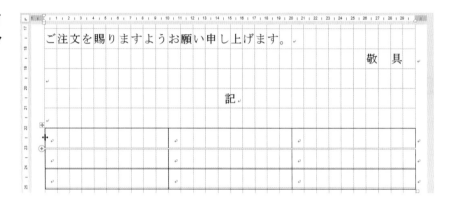

ご注文を賜りますようお願い申し上げます。

敬 具

記

②縦罫線を Alt キーを押しな
　がら右にドラッグし、本文
　の目印になる文字に合わせ
　て離します。

③左の縦罫線が移動しました。

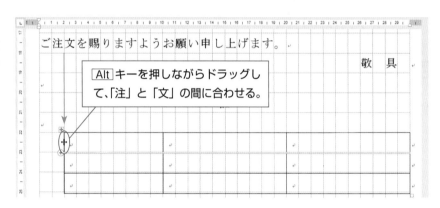

ご注文を賜りますようお願い申し上げます。

敬 具

Alt キーを押しながらドラッグし
て、「注」と「文」の間に合わせる。

④同じように、左側から順に、
　他の縦罫線も位置を揃えま
　す。

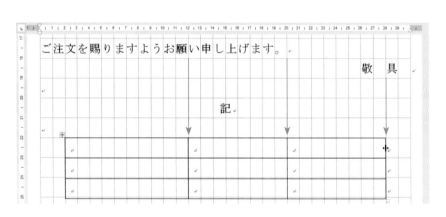

ご注文を賜りますようお願い申し上げます。

敬 具

記

7 表内文字入力

①表内に文字を入力します。

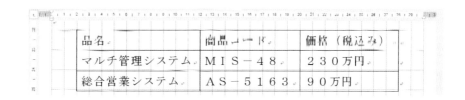

8 横罫線の調整
表の縦幅を広くします。横罫線を2行に1本引くように調整します。

①表全体をドラッグします。

② ［ホーム］タブ⇒［段落］
グループにある［行と段落
の間隔］アイコンの▼から
「2.0」をクリックします。

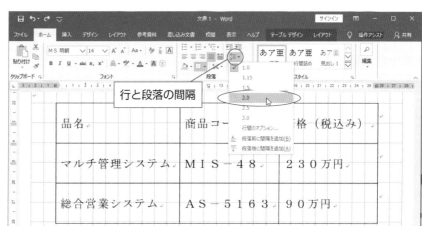

③表内が2行どりとなり、そ
れぞれのセルの上下の中央
位置に文字が配置されまし
た。

9 項目名の位置調整
項目名全体を一度にセンタリングして、各項目名の文字を適切な位置に配置します。

①項目名全体のセルをすべて
ドラッグして範囲指定しま
す。

② ［ホーム］タブ⇒［段落］
グループにある［中央揃え］
アイコンをクリックします。

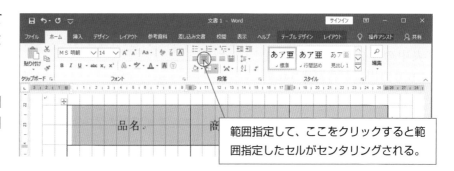

③「品名」の字間に３字分の
空白を挿入して、文字を適
切な位置に配置します。

10 均等割付け（ブロック全体で一度にする方法）

①均等割付けが必要なセルを
含む、ブロック全体のセル
をすべてドラッグして範囲
指定します。

②［ホーム］タブ⇒［段落］
グループにある［均等割り
付け］アイコンをクリック
します。

③表中の「総合営業システム」
と、「MIS-48」が均等
割付けされました。

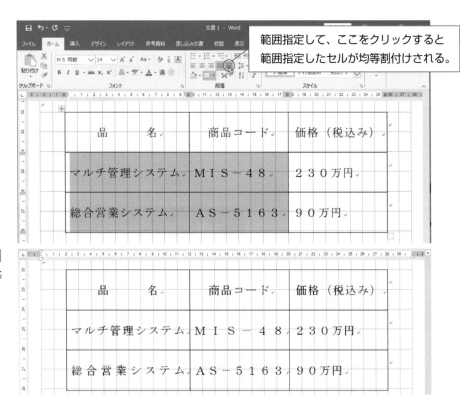

範囲指定して、ここをクリックすると
範囲指定したセルが均等割付けされる。

11 右寄せ（ブロック全体で一度にする方法）

①右寄せが必要なセルを含む
ブロック全体のセルをすべ
てドラッグして範囲指定し
ます。

②［ホーム］タブ⇒［段落］
グループにある［右揃え］
アイコンをクリックします。

③表中の「２３０万円」と、
「９０万円」が右寄せされま
した。

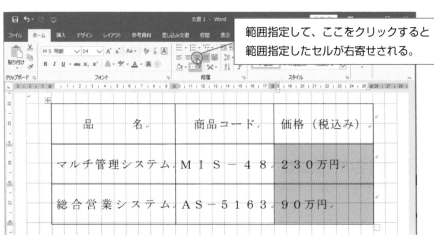

範囲指定して、ここをクリックすると
範囲指定したセルが右寄せされる。

12 「以上」の位置調整

①「以上」の字間に1字分の空白を挿入します。
また、右側に空白を挿入して1字分左に移動します。

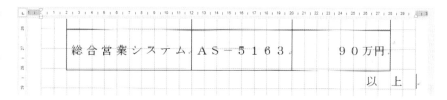

参考 均等割付け（1か所単位でする方法）

　セル内の文字列を、1か所ずつ均等割付けする方法です。

①「総合営業システム」をドラッグして範囲指定します。

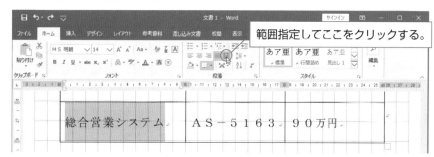

範囲指定してここをクリックする。

②［ホーム］タブ⇒［段落］グループにある［均等割り付け］アイコンをクリックして、［文字の均等割り付け］ダイアログボックスを表示します。

③ダイアログボックスの［新しい文字列の幅］に、割付け幅の数字（9字）を入力し［OK］をクリックします。

［新しい文字列の幅］に割付け幅の数字を入力する（この場合は「9字」）。

④均等割付けされました。

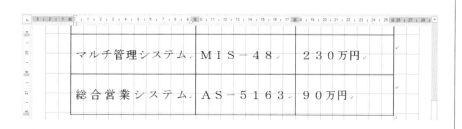

⑤同様に「MIS-48」も7字に均等割付けします。

ビジネス文書実務検定試験　合格基準・出題基準

　ビジネス文書部門及び速度部門の２部門の合格基準を満たした場合、当該級の合格とする。部門別に合格した者が、４回以内に他の部門に合格した場合、当該級の合格とする。なお、上位級に合格しても、未合格の下位級の認定はできない。

Ⅰ.ビジネス文書部門

<table>
<tr><td colspan="3"></td><td>第3級</td><td>第2級</td><td>第1級</td></tr>
<tr><td rowspan="16">筆記</td><td rowspan="7">筆記1（機械・文書）</td><td>(1)機械・機械操作</td><td colspan="3">一般、入力、ショートカット、出力、編集、記憶に関する内容</td></tr>
<tr><td>(2)文書の種類</td><td colspan="3">通信文書、帳票の種類</td></tr>
<tr><td>(3)文書の作成と用途</td><td colspan="3">構成、校正記号、記号・罫線・マークの意味と用途、受発信、語彙の意味と使い分け</td></tr>
<tr><td>(4)プレゼンテーション</td><td></td><td colspan="2">プレゼンテーションに関する知識及び用途</td></tr>
<tr><td>(5)電子メール</td><td></td><td colspan="2">電子メールの用語・構成・作成、ネチケット、セキュリティ</td></tr>
<tr><td colspan="2">筆記2（ことばの知識）</td><td colspan="3">漢字・熟語など、文書を入力する際に必要なことばの知識</td></tr>
<tr><td colspan="2">制　限　時　間</td><td colspan="3">１５分間</td></tr>
<tr><td colspan="2">問　題　用　紙</td><td colspan="3">Ａ３判（綴じ込み印刷）</td></tr>
<tr><td colspan="2">答　案　用　紙</td><td colspan="3">Ａ４判</td></tr>
<tr><td colspan="2">合　格　基　準</td><td colspan="3">７０点以上</td></tr>
<tr><td rowspan="5">実技</td><td colspan="2">形　　　式</td><td>簡単な表、校正記号を含むビジネス文書を、指示に従って作成する。</td><td>表、オブジェクト、校正記号を含む文書を、指示に従って体裁よく作成する。</td><td>表、オブジェクト、校正記号、テキストファイルを含む文書を、指示に従って体裁よく作成する。</td></tr>
<tr><td colspan="2">制　限　時　間</td><td colspan="2">１５分間</td><td>２０分間</td></tr>
<tr><td colspan="2">問　題　用　紙</td><td>Ａ４判</td><td colspan="2">Ａ３判（綴じ込み印刷）</td></tr>
<tr><td colspan="2">答案用紙（印刷用紙）</td><td colspan="3">Ａ４判（天地・裏表あり）</td></tr>
<tr><td colspan="2">合　格　基　準</td><td colspan="3">７０点以上</td></tr>
</table>

Ⅱ. 速度部門

級　位	第3級	第2級	第1級
制 限 時 間	10分間		
問 題 用 紙 及 び 書 式	A４判 問題文は活字 ただし、第１級・第２級は手書きフォント １行３０字 第１級は誤字訂正を含む		
答 案 用 紙 (印刷用紙)	A４判（天地・裏表あり）		
合 格 基 準	300字以上	450字以上	700字以上
出題総字数	310字	460字	710字
漢 字 率	31〜34％	34〜35％	35〜36％
カタカナ率 英数字記号率	各10％以内		